O
EFEITO
MICROESTRESSE

O EFEITO MICROESTRESSE

Quando pequenos detalhes criam grandes problemas — e como evitar isso

ROB CROSS | KAREN DILLON

TRADUÇÃO
Fernanda Abreu

Copyright © 2023 by Rob Cross e Karen Dillon
Publicado mediante acordo com a Harvard Business Review Press.
Qualquer reprodução ou distribuição não autorizada desta obra constitui violação de direitos autorais.

Grafia atualizada segundo o Acordo Ortográfico da Língua Portuguesa de 1990, que entrou em vigor no Brasil em 2009.

Título original
The Microstress Effect : How Little Things Pile Up and Create Big Problems — and What to Do about It

Ilustração de capa e miolo
Giacomo Bagnara

Preparação
Paula Lemos

Índice remissivo
Gabriella Russano

Revisão
Thaís Totino Richter
Nestor Turano Jr.

Dados Internacionais de Catalogação na Publicação (CIP)
(Câmara Brasileira do Livro, SP, Brasil)

Cross, Rob
    O efeito microestresse : Quando pequenos detalhes criam grandes problemas — e como evitar isso / Rob Cross e Karen Dillon ; tradução Fernanda Abreu. — 1ª ed. — Rio de Janeiro : Objetiva, 2024.

    Título original : The Microstress Effect : How Little Things Pile Up and Create Big Problems — and What to Do about It.
    ISBN 978-85-390-0836-0

    1. Ajustamento (Psicologia) 2. Estresse 3. Estresse (Psicologia) 4. Equilíbrio (Psicologia) 5. Personalidade e ocupação 6. Resiliência (Traço da personalidade) 7. Vida pessoal 8. Vida profissional I. Dillon, Karen. II. Título.

24-216691   CDD-155.9042

Índice para catálogo sistemático:
1. Estresse : Psicologia   155.9042

Tábata Alves da Silva – Bibliotecária – CRB-8/9253

Todos os direitos desta edição reservados à
EDITORA SCHWARCZ S.A.
Praça Floriano, 19, sala 3001 — Cinelândia
20031-050 — Rio de Janeiro — RJ
Telefone: (21) 3993-7510
www.companhiadasletras.com.br
www.blogdacompanhia.com.br
facebook.com/editoraobjetiva
instagram.com/editora_objetiva
x.com/edobjetiva

*Para nossos filhos: Rachel e Connor e Rebecca e Emma.
Vocês são fonte constante de alegria e um contínuo
lembrete da importância de estar verdadeiramente
presente para as pessoas que mais importam.*

Sumário

Introdução: *Invisível e incessante* 9

1. Uma crise de bem-estar 15
2. Por que você não consegue mais dar conta 26
3. Por que os outros drenam sua energia 57
4. Por que você não se sente *você* 87
5. Aquilo que os "10%" entenderam tão bem 118
6. Onde encontrar resiliência 142
7. Como se manter saudável 165
8. Como encontrar seu propósito 190

Conclusão: *Pense pequeno* 219

Agradecimentos 223
Notas 227
Índice remissivo 231

Introdução
Invisível e incessante

Não tínhamos planejado escrever este livro. Durante as duas últimas décadas, eu (Rob Cross) venho estudando a dinâmica que sustenta empresas eficientes e práticas colaborativas de profissionais de alto desempenho. Já escrevi extensamente sobre como determinadas pessoas são capazes de trabalhar de maneira muito mais produtiva do que outras graças ao modo como utilizam suas redes de conexões. Tentei identificar as suposições enviesadas que muitas vezes estão embutidas no entendimento corporativo de quem são os funcionários mais valiosos e de como essas pessoas aproveitam as suas redes para produzir resultados.

Contudo, no decorrer de uma série de entrevistas com pessoas de alto nível de desempenho sobre as práticas que lhes permitem ser colaboradores eficientes, acabei esbarrando em algo maior. Numa das minhas primeiras conversas, escutei uma história maravilhosa sobre o papel que conexões com outras pessoas desempenharam para ajudar uma executiva do setor de Life Sciences a adotar um estilo de vida mais saudável após um severo alerta do seu médico. Ela passou de alguém que se autodefinia como uma workaholic sedentária a alguém que escolhia ativamente destinos de férias nos quais ela e o marido pudessem correr maratonas juntos. Quando conversamos, sua energia estava a mil, e ela claramente estava em uma ótima fase da vida. Como minhas entrevistas focavam em pessoas identificadas por suas empresas como "profissionais de alto desempenho", era natural que eu conversasse com um ou dois maratonistas. Mas enquanto ela me falava entusiasmada sobre o seu novo estilo de vida, me fiz uma pergunta diferente: como é que uma pessoa obviamente movida a objetivos havia negligenciado o próprio bem-estar de forma tão drástica? Em um rompante, perguntei-lhe o que a fizera sair tanto dos trilhos em primeiro lugar, e ela passou alguns instantes sem saber como responder. "Acho que foi só a vida mesmo", falou.

Assim, nos certificamos de fazer perguntas parecidas para os outros profissionais que entrevistamos (trezentos no total, divididos entre homens e mulheres). Muitos eram verdadeiros barris de pólvora de estresse. Só que a maioria não reconhecia o estado em que se encontrava. Apenas com a entrevista já bem avançada é que elas começavam a admitir uma dificuldade para dar conta tanto do trabalho quanto da vida pessoal — e aquelas pessoas tinham sido identificadas por suas empresas como excepcionalmente eficientes. Durante nossas entrevistas, muitos se emocionavam ou mesmo começavam a chorar, lamentando não conseguir ver uma saída para a sensação de mal darem conta de tudo. Após décadas de pesquisas, eu já conhecia o tipo de estresse que as pessoas de alto desempenho muitas vezes suportam para alcançar seus objetivos profissionais. Mas aquilo era algo inteiramente distinto. Era estresse, sim, mas num formato que nem eles e nem nós dispúnhamos de palavras para articular. O que ficou claro, conforme conversávamos, foi que aquilo que levava as pessoas a se sentirem sobrecarregadas nunca era um único grande problema. O que afetava drasticamente o bem-estar dessas pessoas — que de resto pareciam ter tudo resolvido — era na verdade o acúmulo incessante de pequenos estresses, que passavam despercebidos e ocorriam em momentos passageiros. Nós denominamos essas pequenas pressões de *microestresses*.

Muitos dados indicam que pessoas do mundo inteiro estão submetidas a níveis de estresse sem precedentes. Na pesquisa State of the Global Workplace de 2022, por exemplo, o instituto Gallup concluiu que apenas 33% dos entrevistados estavam "indo muito bem", ao passo que 44% dos funcionários relataram suportar "muito" estresse num típico dia de trabalho — um recorde.[1] No entanto, poucos reconheciam ou observavam adequadamente o custo daquela nova forma de estresse. É um custo tão sutil que nós mal o registramos, mas o efeito cumulativo pode tirar dos trilhos até mesmo alguém com alto desempenho, tanto do ponto de vista pessoal quanto profissional.

Mas de onde vêm todos esses microestresses?

Todos aceitamos o fato de hoje vivermos num mundo hiperconectado 24 horas por dia, sete dias por semana, com todos a uma simples mensagem de texto, ligação ou videochamada de distância — e isso em todas as áreas de nossa vida. Precisamos estar de plantão para os outros o tempo inteiro tanto em nossa vida pessoal quanto profissional. Mas o que os profissionais de alto desempenho e outras pessoas inteligentes como você, leitora ou leitor, não percebem é como essas conexões desencadeiam uma avalanche de microestresses que vai muito além de uma agenda cheia ou de uma lista grande de coisas para fazer. Como os microestresses vêm das pessoas de quem somos mais próximos, pessoal e profissionalmente, há também camadas de complicações emocionais. Não podemos simplesmente nos livrar deles quando o dia termina. O microestresse se entranha em nossos pensamentos, mina nossa energia e desvia nosso foco. Pouco a pouco, está roubando nossa vida.

Conforme histórias de vida de cortar o coração iam se desenrolando nas entrevistas, decidi direcionar meu próprio trabalho para o exame dessa epidemia não reconhecida de microestresse. Ao escutar os profissionais de alto desempenho falarem sobre os pequenos estresses que de alguma forma tinham se acumulado até se transformarem numa pressão que afetava seu bem-estar, dei-me conta de que eu tampouco estava imune a esse problema. Como muitos de vocês, tenho tendência a dizer sim para muitos projetos e pedidos, imaginando ser capaz de me concentrar e atravessar quaisquer dificuldades com um pouco de força de vontade. Vinha dizendo a mim mesmo que conseguiria sobreviver contanto que conseguisse atravessar *só mais essa semana*. Só que aquela semana virou todas as semanas. E eu estava mantendo aquela filosofia durante meses a fio, sem folga. O que eu não tinha reconhecido ainda eram os efeitos cascata duradouros do microestresse. Eu estava na pior forma física da minha vida, e já fazia tempo demais que não me mostrava verdadeiramente presente para algumas das pessoas mais importantes da minha vida. Por motivos pessoais e profissionais, eu precisava entender aquele fenômeno.

Com essa urgência em mente entrei em contato com Karen Dillon, ex-editora da *Harvard Business Review* e coautora de *Como avaliar sua vida?*, best-seller do *New York Times*, e perguntei se ela aceitaria colaborar comigo nesse novo trabalho. Já fazia tempo que eu era fã do trabalho de Karen com o professor Clayton Christensen, da Harvard Business School, cujo foco era ajudar as pessoas a entenderem como viver com propósito. Após seguir uma trajetória de carreira meteórica, Karen tinha feito algumas mudanças de vida importantes que lhe permitiram reavaliar as próprias prioridades. Tinha dado o passo extraordinário de pedir demissão do cargo de editora da *Harvard Business Review* no auge da carreira para fazer da família o foco da sua vida durante alguns anos. Só depois de reencontrar o equilíbrio foi que ela começou a retomar plenamente suas atividades profissionais. Passamos meses conversando sobre minhas pesquisas antes de decidirmos que não apenas queríamos escrever este livro, mas precisávamos fazer isso, para ajudar outras pessoas a entender o que estava acontecendo com elas. Trabalhar juntos durante a pandemia tornou esse objetivo ainda mais claro para nós dois. O risco para nossa saúde física e mental é simplesmente grande demais para permitirmos que o microestresse arruíne nossa vida.

E, enquanto escrevíamos, ambos fizemos um esforço consciente para empregar algumas das táticas aprendidas em nossa pesquisa para mitigar nosso próprio microestresse. Prestávamos atenção para evitar velhos hábitos, às vezes interrompendo nossas reuniões para lembrar-nos de não provocar ondas de microestresse para o outro sem querer, ou fazendo questão de passar alguns minutos a cada ligação alimentando uma conexão pessoal, mesmo tendo pouco tempo. Durante todo esse processo, nos esforçamos muito para permanecer conectados a nossos amigos e familiares fora do trabalho, de maneiras pensadas para combater e até mesmo prevenir o microestresse com o qual também precisávamos lidar. Dois anos depois de começar o projeto, aprendemos a gerenciar melhor nosso próprio microestresse.

COMO ESTE LIVRO PODE AJUDAR

Nas páginas a seguir, eu (Karen) e Rob compartilharemos aquilo que aprendemos com centenas de entrevistas e com o trabalho de longo prazo de Rob sobre colaboração. Na nossa pesquisa, descobrimos que você pode estruturar sua vida de maneiras que não apenas ajudam a diminuir o microestresse, mas que também melhoram seu bem-estar geral. A abordagem vai incluir — na verdade, exigir — a construção e o fortalecimento de conexões autênticas com os outros. Essas conexões, por sua vez, vão acrescentar dimensionalidade à sua vida e ajudar você a mitigar os efeitos do microestresse. É um círculo virtuoso.

No **capítulo 1**, definiremos o microestresse, ilustrando em que ele consiste e como está silenciosamente arruinando a sua vida. Outros capítulos ajudarão você a identificar as fontes de microestresse em sua vida para poder diagnosticar quais são seus pontos problemáticos e traçar estratégias para enfrentá-los.

O **capítulo 2** vai identificar os microestresses que drenam sua capacidade de fazer as coisas. Microestresses que afetam a capacidade deixam muitos de nós com a sensação de fracassar tanto no trabalho quanto na vida pessoal. Dessa forma, mal conseguimos dar conta das responsabilidades do dia a dia. Esse capítulo vai propor sugestões práticas para lidar com isso, ou para reestruturar algumas das suas interações de modo a minimizar o impacto dessa forma de microestresse.

No **capítulo 3**, nosso foco serão os microestresses que esgotam suas reservas emocionais, o estoque interno de paz, força mental e resiliência que te ajuda a manter o foco, eleger prioridades e administrar medo, raiva, ansiedade e preocupação com as pessoas importantes da sua vida. Vamos examinar de onde vêm os microestresses que nos drenam emocionalmente e sugerir orientações de como evitar que eles arruínem sua qualidade de vida cotidiana.

No **capítulo 4**, discutiremos os microestresses que desafiam sua identidade e geram a desconfortável sensação de que, por algum motivo, você não é exatamente a pessoa que de fato quer ser. Esses microestresses desgastam aos poucos sua motivação e seu senso de propósito. Esse capítulo te ajudará a ver onde eles estão afetando sua vida, com dicas práticas para entrar novamente nos trilhos.

O **capítulo 5** descreverá como desenvolver um plano abrangente para tratar tanto efeitos primários quanto secundários dos microestresses. Uma série de exercícios ajudará você a estabelecer um plano realista para controlar os microestresses da própria vida. As diretrizes enumeradas nesse capítulo vêm do grupo que chamamos de os "10%": aquelas pessoas, uma em cada dez entrevistados, que conseguem gerenciar seus microestresses ao mesmo tempo em que levam vida pessoal e profissional plenas e recompensadoras. Felizmente, com um pouco de esforço, você pode incorporar algumas dessas práticas à sua própria vida.

O **capítulo 6** vai discutir como as pessoas estão condicionadas a pensar que a resiliência é algo que precisam cavar muito fundo para encontrar dentro de si. Vamos mostrar como, na verdade, as conexões com os outros proporcionam sete formas previsíveis de resiliência que podem te ajudar a passar por fases difíceis, desde que você tenha construído relacionamentos e saiba como e quando recorrer a eles.

No **capítulo 7**, desmistificaremos a crença convencional de que manter a saúde física é uma atividade solitária que depende da força de vontade da pessoa. Vamos fazer uma pergunta difícil: se o cuidado com a saúde se resume a saber o que fazer e ter motivação para tomar uma atitude, por que tantos de nós abandonam as resoluções de Ano-Novo poucas semanas depois da virada? Partindo do pressuposto de que a saúde está intimamente entrelaçada às pessoas da nossa rede, demonstraremos o papel fundamental das conexões pessoais para a manutenção (ou ressurreição) de nossa saúde física — muito além do simples fato de ter colegas de academia.

Por fim, no **capítulo 8**, exploraremos o poder de encontrar um propósito — mais especificamente, o poder de encontrar propósito nas interações cotidianas — para te ajudar a administrar o ataque diário dos microestresses. Os "10%" da nossa pesquisa não eram definidos por conquistas mirabolantes, mas prosperavam vivenciando de modo mais pleno os pequenos momentos com os outros. O capítulo 8 mostrará como encontrar propósito em sua vida — não daqui a seis meses nem no ano que vem, mas amanhã.

Temos consciência de que pedir a alguém cuja vida está transbordando de microestresses que pare e leia um livro sobre os próprios problemas pode parecer contraproducente. Mas prometemos: a recompensa vai ser real. À medida que formos explorando o conceito de microestresse neste livro, esperamos que você consiga articular melhor algo que já vinha sentindo. E então poderemos ajudar você a fazer mudanças. Em nossa pesquisa, vimos que resistir a dois ou três microestresses já pode fazer uma diferença significativa no dia a dia. Todos os capítulos contêm "momentos coaching" e práticas específicas que você pode adotar. Também escrevemos este livro para que, uma vez compreendido o conceito de microestresse, você possa se concentrar nas partes que terão o maior impacto em sua vida.

O microestresse é um problema que tem solução. Você nunca teve maior capacidade de controlar o que faz e com quem faz. Como disse um dos participantes da nossa pesquisa: "Eu só quero a minha vida de volta!". Você pode conseguir exatamente isso. Nos capítulos a seguir, mostraremos como.

1. Uma crise de bem-estar

Microestresse: momento de estresse minúsculo ocasionado por pessoas em nossa vida pessoal e profissional; estresse tão rotineiro que mal o percebemos, mas cujo custo cumulativo é debilitante.

PONTOS-CHAVE

- **Não temos como escapar do microestresse**, porque as pessoas que o causam involuntariamente estão entranhadas em nossa vida pessoal e profissional.

- **O microestresse nos atinge depressa e em pequenos momentos;** ele não desencadeia os sistemas de vigilância típicos de luta ou fuga que nos ajudam a sobreviver a outras formas de estresse mais perceptíveis. Nossos corpos sentem o impacto cumulativo do microestresse, mas sua causa permanece invisível para nós.

- **Microestresses podem despertar uma reação em cadeia**, com consequências primárias, secundárias e às vezes até terciárias, que podem durar horas ou mesmo dias, embora você talvez não relacione os efeitos ao microestresse original.

- **Você pode mitigar o impacto do microestresse.** Não há como eliminar o microestresse (a menos que você queira se mudar para uma ilha deserta ou virar eremita!), mas é possível aprender estratégias para reduzi-lo em volume, profundidade e efeito negativo ao tornar a conexão com as pessoas em suas redes pessoais e profissionais parte integrante do seu bem-estar.

Tinha alguma coisa errada. Aquilo era uma dor no peito? Ele não sabia dizer. A sensação foi passageira, mas, como Brian nos contou depois, ele ficou "convencido de estar com um problema no coração".[1] Em pânico, foi ao pronto-socorro. Como diretor-executivo de um dos bancos de investimento mais respeitados do mundo, Brian se orgulhava da sua intensa dedicação à manutenção da forma física. Era um dedicado praticante de ciclismo em grupo, e era capaz de citar a qualquer momento suas médias de frequência cardíaca, velocidade, resistência e potência. Tendo perdido seu mentor havia pouco tempo para um problema cardíaco, Brian tinha total consciência de que a sensação em seu peito não era normal para um homem saudável de 38 anos. Quando uma bateria de exames não acusou nada, pressupôs que aquela pressão no peito fosse apenas sua imaginação. "Para ser sincero, eu meio que dei uma surtada", disse.

Conhecemos Brian porque ele tinha sido identificado por sua empresa como um profissional de alto desempenho. Assim que começamos a conversar, entendemos por que a empresa tinha sugerido seu nome para nossa pesquisa: Brian parecia ter absolutamente tudo. Tinha uma família feliz e saudável, morava num subúrbio abastado de uma cidade grande e, profissionalmente, estava a caminho de conquistar mais do que imaginara ser possível para um garoto de origem operária. Ele era a encarnação da autoconfiança. No entanto, quando lhe pedimos para nos descrever um dia típico em sua vida, um padrão diferente surgiu. "Tenho a sensação de estar fracassando em tudo", confessou ele. "Tanto no trabalho quando na vida pessoal. Ninguém está recebendo o suficiente de mim."

Conforme conversávamos sobre o porquê de ele estar se sentindo assim, não nos espantamos ao descobrir que Brian tinha se sobrecarregado a ponto de ter um ataque de pânico. Estava tão acostumado com os microestresses diários da própria vida que simplesmente passava por cima deles, um a um, sem reconhecer que os efeitos cumulativos daqueles breves momentos perduravam até bem depois do gatilho original.

Por exemplo: Brian não conseguia se lembrar da última vez em que tivera uma boa noite de sono. "Simplesmente não consigo desligar a mente à noite", contou. "Não que eu pense em algo superimportante. É só uma porção de coisinhas." Ele listou as coisas que estava remoendo na cabeça naquele dia. Pensou estar compartilhando conosco sua lista de tarefas. Mas o que nós ouvimos foi uma lista de microestresses:

- Ele acordou pensando em como dois de seus colegas ainda não tinham terminado uma análise da qual precisava para uma apresentação a outros diretores-executivos dali a dois dias. Então começou a pensar no trabalho que teria de fazer para compensar a falha.
- Como sua empresa funcionava em vários fusos horários, ele raramente começava o dia sem se deparar com uma enxurrada de e-mails enviados durante a noite com notícias preocupantes sobre o mercado financeiro ou acontecimentos em alguma outra sede da empresa.
- O chefe dele era conhecido por mandar e-mails tarde da noite com exigências que mudavam o rumo do trabalho que vinha pedindo a Brian para fazer. Clientes importantes com frequência mandavam e-mails tardios parecidos. O chefe e os clientes raramente reconheciam que suas demandas representavam uma mudança em relação aos seus pedidos anteriores. E essas alterações não impactavam apenas Brian, mas todas as pessoas que ele precisava coordenar para que o trabalho fosse feito.

Aquilo era só o começo do seu dia. Brian sofria um bombardeio de microestresses ao longo do expediente. No dia em que conversamos, ele nos contou como estava se preparando para lutar pelo bônus do seu time. No ano anterior, tinha perdido uma disputa política interna com outro chefe de departamento que lhe custara parte do bônus discricionário. Ainda estava conhecendo sua equipe atual, já que os líderes mais altos da empresa não paravam de transferir funcionários que se destacavam nos grupos de trabalho dele, levando-os para atender a necessidades urgentes em outros departamentos. Ele não queria decepcionar seu time naquele ano. Ao fim da nossa conversa, Brian estava saindo apressado para se reunir com um dos chefes importantes, que vinha aumentando a pressão sobre ele para que expandisse a atuação da empresa nos mercados de capital, mas parecia não entender alguns dos desafios fundamentais da unidade de negócios de Brian.

Durante o breve tempo da entrevista, pudemos ouvir seu celular e seu laptop emitindo notificações de mensagens e alertas. "Somando o e-mail, o Slack e as videochamadas, meu expediente nunca acaba", disse Brian. "Mas eu não tenho o direito de reclamar. Tenho uma situação financeira sólida, uma esposa maravilhosa que me apoia, uma casa melhor do que jamais pensei que fosse ter, e meus filhos parecem estar ótimos. Do que posso reclamar?"

O microestresse não é apenas um sinônimo curto para uma longa lista de tarefas; ele é também uma bagagem emocional difícil de processar. A origem do microestresse raramente é um antagonista clássico, como clientes que exigem demais ou chefes babacas. Na verdade, ele vem das pessoas de quem somos mais próximos: nossos amigos, familiares e colegas. Na primeira vez em que conversamos, sequer ocorreu a Brian mencionar uma série de outros microestresses que faziam parte da sua vida pessoal cotidiana, como a preocupação com o pai que, aos 85 anos, dizia estar fazendo "experimentações" com as dosagens da sua medicação para ver como se sentia. Às vezes ele esquecia completamente de tomar o remédio, e, como resultado, acabava dormindo boa parte do dia. Com tanto sono diurno, não conseguia dormir à noite e estava caindo com mais frequência, ao andar pela casa no escuro. Assim, Brian e sua esposa se revezavam para visitar a casa dos pais dele e ver como estavam. Só que essa rotina estava ficando cada vez mais difícil por causa das demandas do trabalho. A esposa de Brian também tinha um emprego exigente, com a possibilidade de se tornar sócia da empresa naquele ano. Eles provavelmente precisavam contratar um cuidador ou cuidadora de idosos, mas quando encontrariam tempo para isso? E será que os pais de Brian se mostrariam receptivos? Como seria aquela conversa?

Como a situação de Brian demonstrou, a bagagem emocional é a culpa que carregamos, a sensação de que deixamos alguém importante na mão, ou a preocupação que sentimos pelo bem-estar dessa pessoa. A emoção presente no relacionamento, seja ela positiva ou negativa, amplifica o impacto do agente estressor. Os microestresses podem ser minúsculos, mas são complicados. A tabela 1.1 detalha o que diferencia o microestresse dos estresses rotineiros que passamos a aceitar como parte de nossa vida.

TABELA 1.1

As diferenças entre estresse e microestresse

Estresse: Lidar com um chefe imprevisível cujas oscilações de humor diárias contaminam o escritório inteiro.

Microestresse: O momento em que o chefe bem-intencionado muda suas prioridades — outra vez.

Microestresse secundário: O momento em que você chama seu time para mudar de abordagem porque o trabalho que vocês estavam se matando para terminar não é mais uma prioridade e vocês precisam se reorganizar. Outra vez.

Estresse: Receber um diagnóstico de câncer em estágio dois.

Microestresse: O momento em que você percebe que não tem a menor chance de comparecer à sua partida semanal de tênis com seus amigos e fica com a desoladora sensação de estar perdendo o controle da sua forma física.

Microestresse secundário: O momento em que você dá aos seus amigos a má notícia de que, mais uma vez, não vai conseguir ir ao tênis. Você pode notar que eles estão ficando irritados. Fica com medo de que eles decidam expulsá-lo do grupo do tênis... e de perder não só seu exercício, mas também sua conexão regular com essas pessoas.

Estresse: Perceber que seus pais idosos não podem mais morar sozinhos e ter de reorganizar sua vida para ajudá-los.

Microestresse: O momento em que você tenta marcar chamadas em família sobre os cuidados com seus pais idosos quando tem irmãos morando em fusos horários diferentes.

Microestresse secundário: O momento em que você informa sua esposa sobre a última conversa passivo-agressiva com seus irmãos e as opiniões divergentes de cada um em relação àquilo de que seus pais precisam, e sua esposa aumenta ainda mais sua irritação ao assinalar que seus irmãos não te valorizam. Emocionalmente envolvido em todo o vai e volta com seus irmãos, você acaba gastando um tempo do domingo que planejara passar com seus filhos.

Estresse: Cuidar de uma criança que tem um distúrbio alimentar grave.

Microestresse: O momento em que você olha para o seu celular no meio de uma reunião e vê uma mensagem de texto vagamente preocupante de seu filho adolescente: "Só eu fiquei de fora da festa do Richard".

Microestresse secundário: O momento em que você para de se concentrar no trabalho para passar o resto da tarde monitorando as redes sociais do seu filho, tentando encontrar alguma pista sobre o que está acontecendo.

Estresse: Encarar um ultimato do chefe, que ameaça te demitir se o seu departamento não cumprir certos objetivos de venda desafiadores.

Microestresse: O momento em que o chefe anuncia que a empresa vai atualizar o contrato-padrão com clientes antigos para exigir pagamentos mais rápidos, sendo que você terá de dar essa notícia ruim para clientes que sabe que terão dificuldade para cumprir as novas cláusulas.

Microestresse secundário: O momento em que você fica remoendo diferentes formas de dar essa notícia sem estragar os relacionamentos que tanto batalhou para construir. A ansiedade que isso gera é tamanha que você sequer consegue telefonar para os clientes, com medo de dizer a coisa errada.

TABELA 1.1

Estresse: Sobreviver às várias rodadas de demissões no seu departamento.

Microestresse: O momento em que você se dá conta de que dois colegas deixaram a desejar no projeto que vocês têm em comum, e que você vai precisar trabalhar mais para terminá-lo.

Microestresse secundário: O momento em que você percebe que vai ter que deixar de lado o projeto de expansão com o qual estava animado porque precisa se concentrar em compensar o trabalho malfeito dos colegas. Você também se preocupa com a possibilidade de ter uma conversa desconfortável com eles depois do prazo para falar sobre suas falhas.

Estresse: Lidar com um divórcio litigioso que está não só dividindo sua família, como também comprometendo suas economias.

Microestresse: O momento em que você liga para a sua esposa avisando que não vai chegar a tempo para a partida de softball da sua filha, embora tenha prometido chegar.

Microestresse secundário: O momento em que você precisa pedir à sua esposa para dar a má notícia à criança, sabendo que isso fará as duas passarem o resto da semana descontando a frustração sutilmente em você.

A tabela 1.2 resume os catorze microestresses mais comuns, divididos em três categorias que são o foco deste livro. Em capítulos posteriores, examinaremos em profundidade cada um deles.

TABELA 1.2

Os catorze microestresses mais comuns, por categoria

Microestresses que drenam a capacidade	Microestresses que esgotam as reservas emocionais	Microestresses que desafiam a identidade
Funções e prioridades desalinhados	Administrar e defender os outros	Conflito com seus valores pessoais
Pequenas falhas de desempenho de colegas	Conversas antagônicas	Interações que abalam a autoconfiança
Figuras de autoridade imprevisíveis	Falta de confiança	Interações desgastantes — ou negativas de outro modo — com parentes ou amigos
Práticas de comunicação ineficientes	Estresse indireto	Perturbações em sua rede
Aumento de responsabilidades	Manobras políticas	

Desconfiamos que, ao passar os olhos pela lista, você tenha identificado pelo menos alguns microestresses com os quais está lidando. Pela nossa contagem,

Brian estava vivenciando quase todos. E isso foi só num dia específico. Embora possa haver variações dos mesmos temas, muitos de nós provavelmente descreveríamos nossa vida cotidiana de modos parecidos. E, assim como Brian, você talvez esteja pressupondo que precisa aceitar os microestresses, pois é a maneira como as coisas são.

Cada um desses momentos individuais na coluna dos microestresses pode parecer administrável. Afinal, são apenas momentos. Mas nós muitas vezes deixamos de enxergar como eles disparam uma reação em cadeia de consequências primárias, secundárias e às vezes até terciárias que podem durar horas ou dias, invadindo nossa vida de modos que não relacionamos com o estresse original. Os microestresses podem causar uma profusão de problemas, por exemplo:

- **Eles esgotam o seu tempo.** Quando você precisa se dedicar demais para resolver um problema, você gasta o tempo que seria necessário para outras obrigações de trabalho. Essa perda cria estresse na medida em que você se preocupa com seus compromissos com os outros, perguntando-se como vai se organizar para cumpri-los e quais serão as reações dos colegas quando você não se dedicar o suficiente a algo ou deixar de cumprir um prazo.
- **Microestresses afastam você dos seus objetivos.** Ser puxado em várias direções ao mesmo tempo mantém você em um modo reativo, diminuindo sua capacidade de direcionar seus esforços profissionais para coisas pelas quais você tem apreço pessoal. Consequentemente, você vive ocupado, mas não consegue fazer as coisas importantes para a sua noção de propósito e para o sucesso da própria carreira a longo prazo.
- **Eles fazem você sacrificar seus compromissos pessoais.** O esforço atropelado para conseguir fazer seu trabalho pode levar você a se retrair ou a adiar compromissos pessoais com parentes, amigos e outros grupos aos quais pertence. Quem nunca temeu dar a notícia de que não vai poder manter o compromisso com alguma pessoa querida? E não se trata apenas da culpa onipresente de faltar a uma partida de futebol ou peça de teatro de um filho. Trata-se também de ir aos poucos retirando da sua lista de prioridades aquelas atividades e relacionamentos que não fazem parte do seu núcleo familiar mais próximo. Tornar sua vida menor para conseguir dar conta do fluxo incessante de microestresses pode deixar sua saúde física e mental em frangalhos.

- **Eles arrastam aqueles que você ama para seus estresses profissionais.** Quando precisa desistir dos compromissos por causa de microestresses que exigem muito no trabalho, você acrescenta microestresses aos seus relacionamentos fora dele. Ou então você compartilha seus microestresses com aqueles que ama, transmitindo sua versão de uma injustiça que teve de suportar. Como cônjuges e amigos solidários tendem a fazer, eles manifestam empatia e compartilham sua indignação. Suas reações lhe fazem bem por alguns instantes, mas na realidade podem voltar para você e amplificar o impacto inicial do microestresse. *Tem razão, estão tirando vantagem de mim!* Você é tragado ainda mais pelo microestresse. E agora as pessoas que você ama também estão emocionalmente envolvidas.
- **Microestresses prejudicam relações na sua rede de contatos.** Quando estamos suportando um microestresse, muitos de nós decidem cobrar algum favor pessoal. Talvez você já tenha pedido a algum colega para ficar até mais tarde fazendo uma análise ou preparando parte do seu slide-show para uma futura apresentação. Ou tenha pedido ajuda a alguém para cobrar um favor de algum vendedor. E então uma súbita mudança de expectativa de um cliente ou chefe modificou aquilo que você precisava fazer, inutilizando o favor e o estresse causado: "Se eu soubesse que você não iria precisar desses dados na segunda-feira de manhã, não teria trabalhado no fim de semana".

E é claro que você nunca tem de lidar com apenas um ou dois microestresses. Assim como Brian, provavelmente está enfrentando dezenas por dia. Eles vão se empilhando semana após semana, mês após mês. E então você sofre de exaustão e burnout sem conseguir identificar exatamente o motivo. Mas tem um motivo.

COMO NOSSO CÉREBRO REAGE AO MICROESTRESSE

O microestresse é particularmente nocivo por estar entranhado em nossa vida cotidiana num volume, intensidade e ritmo que nunca experimentamos. Mesmo assim, nosso corpo não sabe muito bem o que fazer com isso. A reação mais comum do nosso organismo ao estresse se chama *alostase* — o processo biológico que protege o corpo de estresses internos e externos e ajudam a manter a homeostase, ou seja, o equilíbrio interno. Nosso cérebro sabe como processar formas convencionais de estresse: nós identificamos a ameaça e em seguida usamos a energia extra do estado de luta ou fuga para lidar com ela.

Infelizmente, os microestresses passam despercebidos pelo radar desses sistemas de vigilância típicos, mas mesmo assim cobram um preço significativo. Joel Salinas, neurologista comportamental e pesquisador na Escola de Medicina Grossman, da Universidade de Nova York, além de médico-diretor da Isaac Health, provedora de serviços on-line de saúde cerebral, explicou o seguinte: "Imagine o vento erodindo uma montanha", comparou ele, que pesquisa o impacto dos fatores psicossociais na saúde do cérebro. "Não é como uma grande explosão de TNT, que abre um rombo na montanha, mas com o tempo, se o vento não parar nunca, ele tem o potencial de desgastar lentamente a montanha até transformá-la num toco." Podemos não ter consciência dos microestresses, mas eles têm o poder de aumentar nossa pressão arterial e batimentos cardíacos (como aconteceu durante o ataque de pânico de Brian), ou então de desencadear mudanças hormonais ou metabólicas. "Assim, embora os microestresses danifiquem nosso corpo, nosso cérebro não os registra inteiramente como ameaças", disse Salinas. "Sendo assim, nosso cérebro não desencadeia o mesmo tipo de mecanismo protetor complexo que pode ocorrer no caso de um estresse mais óbvio."

Parte dessa falha no reconhecimento dos microestresses se deve à forma como o cérebro processa informações. A parte do cérebro responsável pela memória de trabalho ocupa o lóbulo frontal. Nossa memória de trabalho é onde guardamos nossas anotações mentais, uma espécie de bloco de rascunho mental, segundo Salinas. Sob estresse contínuo, o bloco de rascunho do lóbulo frontal tende a encolher, e temos mais dificuldade para recordar coisas que exigem nossa reação ou atenção. Isso explica por que tantos de nós experimentaram uma espécie de névoa mental durante a pandemia. Um cérebro inundado de microestresses não tem a capacidade normal de prestar atenção numa atividade ou na resolução de um problema. Nos sentimos extraordinariamente estressados, mas pode ser que não lembremos o motivo. "Pode-se dizer que isso é pior do que as ameaças que cruzam o limiar da reação de luta ou fuga", disse Salinas. "Além de você não estar reparando, as consequências podem ser mais graves."

Assim, embora você possa descartar rapidamente o microestresse como algo com que consegue lidar, seu cérebro talvez não consiga. Na verdade, segundo a neurocientista Lisa Feldman Barrett, professora emérita de psicologia na Universidade Northwestern e autora de *Seven and a Half Lessons About the Brain* [Sete lições e meia sobre o cérebro],[2] o cérebro humano parece não fazer distinção entre diferentes fontes de estresse crônico. Barrett escreve que o efeito do estresse, mesmo aquele causado por "agentes estressores momentâneos", é evidente. "Se o seu orçamento corporal já está comprometido pelas circunstâncias da vida — como uma doença, dificuldades financeiras, oscilações hormonais ou o simples fato de não dormir ou não se exercitar o suficiente —, seu cérebro fica mais vulnerável a todo tipo de estresse."

Um estudo constatou que, se você sofrer exposição a algum estresse social menos de duas horas antes de comer, seu corpo metaboliza a refeição de uma forma que soma 104 calorias àquilo que você consumiu.[3] "Se isso acontecer todos os dias, o resultado são cinco quilos a mais num ano!", conclui Barrett. "E não é só isso: se você consumir gorduras saudáveis e insaturadas, do tipo encontrado em castanhas, menos de um dia após sentir estresse, seu corpo metaboliza esses alimentos como se eles estivessem repletos de gorduras ruins."

E naturalmente, conforme os microestresses são acrescentados à sua vida cotidiana, eles não aterrissam num prato vazio: a maioria de nós já funciona na capacidade total, pressionados por demandas na vida profissional e pessoal. "Quando seu orçamento corporal é continuamente sobrecarregado", explica Barrett, "os agentes estressores momentâneos se acumulam, até mesmo aqueles dos quais normalmente você se recuperaria depressa. É como crianças pulando numa cama. A cama pode suportar dez crianças pulando ao mesmo tempo, mas a décima primeira faz a estrutura se partir."

Foi isso que aconteceu com Brian. A vida dele estava, por assim dizer, cheia de microestresses pulando na sua cama. Esses estresses podem se sobrepor de forma a deixar a pessoa ainda mais vulnerável a qualquer forma de estresse, por menor que seja. É um círculo vicioso.

UMA EPIDEMIA OCULTA

O que ficou claro é que estamos vivendo uma epidemia de microestresse. Ele está arruinando vidas. As histórias que as pessoas compartilharam conosco foram muitas vezes dolorosas. E todas essas pessoas eram bem-sucedidas; todas começavam as entrevistas com um verniz de positividade sobre como tudo estava ótimo. Cerca de 45 minutos depois, porém, nós descobríamos as profundas dificuldades que até mesmo elas enfrentavam. Em muitas das entrevistas, as pessoas ficaram com a voz embargada ou então choraram em algum momento.

Ouvimos histórias de gente que progrediu depressa na carreira apenas para ficar com a sensação de, na verdade, estar fracassando em todas as outras esferas — e justo quando estavam prestes a alcançar um de seus objetivos. "Todo esse estresse no trabalho foi amplificado pelo estresse no meu núcleo familiar", contou uma entrevistada. "Tudo simplesmente saiu do controle por um ou dois anos." Ouvimos sobre relacionamentos chegando ao limite, sobre negligência na saúde, sobre perda de interesse por coisas que antes eram adoradas, sobre amigos que pararam de se ver, sobre uma sensação de enfraquecimento da identidade e muito mais. A maioria dos entrevistados simplesmente aceitava essas perdas como algo inevitável na vida moderna.

A velha história do sapo na água fervente demonstra o quanto o microestresse pode ser destrutivo. Se você mergulhar um sapo em uma bacia de água fervente, o animal vai pular para fora na mesma hora. Mas se você colocar um sapo em uma bacia de água fria e aumentar a temperatura aos poucos, ele se adapta e tolera o calor... até o ponto em que a água fica quente demais e ele não consegue mais pular para fora. Muitos de nós estamos sentados dentro dessa água, que vai fervendo aos poucos porque não percebemos o que está nos acontecendo. Como ouvimos repetidamente nas histórias de nossos entrevistados, estava tudo bem — até que não estava mais.

Mas esse destino não é inevitável. Existem formas de navegar esse mar de microestresse sem deixar que ele desvie seu curso.

2. Por que você não consegue mais dar conta

 **PONTOS-CHAVE**

- **Os microestresses que drenam nossa capacidade pessoal** se insinuam sorrateiramente em nossos dias já superatarefados, tornando-os mais longos e menos recompensadores e forçando-nos a mudar constantemente de foco, o que nos torna menos produtivos e contamina nossa vida pessoal. Os microestresses que drenam capacidade têm cinco causas típicas:
    - Papéis e prioridades desalinhados
    - Pequenas falhas de desempenho de colegas
    - Figuras de autoridade imprevisíveis
    - Práticas de comunicação ineficientes
    - Aumento de responsabilidades
- Um único microestresse que acontece em apenas um momento ou dois pode desencadear **efeitos cascata que duram horas ou até dias**, não só para você, mas também para seus colegas, familiares e amigos.
- **Você pode enfrentar os microestresses que drenam capacidade pessoal** de uma maneira que fará diferença significativa em sua vida cotidiana, contanto que entenda de onde eles estão vindo e o custo que têm.

Bastou um e-mail de Anthony, o novo diretor de marketing, para fazer Rita, gerente de várias equipes, adentrar uma espiral de pânico. Enviado a meia dúzia de líderes e encaminhado pela cadeia de comando abaixo, o e-mail pedia a todos que elaborassem materiais para uma apresentação a executivos que estava por vir. Apesar de parecer urgente, o e-mail não dava nenhum detalhe, e todos que o receberam ficaram confusos. Para quando ele precisa desse material? Em slides ou em tópicos? Existe algum template geral? E o mais importante: qual é a história que ele quer contar?

Sob determinados aspectos, o e-mail não poderia ter sido mais simples: o pedido rotineiro de um líder para que seu time se prepare para uma apresentação. Mas essa única comunicação gerou horas de estresse na empresa inteira. Enquanto Rita e seus colegas tentavam ler nas entrelinhas, choveram e-mails no departamento de marketing. Vários destinatários já tinham conversado com o diretor sobre a apresentação nas semanas anteriores, mas cada conversa produzira uma versão ligeiramente diferente do que Anthony queria, confundindo ainda mais as coisas.

Uma hora e meia após receber a mensagem, Rita já tinha lidado com 34 e-mails pedindo instruções ou reclamando do prazo. Enquanto isso, dois colegas da lista de destinatários já tinham feito o que achavam que Anthony queria e encaminhado o resultado para ela; no entanto, tinham usado fontes de dados diferentes, então as informações eram inconsistentes. Rita só descobriu a discrepância às 18h30, quando enfim teve tempo para examinar o trabalho dos colegas, depois de passar o dia apagando incêndios e sendo desviada de suas prioridades. Àquela altura, claro, os dois já tinham ido embora. Rita era apenas uma em um grupo de pessoas que deveria estar trabalhando naquele projeto. Como é que eliminar as inconsistências tinha virado obrigação sua?

Naquela noite, Rita esperava jantar com o filho adolescente. O garoto vinha se mostrando melancólico, passando mais tempo no quarto do que o normal. Talvez ela estivesse imaginando coisas, mas estava ansiosa para conversar com ele. Infelizmente, sentiu que não poderia ir embora do trabalho antes de ao menos entrar em contato com os colegas para tentar esclarecer a questão dos dados. Quando finalmente saiu com o carro do estacionamento, sabia que filho já devia ter vasculhado a geladeira para encontrar alguma comida e se recolhido no quarto — ela tinha perdido mais uma chance para se conectar com ele. O novo diretor de marketing podia imaginar que aquilo fosse um pedido simples

— ele queria ver os dados apresentados de determinadas formas —, mas seu pedido acabara dominando a tarde e o início da noite de Rita. Conseguir os dados certos, verificar os números e organizá-los numa apresentação obrigou vários colegas a pararem o que faziam para reunir o que ela precisava. Ela pôs seu despertador para tocar cedo a fim de revisar o material de manhã com um olhar descansado.

Infelizmente, para Rita, não havia nada de incomum naquele dia. E o mesmo provavelmente vale para a maioria de nós. Qualquer dia pode estar repleto de uma série de pedidos que parecem pequenos ou mudanças de prioridade que desorganizam nossa rotina, fazendo-nos parar o que estamos fazendo para nos concentrar em outra coisa. Precisamos trabalhar mais horas e deixar de lado a família e os amigos. Nossos dias são cheios de microestresses que drenam nossa capacidade pessoal, diminuindo nossa habilidade de fazer as coisas tanto no trabalho quanto na vida pessoal. Quando esses microestresses nos atingem, geralmente não paramos por tempo suficiente para perceber o efeito que eles têm em nós. Seguimos em frente e pronto. Mas isso não significa que eles não tenham um custo. Os microestresses que drenam nossa capacidade provocam uma reação em cadeia de outros estresses não reconhecidos que pode se arrastar por horas ou até mesmo dias. Para compensar, nós trabalhamos mais e por mais tempo, levando nossas relações pessoais ao limite. Ou então entregamos um trabalho abaixo da média por não termos tido tempo suficiente, o que, por sua vez, causa estresse em nossas relações profissionais quando não nos mostramos à altura para pessoas que contam conosco.

MICROESTRESSES QUE DRENAM CAPACIDADE

Nas páginas a seguir, vamos definir e explorar as cinco categorias de microestresses que drenam capacidade e explicar como eles invadem nossa vida cotidiana. A partir da nossa pesquisa, compartilharemos estudos de caso mostrando como algumas pessoas foram afetadas por esses microestresses. Por fim, ofereceremos sugestões práticas para enfrentá-los.

O importante na história de Rita não foi ela não ter conseguido lidar com um pedido de última hora do diretor de marketing. O importante é mostrar que não existe nenhum microestresse isolado — eles sempre desencadeiam outros. Quando se soma o custo acumulado para Rita, seus colegas e sua família, pode-se ver como os tentáculos desse único microestresse têm um longo alcance (figura 2.1).

Nesse sentido, vamos examinar de perto as fontes de microestresse que drenam sua capacidade pessoal.

FIGURA 2.1

Os efeitos cascata de um agente microestressor que drena capacidade

MICROESTRESSE 1: PAPÉIS E PRIORIDADES DESALINHADOS

A maioria das pessoas já viveu a frustração de fazer parte de equipes cujos integrantes têm prioridades ligeiramente diferentes, sendo um grande esforço se unir em torno de uma visão comum ou entregar com eficiência um trabalho conjunto. Conforme passamos a ter modalidades de trabalho mais dinâmicas e nos vemos parte não de uma, mas de várias equipes com funções distintas, essas ineficiências se multiplicam. Um dos pontos negativos mais comuns que os entrevistados vivenciaram foi fazer parte de equipes que não reconheciam nem abordavam a questão da falta de alinhamento num projeto, só tentando corrigir isso tarde demais. Ninguém cria esse tipo de mal-entendido intencionalmente; os integrantes de uma equipe saem das reuniões pressupondo que todo mundo entendeu o necessário. Durante a nossa pesquisa, porém, ouvimos centenas de histórias sobre projetos que viraram imensas dores de cabeça — algumas das quais retardaram ou até tiraram dos trilhos carreiras inteiras — e que, na origem, se resumiam a *pequenos desalinhamentos que não foram resolvidos mais cedo.*

O desalinhamento acontece de maneiras previsíveis, muitas vezes quando alguém simplesmente tenta resolver um problema ou tarefa a partir do próprio ponto de vista, sem esclarecer como seu trabalho se encaixa no contexto mais amplo. Abaixo, enumeramos três formas comuns de prioridades desalinhadas:

- **Objetivos diferentes**. O desalinhamento muitas vezes surge porque os integrantes da equipe têm prioridades funcionais distintas. Digamos que a sua equipe seja formada por pessoas dos departamentos de marketing, TI e desenvolvimento de produto. Embora todos estejam de acordo com a data do lançamento, cada um pode ter objetivos diferentes nas seis semanas até lá, dependendo de como seu desempenho for medido e recompensado. Todos os objetivos são essenciais para o lançamento do produto, mas cada um de vocês analisa as entregas de um ponto de vista ligeiramente diferente. Em teoria, seu líder e seu colega de outro departamento têm a mesma entrega num projeto conjunto, mas cada um pode estar decidido a exercer a própria influência, puxando a equipe em direções diferentes e confundindo a todos.
- **Valores diferentes**. As competências, responsabilidades ou paixões singulares de cada um levam a pessoa a considerar determinados aspectos do próprio trabalho como os mais importantes. Isso tem menos a ver com a forma como o trabalho é avaliado e recompensado e mais com o que cada um considera ser intrinsecamente correto no trabalho. Uma pessoa pode priorizar a excelência técnica e passar um tempo desproporcional modelando e solucionando questões de engenharia em detrimento de um design mais elegante que pudesse agradar aos clientes. Outra pode priorizar o feedback dos clientes e pressionar para que o projeto atenda às demandas deles, e não às soluções de engenharia mais eficientes de um ponto de vista técnico. Esse desalinhamento pode gerar frustração de todos os lados durante reuniões de projeto rotineiras.

- **Demandas pouco claras**. Um gerenciamento de projeto fraco deixa integrantes de equipe bem-intencionados sem entender quais são as entregas, e essa falta de clareza desencadeia microestresses. Sem um direcionamento claro, os profissionais preenchem eles mesmos as lacunas, muitas vezes mirando nos objetivos errados ou perdendo tempo com trabalhos que os outros consideram desnecessários. Essa abordagem pouco focada gera microestresses suplementares ao longo da cadeia, na medida em que as pessoas precisam ter conversas à parte e recalibrar seu fluxo de trabalho para conseguir a clareza de que precisam.

Existem algumas maneiras rápidas de verificar o alinhamento. Tente perguntar aos integrantes de uma equipe o que significa sucesso num determinado projeto. Se todo mundo tiver uma resposta ligeiramente diferente, pode ser que você tenha identificado a origem do microestresse. Ou, se você reparar que as reuniões quase sempre demoram muito, mas mesmo assim terminam com uma sensação de terem sido improdutivas, talvez nem todos estejam alinhados. (Um sinal revelador é a tendência das pessoas a terem pressa de sair para a reunião seguinte sem fazer uma rápida revisão do que acaba de ser combinado.) Outro sinal possível é constatar que você não se orgulha da produção coletiva da equipe; nesse caso, talvez você esteja diante de um projeto em que todos pensavam estar fazendo a coisa certa, mas ninguém estava alinhado e isso fica evidente nos resultados.

É claro que o desalinhamento tem efeitos cascata. Veja o exemplo de Mark, um gerente de operações que fora promovido recentemente numa empresa que presta serviços para outras organizações e não conseguia entender por que estava recebendo cada vez mais feedbacks negativos. A promoção significava que, naquele momento, ele precisava responder aos chefes de duas unidades de negócios, um aumento bem-vindo de responsabilidades e de visibilidade na empresa. Ele passara a liderar uma equipe responsável por realizar consertos rápidos de problemas de software cruciais que impactavam grandes clientes. Três líderes com responsabilidades diferentes dentro da equipe respondiam para ele. De um ponto de vista conceitual, Mark se encaixava bem no novo cargo, já que era conhecido tanto por suas habilidades de resolução de problemas quanto de execução.

Desde a promoção, porém, Mark vinha sentindo que não conseguia fazer nada direito. Sempre que resolvia alguma reclamação de um cliente, várias outras surgiam. Ele estava trabalhando mais horas para tentar dar conta do trabalho todo, inclusive à noite e nos fins de semana. Numa época em que deveria estar aumentando sua autoconfiança e motivação e firmando sua credibilidade como líder, sua nova equipe começava a se questionar se ele estava à altura do trabalho.

E o pior: ele estava levando a frustração para casa. Quando anunciou que talvez não tivesse tempo de ir ao encontro de ex-alunos da faculdade da sua esposa, marcado havia bastante tempo, ela ficou chateada. "Há meses você sabe que isso é importante para mim", disse ela. "Por que não se planejou melhor?"

Mark se torturava diariamente por não conseguir dar conta do trabalho. Mas o que ele não percebia, no início, era que a origem de todo o seu microestresse era uma série de pequenos desalinhamentos.

Acontece que cada um dos líderes que fazia parte da equipe dele tinha um ponto de vista ligeiramente diferente sobre a solução de um problema. Para o time de controle de qualidade, a solução significava identificar a causa original do problema; para o time de engenharia, significava um recurso técnico; para o time de gerenciamento de produto, significava a distribuição final do conserto para os clientes. Os clientes, por sua vez, esperavam que todas as três soluções acontecessem ao mesmo tempo. Sem um modelo comum de sucesso, os repasses entre os times eram muitas vezes desajeitados, ineficientes e aconteciam no momento errado. Além disso, Mark percebeu que ele nunca tinha explicado suas expectativas para ninguém, deixando cada um tirar as próprias conclusões sobre a definição de sucesso.

Para realinhar a equipe, ele marcou reuniões separadas com cada um dos dois chefes aos quais respondia, seguidas por uma reunião com ambos e sua equipe inteira, para que todos ficassem na mesma página sobre o que significava uma solução. Todos os integrantes acreditavam sinceramente estar fazendo o que lhes fora pedido, mas não tinham percebido como sua abordagem limitada podia ter gerado problemas para a equipe como um todo. Foi um exercício que abriu os olhos de todo mundo, inclusive dos dois novos chefes de Mark. O resultado foi a elaboração de um conjunto unificado de expectativas para a unidade de Mark, a previsão de recursos adicionais para contratar pessoas que administrassem essas prioridades e um plano de ação para problemas considerados fora do escopo do projeto. Em poucos meses trabalhando dessa forma, Mark recuperou sua autoconfiança — e sua reputação como um ótimo gerente de projetos.

MOMENTO COACHING

Como consertar o microestresse de uma equipe mal alinhada

Se você sentir que a sua equipe não está alinhada, é preciso cuidar logo desse problema. Siga este processo para corrigir desalinhamentos antes que eles gerem mais microestresse para todo mundo.

Reúna sua equipe para uma rápida reunião de alinhamento. "Desconfio que estejamos cada um interpretando de modo diferente o objetivo do projeto. Será que podemos dedicar meia hora nos próximos dias para nos certificar de estarmos alinhados?" Na reunião, foque em como o desalinhamento está afetando os integrantes da equipe. Se conseguir deixar claro para todos o quanto ele é ineficiente e frustrante, a equipe deve se mostrar disposta a uma correção de curso. Use a seguinte sequência de passos para corrigir seu curso:

1. **Restabeleça o objetivo ou a importância do projeto num debate colaborativo.** Foque no impacto que pode ser gerado se o grupo trabalhar junto. Apele para objetivos mais nobres que engajem a todos, como o modo como um novo software vai democratizar o trabalho para os clientes ou como uma pesquisa vai ajudar a criar remédios mais baratos e acessíveis. Certifique-se de que as pessoas consigam enxergar como podem contribuir para atingir esses objetivos. A reunião não deve começar com cobranças sobre prazos e erros do passado. Em vez disso, comece com aspirações em relação ao que pode ser feito e, em seguida, tente obter das pessoas compromissos concretos e clareza em relação aos obstáculos que precisam ser removidos.

2. **Examine como o trabalho de cada pessoa (ou de cada time) está contribuindo para o projeto como um todo.** Identifique os recursos necessários para o trabalho de cada pessoa ou time. Certifique-se de que todos entendam claramente o que lhes é solicitado — e o que estão pressupondo que outros irão fazer.

3. **Tenha uma conversa franca sobre obstáculos que poderiam impedir as pessoas de executar o trabalho.** Essa conversa pode ser uma análise do tempo e dos recursos disponíveis ou uma discussão sobre a pressão que

um integrante recebe de um líder para priorizar outros trabalhos. Alguns obstáculos você vai conseguir solucionar (como falar com o líder desse integrante), outros não (como conseguir recursos). Mas identificar os obstáculos permite criar linhas do tempo e atribuições mais realistas, e também uma rota de escalonamento para problemas que fujam do escopo do projeto.

4. **Esboce as interdependências visualmente para deixá-las claras.** Faça uma representação visual das interdependências que afetarão o trabalho de cada um. O esboço não precisa ser um fluxograma perfeito: um guia aproximado para a equipe inteira basta. Deixe o quadro (seja ele físico ou virtual) aberto durante todas as reuniões. Existem muitas ferramentas virtuais para essa tarefa colaborativa (o Miro e o Notion, por exemplo, permitem criar um quadro compartilhado com notas que todo mundo pode modificar).

5. **Obtenha o comprometimento de cada integrante da equipe com relação ao trabalho que estiver fazendo.** Use os últimos minutos da reunião para fazer cada um repetir suas expectativas e as ações que irão executar antes da reunião seguinte. Combine de abrir cada nova reunião (seja presencial ou virtual) com uma revisão do quadro como lembrete visual de onde vocês estavam e em que direção estão indo, identificando, assim, qualquer desalinhamento que possa ter surgido ou esteja surgindo.

ESTRATÉGIAS PARA EVITAR MICROESTRESSES CAUSADOS PELO DESALINHAMENTO. Você pode dar vários passos práticos para evitar que pequenos desalinhamentos se infiltrem no seu trabalho. Eles dependem da sua disposição de parar e fazer perguntas em diversos momentos do processo, de modo a garantir que um pequeno desalinhamento seja corrigido antes de se transformar em algo maior.

Antes de começar um novo projeto, investigue a complexidade relacional

Uma das fontes ocultas de microestresse está no caráter mais colaborativo que o trabalho tem hoje em dia. A quantidade e os tipos de colaboração necessários para fazer nosso trabalho explodiram, mas frequentemente deixamos de computar esse tempo em nossas estimativas da duração de uma tarefa ou projeto.

- **Considere as relações e as contingências.** Pense na rede de relações e contingências que estariam envolvidas numa nova tarefa ou projeto, incluindo como elas interagiriam com aquilo que o seu time precisa realizar no momento. De quem você vai depender para realizar essa tarefa? Essas pessoas irão trabalhar juntas sem problemas ou a quantidade de colaboração necessária para o trabalho é maior do que a prevista?
- **Revise os objetivos, prioridades e *stakeholders*.** Converse com o patrocinador e líder do projeto para garantir que você entenda claramente os objetivos, prioridades e *stakeholders*. Pode ser tentador aceitar projetos novos por querer ajudar a pessoa que está lhe pedindo ou para transmitir uma atitude capaz, mas é possível mostrar disponibilidade e positividade e, ao mesmo tempo, dizer "Eu gostaria de saber mais" antes de se comprometer.
- **Esclareça a magnitude do pedido.** Converse com todos os envolvidos, inclusive com pessoas em outros projetos nos quais você trabalha, para garantir que todos entendam o que o novo projeto envolve e o que é factível para você, considerando suas outras prioridades.

Ao iniciar um novo projeto, deixe claro com o que você está se comprometendo

- **Combine *o quê* e *quando*.** Desde cedo, reserve tempo com o time para garantir que todos concordem com o *o quê* e o *quando* do trabalho. Reserve cinco minutos para esclarecer as especificidades para si, para as pessoas envolvidas e para qualquer outro colega que esteja contribuindo com o esforço.
- **Esclareça as suas próprias responsabilidades.** Você precisa entender a magnitude do pedido para saber se você e os colegas dos quais vai depender dispõem do tempo e da capacidade exigidos para realizar o trabalho.
- **Faça um cronograma claro, juntamente com as expectativas de desempenho.** Um entendimento compartilhado desde o início é crítico para o sucesso de todos.

Enquanto todos estiverem trabalhando juntos, preste atenção aos desalinhamentos

- **Desenvolva seu próprio sistema de sensores para detectar desalinhamentos, de modo a agir depressa para corrigir problemas.** Considere usar de cinco a dez minutos de uma reunião para pedir às pessoas que repitam o que entenderam de determinada conversa, a fim de garantir que nada seja interpretado de forma equivocada.
- **Preste atenção na sua intuição.** Um sentimento desagradável que surge após uma reunião pode ser um sinal de que nem todo mundo está engajado.
- **Considere a possibilidade de escrever um e-mail depois da reunião.** Até mesmo algo simples, como uma curta recapitulação de pontos-chave em tópicos, pode garantir que o time inteiro esteja de acordo em relação a objetivos, responsabilidades, cronogramas e entregas. Muitas vezes saímos de uma reunião pressupondo que todos concordam, mas, sem querer, cada um vai para uma direção diferente depois.

MICROESTRESSE 2: PEQUENAS FALHAS DE DESEMPENHO

Outra fonte significativa de microestresse são colegas pouco confiáveis, mas não da forma como você poderia pensar. Quem nos prejudica não são tanto os preguiçosos, uma vez que eles com frequência são eliminados pelo gerenciamento de desempenho e seleções de talentos das empresas. Na maioria das vezes, os problemas surgem quando pequenas falhas de colegas bem-intencionados se acumulam de modos surpreendentes. A maioria de nós é puxada em tantas direções diferentes que esquecemos, atrasamos ou torcemos para um trabalho "bom o suficiente" bastar, porque estamos sobrecarregados de responsabilidades. Pegamos atalhos, todos aparentemente insignificantes, de maneiras que acabam por afetar não apenas nosso trabalho, mas também o de nossos colegas.

Imagine que você é responsável por um projeto com três outros integrantes da sua equipe. A primeira pessoa não entendeu muito bem o comprometimento que estava sendo exigido, a segunda foi tragada por outro projeto prioritário e dedicou menos tempo do que o previsto e a terceira priorizou o prazo de uma reunião de vendas próxima e não se dedicou o suficiente ao seu projeto. Nessas circunstâncias, cada uma dessas pessoas talvez tenha negligenciado só um pouquinho o seu projeto, e trabalhado, digamos, 5% aquém do esperado. Essas falhas podem assumir várias formas: atrasar a compilação de dados necessários ao restante da equipe, deixar de revisar a minuta de um relatório, não levar em conta os recursos necessários e que irão mobilizar mais de uma equipe, e assim por diante.

Isoladamente, esses pequenos deslizes podem parecer insignificantes. Mas eles não são pequenos nem para você, nem para o desfecho do projeto. Você se sente responsável pelo projeto, e não quer que sua reputação seja afetada por um esforço coletivo que não foi da melhor qualidade. Então, toma iniciativa — como quase sempre — para compensar aquilo que seus colegas não entregaram. Para tanto, talvez precise fazer 15% a mais de trabalho num cronograma já apertado, além de afetar sua carga de trabalho fora do projeto em questão. Muitos de nós jamais reclamariam com nossos colegas sobre suas falhas, simplesmente fazendo esforços heroicos para salvar a situação.

O microestresse nesse caso — o fato de seus colegas deixarem de fazer uma pequena fração do que você esperava deles — também afeta futuras tarefas. Agora você não só precisa fazer trabalho extra, como também deu a entender a seus colegas que 95% de esforço basta... e quem sabe 90% na vez seguinte, se eles estiverem sendo exigidos em várias frentes. Eles sabem que você vai compensar para cobrir as lacunas quando eles ficarem ocupados demais ou se distraírem. E, de certa forma, foi você quem causou isso ao se prontificar! A consequência de você receber uma avalanche de trabalho deles, além do seu, vai invadir seus outros projetos, sua vida pessoal, a relação com seu chefe e assim por diante.

No melhor dos casos, é desanimador se dar conta de que é preciso segurar a barra de outra pessoa quando você mal consegue dar conta do próprio trabalho. No pior dos casos, pode ser que você crie ressentimento com quem não estiver cumprindo os compromissos, e esse ressentimento venha a minar relações de trabalho que, em todos os outros aspectos, são sólidas. "Por algum motivo, sou sempre eu quem resolvo tudo quando meus colegas não comparecem", disse um dos entrevistados. "Sei que eles não fazem isso de propósito. Estamos todos sobrecarregados. Mas, por algum motivo, sou sempre eu que sinto a necessidade de intervir."

Kunal, líder sênior da indústria automotiva, compartilhou a frustração que sentiu quando um subordinado entregou um produto abaixo do padrão. "Isso cria uma espécie de amargura e de estresse que contamina tudo, porque eu agora estou fazendo algo que não deveria", disse ele. "Fazer o trabalho deles toma o lugar de outras coisas e contribui para um ambiente em que eu não tenho energia nem tempo para desenvolver meu time." Na condição de gerente, era ele o responsável pelo trabalho do seu time. Só que, quando alguns integrantes deixaram a desejar, ele se viu não apenas se desdobrando para fazer o trabalho de seus funcionários no lugar deles, como também tentando encontrar tempo para abordar a questão do desempenho. A situação insere uma outra camada de microestresse no dia de Kunal. "Isso exige energia a mais", explicou ele, "porque é preciso ser compreensivo e depois seguir um processo quase socrático para guiar a pessoa na preparação que ela deveria ter feito." Para Kunal, lidar com um subordinado que não teve um desempenho à altura gerou um trabalho a mais que não tinha sido planejado, desorganizando seu dia e tornando mais difícil focar nas próprias prioridades. E aquelas foram só as consequências imediatas. Com o tempo, a dupla obrigação criou ressentimento, levando-o a cobrar favores de outros integrantes do time, e significou que ele muitas vezes levou suas frustrações para a vida pessoal. Kunal tinha consciência de estar levando os problemas para casa, mas parecia não conseguir se libertar do dia de trabalho.

PRÁTICAS PARA COMBATER PEQUENAS FALHAS DE DESEMPENHO

Em qualquer empresa dinâmica, na qual as pessoas estejam equilibrando vários projetos colaborativos e o trabalho individual em prazos apertados, falhas de desempenho fatalmente surgirão. Se essas falhas forem identificadas e abordadas logo, é possível impedir que se transformem em algo com consequências duradouras em matéria de microestresse. A seguir, algumas formas de impedir ou lidar com os microestresses antes que eles façam mais estragos.

INCENTIVE A RESPONSABILIZAÇÃO. Consiga descrições claras do trabalho a ser feito, de quem prestará contas por cada objetivo e de qual a expectativa de um bom resultado. Um participante da nossa pesquisa usou o método kanban (um quadro que retrata visualmente o trabalho em diversos estágios de um processo, usando cartões para representar itens do trabalho e colunas para representar cada estágio do processo) para comunicar e obter consenso em relação a expectativas, mas muitas outras ferramentas também poderiam funcionar, a depender das circunstâncias.

Reserve alguns minutos ao final das reuniões de time para revisar quaisquer ferramentas que estiverem usando e perguntar em que fase cada um está em matéria de evolução. O objetivo aqui é despersonalizar as conversas sobre pequenas falhas e devolver a responsabilidade para quem é devida. Essa prática evita novas falhas e garante uma norma de entrega consistente no time.

IDENTIFIQUE OS PROBLEMAS CEDO. Crie um ritmo de atualizações com colegas para garantir que pequenas coisas esquecidas se tornem visíveis o quanto antes. Perceber cedo uma falha de execução permite descobrir por que ela aconteceu enquanto ainda há tempo de abordar suas causas originais e corrigir seu curso, fortalecendo as relações do grupo.

Situações em que indivíduos não conseguem entregar seu trabalho devido a pressões externas precisam de uma reação diferente de situações em que talvez as pessoas não tenham as capacidades necessárias. Forças externas podem exigir um e-mail ou telefonema seu para fazer os outros recuarem um pouco, ao passo que pessoas assoberbadas talvez precisem de apoio para se desenvolver ou ajuda para renegociar suas funções.

ACOMPANHE A EVOLUÇÃO. Crie um lembrete para se conectar com as pessoas quando metade do trabalho delas deveria estar concluído. Use essa verificação como uma oportunidade para ver o quanto elas progrediram, avaliar a sua produção de trabalho e garantir que estejam indo na direção certa.

MOMENTO COACHING

Como abordar pequenas falhas de desempenho

Pequenos erros podem assumir diversas formas. Algumas falhas afetam apenas você, enquanto outras podem prejudicar uma equipe inteira. Algumas podem ter apenas um impacto de curto prazo, limitado, mas outras podem seguir gerando consequências. O segredo é pensar nessas falhas de modo tridimensional e tomar as providências adequadas para corrigi-las.

IMPACTO NOS FUNCIONÁRIOS: Essa pequena falha afeta apenas a mim ou ao time inteiro?

- **A mim**: Aborde a falha numa conversa direta. Reconheça que é uma falha pequena e que tratar dela pode parecer mesquinho. Indique o impacto do acúmulo de pequenas falhas e como esse acúmulo está afetando sua vida profissional e pessoal. Solucione o problema de modo colaborativo com foco em três aspectos:
  1. O que você pode fazer de diferente
  2. O que a outra pessoa pode fazer de diferente
  3. Quais circunstâncias precisam ser modificadas para fazer dar certo (por exemplo, você precisa falar com o chefe da pessoa para obter mais tempo?)
- **Ao time**: Controle a pressão social nas reuniões de time fazendo as pessoas iniciarem a discussão com uma reafirmação do próprio comprometimento, um relatório sobre a sua evolução e um curto resumo do que deu errado e por quê. Inicie as reuniões com essa verificação estruturada para criar uma norma de prestação de contas, depois encerre fazendo as pessoas recapitularem para ter certeza de que as expectativas se sustentam. Use uma ferramenta virtual durante a reunião (e envie para os integrantes do time depois) de modo a ter uma referência clara para a prestação de contas.

FREQUÊNCIA: Essa falha é recorrente ou é a primeira vez que acontece?

- **Primeira vez:** Não tenha medo de abordar pequenas falhas logo. Com grande frequência, as pessoas se prontificam a preencher uma lacuna, mas, ao fazê-lo, ficam com raiva. Infelizmente, elas estão ensinando aos colegas que um esforço menor do que total é aceitável. Às vezes, as pessoas deixam de assumir as próprias responsabilidades não por serem más, e sim porque somos todos puxados em tantas direções distintas que a maioria vive tentando entender quais pratinhos pode deixar cair (e não como conciliar tudo). Lide com o primeiro deslize logo, com um comentário leve e um desejo autêntico de ajudar, e você vai impedir uma pequena falha inicial de se tornar nociva.
- **Recorrente:** Tenha uma conversa direta sobre o impacto da recorrência. Então, pergunte como você pode ajudar. Enfatize o que pode fazer ou quais mudanças na situação podem ajudar a evitar o ressurgimento da mesma questão várias vezes. Isso ajuda a evitar que a defensividade impeça conversas construtivas. Então prossiga para o que a pessoa precisa fazer para garantir que o mesmo problema não se repita.

MAGNITUDE: Qual é a magnitude da falha? O deslize vai se dissipar em uma semana ou será um impacto duradouro?

- **Efeito temporário ou pequeno:** Comece pela empatia, e considere a possibilidade de deixar sua preocupação para lá. A maioria das pessoas precisa enfrentar um tsunami de obrigações pessoais e profissionais. Com grande frequência, uma falha no seu projeto não é o que elas queriam, mas é apenas a realidade de uma quantidade excessiva de demandas profissionais e pessoais no mundo hiperconectado de hoje em dia. Nem tudo será bem-feito, ou sequer feito.
- **Efeito duradouro ou grande:** Use a mesma abordagem que você usaria para falhas recorrentes — tenha uma conversa direta com a pessoa sobre o impacto disso. Em seguida, pergunte como você pode ajudar. Enfatize aquilo que pode fazer e proponha mudanças na situação atual para ajudar a evitar um problema recorrente. Então, passe ao que essa pessoa precisa fazer de modo diferente.

MICROESTRESSE 3: FIGURAS DE AUTORIDADE IMPREVISÍVEIS

Um comportamento imprevisível de uma autoridade — como um chefe, um líder sênior ou um cliente — pode criar uma corrente subjacente de microestresse. Não estamos falando sobre lidar com uma pessoa excepcionalmente difícil ou irracional: uma pessoa assim é uma fonte convencional e reconhecida de estresse da qual você está dolorosamente consciente. Como você decerto tem aliados que avaliam e sentem a mesma coisa em relação a uma pessoa problemática, esse tipo de estresse não parece tão pessoal. Mas aqui estamos nos referindo a um microestresse comum no qual você não costuma parar para pensar: um chefe, cliente ou *stakeholder* bem-intencionado, mas que parece estar constantemente alterando aquilo que pede para você fazer.

Modificar as demandas ou reavaliar constantemente as decisões pode nos desequilibrar ou criar incerteza em relação a onde investir nossas energias. *Qual é a prioridade? Devo largar tudo que estou fazendo e me dedicar a essa nova tarefa ou isso foi só um comentário casual?* Quando você nunca tem certeza do estado emocional em que seu chefe vai estar, a situação pode desencadear uma enorme quantidade de estresse e preocupação. *Ela ficou irritada? Ele está preocupado com a execução disso? Meu time está mandando mal de alguma forma que eu não estou vendo?* Você pode acabar pensando demais em relação ao que está fazendo ou produzir o dobro do trabalho necessário na tentativa de se garantir em todas as frentes.

E o problema não é só que você precisa descobrir por conta própria como lidar com as demandas do seu chefe. Essa dificuldade também influencia sua relação com as outras pessoas com as quais você trabalha. Você estabelece expectativas para pessoas no seu time e entrega (ou não) segundo a sua compreensão do que o chefe quer. E comunica aos outros o que pensa que seu chefe quer comunicar. Quando a mensagem é difícil de entender, essa ambiguidade também afeta o seu trabalho com uma série de outras pessoas. Pode ser que você fique constantemente ajustando ou mudando por completo o que pede para os outros fazerem, os favores que cobra ou o nível de pressão e prioridade que coloca em diferentes projetos ou tarefas. Pode ser que você tenha precisado dar a má notícia a um colega que vinha trabalhando depois do expediente para terminar uma análise complexa ou o rascunho de algo que você percebe que não é mais necessário. Ou então você fica pressionando seus colegas para trabalharem feito loucos para terminar alguma coisa, só para desanimá-los quando as prioridades modificadas por um líder ou cliente inutilizam esse trabalho.

A imprevisibilidade era em parte o que estava causando o estresse de Rita com aquele único e-mail de Anthony, o novo diretor de marketing. O chefe anterior dela era metódico em relação às reuniões rotineiras da equipe e à tomada de decisões. Mas Anthony era informal e parecia mudar suas prioridades com frequência, o que fazia com que Rita vivesse se desdobrando para acompanhá-lo. Consequentemente, ela precisava estar sempre cobrando favores ou trocando ajuda com outros colegas para cumprir as últimas demandas dele.

Numa interação típica, Anthony mandava um e-mail para Rita com o que parecia ser um pedido urgente, como aquele da apresentação discutido no começo do capítulo. Rita largava o que estava fazendo e tentava contato com algum colega com quem comparar anotações. Quando mandava uma resposta para o diretor, era raro receber sequer um retorno de cortesia. Ela não fazia a menor ideia se tinha dado a Anthony aquilo de que ele precisava. Se no fim das contas ele tivesse mudado de ideia ou parecesse ter esquecido um pedido anterior, Rita ficava com a sensação de ter desperdiçado completamente o favor cobrado. Além disso, continuava em dívida por causa da combinação feita com o colega para ter ajuda de modo a conseguir atender ao pedido de Anthony. Rita estava preocupada que as pessoas começassem a duvidar de que ela sabia o que estava fazendo. "Eu era boa no que fazia, mas esse foi um dos períodos mais estressantes da minha vida profissional", contou.

O simples fato de saber que alguém pode ser imprevisível cria incerteza, uma vez que você já antecipa que seus planos serão perturbados. Você se preocupa com situações que podem jamais vir a acontecer, investe tempo a mais a fim de se preparar para todas as eventualidades e às vezes precisa abandonar um trabalho no qual já investiu tempo e esforço porque mudanças na demanda o tornaram desnecessário.

Não estamos sugerindo que você simplesmente conteste todos os pedidos de alguma figura de autoridade que por acaso seja imprevisível. Mas você pode garantir que haja uma comunicação clara para evitar ficar correndo atrás do próprio rabo. Com demasiada frequência, diretores ocupados realizam múltiplas tarefas, são sobrecarregados e não têm total consciência das demandas colaborativas daquilo que pedem. Eles às vezes subestimam o impacto de seus pedidos. Garantir rapidamente que todos estejam alinhados quanto à priorização ou à carga de trabalho colaborativa de um pedido pode reduzir drasticamente os microestresses no restante da cadeia — mas é preciso fazer isso na hora em que o pedido é feito.

Em nossa pesquisa, aprendemos um truque rápido para garantir o alinhamento em relação a um pedido. Para ajudar a avaliar a importância da demanda em tempo real, peça para seu gerente classificar o novo pedido numa escala de um a dez. Por exemplo:

1 *significa "Eu sei que isso talvez seja uma ideia mirabolante, mas é algo que eu adoraria que você tivesse em mente."*

5 *significa "Isso é algo que nós vamos ter que explorar em algum momento."*

10 *significa "Isso é uma prioridade. Eu gostaria que você trabalhasse nisso agora, e entendo que vá passar na frente de outros trabalhos."*

Você pode então reagir ao 5 ou ao 10 do gerente com sua própria classificação do quão difícil seria a execução da ideia. Assim, ele pode entender as trocas que precisam ser feitas para que a tarefa seja cumprida. Essa abordagem de classificar a demanda deve possibilitar uma conversa rápida e esclarecedora para garantir que você e seu gerente estejam alinhados em relação às suas prioridades e ao melhor uso do seu tempo.

Vá anotando todos os pedidos (e classificações). Uma representação visual das prioridades pode ajudar um chefe a entender todo o espectro de pedidos feitos e tomar decisões de maneira mais estratégica. Sem uma representação visual, todas as tarefas isoladas parecem pequenas. Quando elas são representadas visualmente com todas as outras demandas em andamento, o impacto fica bem mais claro.

ESTRATÉGIAS PARA RESISTIR A UMA FIGURA DE AUTORIDADE IMPREVISÍVEL

Mesmo líderes bem-intencionados podem sem querer desencadear um caos de microestresses quando não param para pensar nas consequências do que pedem. Na verdade, você pode piorar a própria situação — e a do seu gerente — respondendo sempre "sim".

Entenda como eles pensam

Você não precisa esperar seu chefe perceber que o pedido feito não foi razoável. Adiante-se, investindo tempo para conhecer seu chefe e saber o que é importante para o sucesso dele. Se conseguir entender melhor suas necessidades e pontos fracos, você talvez consiga prever como as coisas poderiam mudar.

Reserve um tempo para aprender sobre o contexto mais amplo que impulsiona o trabalho do seu time, e sobre o que seu chefe acha de você e da sua equipe. Com uma compreensão melhor das abordagens de tomada de decisão, dos pontos fracos e das prioridades que conduzem o comportamento do seu chefe, você talvez ache mais fácil prever as suas decisões. Essa compreensão também pode ajudar você a criar contranarrativas, de modo que um chefe que tende a aceitar com facilidade direcionamentos vindos de cima se disponha, em vez disso, a defender você e o seu time.

Reequilibre quando solicitado

Cultive o hábito de esclarecer o tempo e os recursos que serão necessários para fazer algo bem. Essa avaliação estabelece uma base importante à qual uma nova demanda pode ser comparada. Assim, quando os pedidos mudarem, você estará numa posição melhor para ter uma conversa esclarecida sobre quanto tempo vai levar para concluir uma nova demanda e que prioridades talvez precisem mudar para que seja possível acomodá-la.

Envolver os *stakeholders* nesse tipo de reequilíbrio pode levá-los a reduzir o que está sendo pedido ou a aliviar outros trabalhos seus. Com o tempo, isso também pode treiná-los a terem mais consciência em relação ao impacto de seus pedidos, reduzindo a quantidade de vezes em que mudam de direção.

Administre suas emoções

Controle as próprias emoções quando estiver respondendo a mudanças imprevisíveis. Não foque em ter razão, não reaja exageradamente e não se permita ficar com raiva.

Em vez de ver o chefe como causa dos seus problemas, pense que ele talvez também esteja preso a um padrão de demandas avassalador. Se valorizar a relação entre vocês, tente encontrar maneiras positivas de abordar o que pode muito bem parecer nada razoável.

Práticas de comunicação ineficientes

Todos nós reclamamos do volume e da frequência de e-mails em nossa vida profissional e pessoal (ou de mensagens instantâneas, ou de qualquer outra das inúmeras tecnologias colaborativas). Na realidade, porém, não são tanto as plataformas de tecnologia específicas (como e-mails ou mensagens de texto) que nos matam, mas sim a cultura e as normas em relação a quando e como nós as usamos.

Na realidade, o uso de práticas de comunicação ineficientes — talvez o mais comum entre todos os microestresses que identificamos em nossa pesquisa — está drenando nossa capacidade pessoal. O motivo é que esse microestresse chega até nós em minutos ou até segundos, mas se estende por horas ou dias. E isso só piorou após a pandemia de covid-19, uma vez que nossos dias agora são tipicamente lotados de reuniões curtas, porém mais intensas e repletas de microestresses. O simples ato de olhar uma mensagem de texto pode nos distrair a ponto de ser necessário algum tempo para voltar nossa atenção a uma reunião ou a um problema que estamos tentando resolver. Se a interrupção for grande a ponto de perdermos o fio do raciocínio, o tempo é muito, muito maior. Faça uma estimativa pessoal rápida: quantas pequenas interrupções você teve ontem? E quantas interrupções maiores na tentativa de responder às demandas dos outros, como os colegas de Rita que largaram tudo para atender ao seu pedido de ajuda com a solicitação do gerente de marketing? Quanto tempo isso totalizou? É assim que microestresses aparentemente diminutos invadem nossos dias. Se você não estabelecer de forma consciente normas de comunicação com as pessoas da sua vida, estará se condenando (e condenando seus colegas) a trabalhar até mais tarde, começar mais cedo e receber uma avalanche constante de microestresses desnecessários!

Os microestresses de comunicação advêm da sensação de que é preciso responder rapidamente a recados, mensagens de texto e e-mails. Mesmo ferramentas cuja intenção seja facilitar sua vida, como as videoconferências, acabam apagando suas fronteiras pessoais e dificultando a vida ao reduzir sua capacidade de realizar múltiplas tarefas e só intervir quando necessário. Você acaba se vendo diante de uma ansiedade considerável, sentindo necessidade de prestar total atenção nas inúmeras plataformas que precisa monitorar diariamente. Muitos de nossos entrevistados disseram que, num dia típico, sequer começam o próprio trabalho antes de no mínimo cinco da tarde, após um dia inteiro participando de reuniões, respondendo a e-mails e coisas do tipo. E começar o próprio trabalho tão tarde assim tipicamente significa fazer uma segunda jornada depois que os filhos vão para a cama ou depois de passar mesmo um tempo curto interagindo com o parceiro. Muitos de nossos profissionais de alto desempenho acabavam adotando automaticamente esse método de trabalho, convencendo-se de terem decidido trabalhar assim. "Eu me disponho a fazer um expediente noturno porque isso me permite jantar com minha família." Ou: "Eu sou uma pessoa diurna. Simplesmente acordo às 4h30 para fazer tudo antes de o dia começar". Mas esse não deveria ser o único jeito de equilibrar trabalho e vida pessoal.

As pessoas sempre se espantam com o quanto pequenas mudanças geram grandes diferenças. Uma entrevistada, por exemplo, compartilhou conosco um processo simples que modificou de forma radical o fluxo de comunicação ineficiente do seu time. Ela convocou uma reunião rápida e apresentou a eles uma apresentação de slides com três colunas. Na primeira, fez uma lista de como o time estava se comunicando naquele momento. Incluiu na lista o e-mail, o Slack, o espaço colaborativo interno e assim por diante.

Para a segunda coluna, ela perguntou aos integrantes quais práticas gostariam de seguir. Na linha correspondente a "e-mail", escreveu três tópicos: "Colocar o pedido e o prazo no assunto", "Usar tópicos quando possível; sem parágrafos extensos" e "Sair do e-mail ao sentir que há desacordo, passando para telefone ou vídeo".

Na terceira coluna, pediu aos integrantes para pensarem em quais práticas gostariam de abandonar como time. Começou também pela linha do e-mail: "Sem e-mails após as 22 horas, para evitar criar a expectativa de uma resposta imediata; programar envio, se necessário", "Parar de copiar sempre todo mundo" e assim por diante. O time reagiu na hora à sua tabela, acrescentando na primeira coluna seus outros canais de comunicação, como videochamadas, telefonemas e reuniões, e em seguida sugerindo outras coisas a fazer e a parar de fazer (tabela 2.1). A reunião durou menos de uma hora, mas todos se animaram com a rara oportunidade de exercer um pouco de controle, e riram de alguns dos comportamentos que tinham passado a adotar, como o hábito de "responder para todos" constantemente, que obriga as pessoas a reagirem com incessantes "Parece ótimo" ou "Agradeço".

TABELA 2.1

Avaliação dos métodos de colaboração pelo time: como abordar nossa sobrecarga de comunicação

Como nos comunicamos	Práticas desejadas	Práticas a serem eliminadas
E-mail	• Pedido e prazo no campo "assunto" • Usar tópicos quando possível; sem parágrafos extensos • Sair do e-mail quando sentir que há desacordo, passando para telefone ou vídeo	• Parar de copiar sempre todo mundo • Parar de escrever e-mails extensos para organizar o próprio pensamento • Não deixar o pedido principal escondido no oitavo parágrafo • Sem e-mails após as 22 horas, para evitar gerar expectativa de uma resposta imediata; programar envio, se necessário
Reuniões		
Mensagens instantâneas		
Espaços colaborativos do time		
Videoconferências		

"Acho que conseguimos recuperar um pouco de tempo de qualidade para as pessoas", disse a entrevistada. Na verdade, nós a ajudamos a fazer um cálculo e descobrimos que esse simples ato liberou pelo menos 8% do tempo dela — quatro ou cinco horas em algumas semanas. Mais importante ainda, porém, isso também liberou tempo para todo mundo no seu time. "Pensei que só eu vivesse me desdobrando para dar conta de tudo", refletiu. "Mas uma pessoa que eu considerava de alto desempenho e superconfiante me disse reservadamente que estava perdendo uma ou duas horas por dia e trabalhando até tarde da noite para copiar todo mundo ou responder a tudo. Essa mudança simples me deu uma energia renovada."

MICROESTRESSE 4: PRÁTICAS DE COMUNICAÇÃO INEFICIENTES

A maioria de nós acaba caindo nas normas existentes de nossos times e empresas sem parar para pensar se existe um jeito mais eficiente de se comunicar. Mas existem estratégias para ajudar você a corrigir o curso.

Diminua as obrigações: molde seu próprio trabalho colaborativo de forma proativa

Busque nos quatro últimos meses da sua agenda pedidos de informação, decisões e interações rotineiras que passaram a fazer parte do seu trabalho, mas que você poderia transferir para pessoas menos conectadas, de modo a diminuir sua carga de demandas e a puxar essas pessoas para dentro da rede. Examine os dois próximos meses e veja se há reuniões recorrentes que você poderia tornar mais curtas, espaçar mais ou cancelar. Não procure apenas os itens grandes que causam sobrecarga. Encontre as coisas pequenas que, cumulativamente, podem render muito tempo se você conseguir transferir a demanda para outras pessoas ou adaptar funções para se retirar dessas interações.

Reduza as comunicações que você gera: atente-se aos seus próprios padrões

Se a sua organização usa tecnologias colaborativas que produzem estatísticas, analise as suas para se certificar de não estar afogando seus colegas em e-mails, mensagens e reuniões. Você também pode consultar pares que estejam fazendo trabalhos parecidos para ter uma ideia da cadência de comunicação e das práticas de e-mail de outras pessoas.

Se estiver mandando longos e-mails com muito mais frequência do que os outros, você pode estar gerando mais demanda para si devido aos seus pedidos detalhados ou instruções ambíguas. Reduzir o ritmo e o volume da própria comunicação pode reduzir o estresse dos outros e o seu.

Verifique se você tende a mergulhar de cabeça

Cuidado com qualquer tendência a mergulhar de cabeça numa situação quando não deveria. Muitas vezes criamos problemas para nós mesmos ao nos envolver, quando não é necessário, porque realizar algo nos causa um sentimento de satisfação. Nós gostamos de ser reconhecidos como especialistas, ou então nos sentimos realizados ao ajudar os outros. Também podemos mergulhar de cabeça por estarmos movidos pelo medo: de receber o rótulo de profissional de desempenho fraco ou de perder oportunidades. Colaboradores mais eficientes são também mais conscientes sobre — e se esforçam para controlar — qualquer tendência a criar a própria sobrecarga se envolvendo em colaborações desnecessárias por conta de impulsos ligados à identidade, ao medo ou ao controle.

MICROESTRESSE 5: AUMENTO DE RESPONSABILIDADES

Quanto mais responsabilidades você assumir, mais microestresses vão surgir e se propagar por partes distintas da sua vida de modos inesperados: ter um filho, mudar de casa, adaptar-se a um novo emprego, assumir um projeto voluntário importante etc. A maioria de nós reconhece o custo que essas responsabilidades têm em nossa vida e, quando essas grandes transições acontecem, nossos amigos e parentes se disponibilizam para nos ajudar. Mas os aumentos repentinos de responsabilidades ocorrem também em pequenas doses. Ao contrário do que faríamos em uma transição de vida importante, no caso do aumento de microestresses nós simplesmente jogamos a responsabilidade extra em nossas costas já sobrecarregadas, sem pensar na carga acumulada que estamos suportando.

Os microestresses que aumentam nossas responsabilidades no trabalho são muitas vezes exacerbados pela quantidade de tempo em que precisamos colaborar com os outros. Numa época em que se espera que todos sejam ágeis, equilibrem várias tarefas, participem de várias equipes multifuncionais e respondam em tempo real a demandas tanto dos superiores quanto dos clientes, os aumentos repentinos de responsabilidade no trabalho em geral decorrem de pedidos aparentemente simples e com uma complexidade oculta.

Dois projetos podem parecer idênticos em termos de trabalho exigido. No entanto, se um deles envolve três áreas da empresa em dois fusos horários diferentes, dois líderes que não se dão bem e a necessidade de usar recursos de uma unidade com prioridades distintas, aí a história é outra. Um projeto assim acarreta uma carga de trabalho muitíssimo maior do que um projeto com a mesma quantidade de pessoas numa única unidade. Aumentos repentinos de responsabilidade geram estresse não só por causa do trabalho em si, mas também do nível de colaboração necessário.

Aumentos repentinos também acontecem em nossa vida pessoal, e nem sempre decorrem de responsabilidades familiares essenciais, como as de pai e mãe ou marido e esposa. Microestresses também podem ocorrer quando sentimos uma carga de responsabilidade por membros de nossa família estendida. Podemos precisar cuidar de pais idosos, e esse estresse pode ser exacerbado quando parentes que não estão envolvidos na vida cotidiana dos seus pais se sentem à vontade para dar opiniões, mas sem oferecer nenhuma ajuda. É claro que os aumentos repentinos de responsabilidade nunca surgem num vácuo. Eles já geram alguma quantidade de estresse por causa do simples esforço exigido para abordar as questões.

Uma de nossas entrevistadas descreveu o fardo daquilo que chamava de *dever de casa parental*, os deveres que seu filho traz da escola para fazer em casa e que estão muito além da capacidade dele de fazer sozinho. Essas tarefas exigem planejamento e preparação, e com frequência obrigam você a sair para fazer compras de última hora. (Já tentou encontrar cartolina depois das oito da noite?) Além do mais, os deveres parecem sempre surgir sem aviso. Por exemplo, seu filho lhe diz na sexta-feira à noite que tem um trabalho grande para entregar na segunda, mas o seu final de semana já está lotado de compromissos. Incluir um projeto a mais como esse numa lista de tarefas já cheia pode espalhar estresse por toda a família. Seu filho fica estressado com a sua impaciência ou frustração em relação ao dever. Sua esposa fica estressada ao ver você se esforçando para dar conta do dever ou pedindo a ela para se prontificar e cuidar do assunto. Você pode acabar deixando de dedicar a devida atenção ao próprio trabalho por causa da distração e frustração com esse dever de casa parental que surgiu do nada. E o estresse continua a produzir consequências na sua vida.

Os efeitos secundários dos aumentos repentinos de responsabilidade podem ser particularmente nocivos. Aumentos assim no trabalho já são ruins o bastante, mas talvez pior ainda seja o seu modo de se misturar ao estresse da vida pessoal. Quando você sente os microestresses da vida profissional te consumirem, não dá o melhor de si em casa. Pode ficar no trabalho até mais tarde ou então faltar a compromissos familiares, decepcionando a todos. Mas mesmo o simples fato de não conseguir dar toda a atenção aos familiares quando está em casa pode afetar profundamente a felicidade cotidiana da família inteira. Todo mundo sente. E aumentos repentinos de responsabilidade em casa inevitavelmente geram estresses no trabalho, seja porque você precisa trabalhar mais ou porque precisa administrar demandas antagônicas da vida profissional e pessoal. Trabalhar até tarde da noite ou muito cedo pela manhã é ruim para o cérebro: os níveis de cortisol aumentam e você fica exausto. Quando se está o tempo inteiro por um fio, fica difícil estar presente no trabalho e em casa como seria preciso estar.

Esses estresses se tornaram tão corriqueiros que muitas pessoas passam a vida numa longa sequência deles, o que as força a reagir de maneiras que causem o menor estrago possível. Uma de nossas entrevistadas nos contou que as manhãs de domingo tinham se tornado sua hora preferida para trabalhar. Ela costumava apreciar os aspectos espirituais e sociais de frequentar a igreja, mas não tinha mais tempo para aquilo. Nos domingos de manhã ela provavelmente estaria acordando da primeira boa noite de sono da semana, podendo encaixar algumas horas de trabalho antes da família acordar. Até conversarmos sobre os microestresses de sua vida cotidiana, ela sequer percebia o quanto tinha deixado a si mesma de lado para fazer do domingo o seu melhor dia de trabalho.

Estratégias para resistir aos microestresses que criam aumentos repentinos de responsabilidade

Nem sempre você pode controlar o que lhe pedem para fazer, mas pode controlar como reage. Sua resposta automática não precisa ser "sim". Você pode responder de maneiras que ajudem a evitar que um aumento repentino de responsabilidade assuma o comando da sua vida.

RESISTA A DEMANDAS QUE NÃO SEJAM RAZOÁVEIS

Antes mesmo de as pessoas perguntarem, estabeleça as expectativas, deixando claro o valor exclusivo que você adiciona com seu trabalho. Dessa forma, você garante que ninguém lhe peça para assumir algo fora da sua área de especialidade. Quando possível, procure redirecionar o trabalho para alguém que esteja numa posição melhor para entregar o que está sendo pedido. Tenha mais autoconfiança para resistir quando os pedidos dos outros não forem razoáveis. Por fim, recorra à sua rede para obter opiniões ou dados embasados e consiga o apoio de especialistas que possam legitimar seu ponto de vista quando estiver tirando as demandas que não são razoáveis das próprias costas.

PRESTE CONTAS

Tenha pessoas na sua vida que te cobrem para não responder "sim" a qualquer pedido. Mesmo colegas bem-intencionados tentarão aproveitar tudo o que você se dispuser a lhes dar. Pessoas mais felizes costumam ter outras que as ajudem a tomar decisões sobre o que vale e o que não vale a pena aceitar.

As pessoas importantes da sua vida, como cônjuge ou outros familiares que você respeite, podem lhe proporcionar uma espécie de contraponto quando você estiver cogitando se deve ou não assumir um grande compromisso novo. Elas podem ajudar a reforçar a importância do tempo para a vida pessoal e para família, corrigindo assim a tendência de permitir que o trabalho preencha todo o tempo disponível.

RENEGOCIE SEU PORTFÓLIO PROFISSIONAL

Renegocie outras demandas profissionais no mesmo instante em que lhe pedirem para assumir uma grande carga nova de trabalho. Em vez de aumentar suas responsabilidades ainda mais sem refletir, use esse ponto de virada para obter acordos quanto ao que pode ser tirado das suas costas ou quais recursos você pode receber para tornar o novo pedido factível.

MOMENTO COACHING

Como monitorar aumentos repentinos de responsabilidades em sua vida

Para entender melhor como pequenos aumentos de responsabilidade estão afetando sua vida, anote as novas demandas em relação ao seu tempo. Elas podem parecer pequenas individualmente, mas, quando você enxergar todas na mesma página, o custo acumulado pode se tornar mais óbvio. Use um gráfico como o exemplo da tabela 2.2 para preparar um resumo visual útil.

1. **Reflita sobre essas novas demandas em relação ao seu tempo.** Profissionalmente, esses aumentos podem assumir o formato de um projeto novo com uma pegada colaborativa maior do que o previsto, uma promoção ou mudança de cargo ou até uma necessidade de compensar o trabalho de um colega que tem prioridades conflitantes ou que saiu da organização. Do lado pessoal, um amigo ou parente pode estar lidando com uma adversidade, você pode estar assumindo um papel de liderança num grupo fora do trabalho que é importante para a construção da sua identidade ou pode estar lidando com responsabilidades familiares em transformação.

2. **Reflita sobre todo o espectro de relações afetado por esse aumento repentino de responsabilidades** e como esses efeitos podem lhe causar microestresses. Tenha diligência ao verificar de que forma um aumento repentino de responsabilidades pode afetar as relações nas esferas profissional e pessoal da sua vida, além de causar estresse vindo dessas áreas.

3. **Esclareça como essas relações afetadas criam microestresses drenando sua capacidade.** Pense tanto no efeito direto quanto nos estresses derivados. Por exemplo, considere os efeitos nas suas relações pessoais quando você estiver tendo de administrar uma responsabilidade inesperada no trabalho. Ao deixar o trabalho te consumir, você pode não só levar estresse para a vida de seus familiares, como também negligenciar amigos e outras relações importantes da sua vida.

4. **Identifique ações que poderiam ajudar.** Essas ações podem significar reformular o trabalho, garantir recursos adicionais que possam te ajudar enquanto durar a nova demanda, ou modificar as interações com as pessoas afetadas. Temos algumas sugestões práticas para esse passo na próxima seção.

TABELA 2.2

Modelo de tabela pessoal de microestresses

Passo 1: Aumento repentino de responsabilidades profissionais ou pessoais	Transferência para nova unidade no trabalho como parte de uma trajetória de desenvolvimento com alto potencial	Filho com dificuldade escolar repentina
Passo 2: Relações envolvidas no aumento repentino de responsabilidades	• Chefe novo • Time novo • Cônjuge (que absorve mais responsabilidades devido à sua sobrecarga) • Filhos (porque você fica menos presente com eles)	• Filho • Cônjuge • Professor • Outros filhos
Passo 3: Como esses pontos de contato criam microestresses	• Investir mais tempo para entender o cargo e criar confiança • Gastar tempo para entender capacidades e aspirações do time • Transferir todo o tempo que você dedicaria a si para compensar as falhas na família	• Tempo gasto entendendo a dificuldade junto com o filho (e conversando com o cônjuge) • Interações com professores para avaliar preocupações e planejar o caminho a seguir • Tempo a menos para os outros filhos e para as interações que criavam uma dinâmica familiar positiva
Passo 4: Formas de mitigar as consequências	• Focar taticamente em comportamentos que criem competência e confiança • Usar a experiência do líder anterior para entender o time • Obter ajuda extra em casa (por exemplo: serviços de faxina e compras) para gerar tempo durante o aumento repentino de responsabilidade	• Conversas com a família inteira para diagnosticar problemas e criar um ambiente de apoio • Solicitar feedback mais constante aos professores • Providenciar professor particular para dar apoio e separar esse papel dos pais

Os microestresses decorrentes de interações que drenam nossa capacidade estão presentes em toda nossa vida profissional e pessoal e cobram um preço enorme. Nós acabamos em situações nas quais precisamos trabalhar mais do que o previsto — com todas as consequências que isso acarreta em outros aspectos de nossa vida — ou tendo um desempenho aquém do esperado. Qualquer uma das duas situações gera um estresse imediato e, graças à natureza altamente conectada de nossa vida atual, envolve estresses secundários. Uma ação focada pode gerar um impacto significativo, e o mesmo pode acontecer com a próxima categoria de microestresses: as interações que drenam nossas reservas emocionais.

3. Por que os outros drenam sua energia

 **PONTOS-CHAVE**

- As interações profissionais que geram burnout emocional aumentaram exponencialmente na última década. Mas **os microestresses que mais nos drenam emocionalmente vêm de pessoas profundamente importantes para nós,** incluindo nossos colegas mais próximos, amigos e familiares.

- Existem **cinco microestresses comuns** que esgotam nossas reservas emocionais, mas nem sempre são óbvios, apesar de frequentemente reverberarem em nossa vida durante horas ou dias:
    - Administrar e defender os outros
    - Conversas antagônicas
    - Falta de confiança
    - Estresse indireto
    - Manobras políticas

- **Nosso cérebro é altamente sensível às emoções que captamos das pessoas à nossa volta.** Sentimos estresse ou ansiedade porque outras pessoas sentem. Quando nossa mente fica consumida por essa forma de microestresse, nós nos preocupamos e remoemos problemas, absorvendo os microestresses e passando-os adiante.

- **Faça frente aos microestresses que esgotam suas reservas emocionais mudando a forma como você interage com os outros.** Aumente seu tempo com aquelas pessoas que lhe trazem energia e alegria e reduza seu contato com aquelas que puxam você para baixo. Em determinados casos, talvez você precise terminar sua relação com pessoas que são influências cronicamente negativas.

- Pesquisas nos mostram que **interações negativas têm até cinco vezes mais impacto do que as positivas.**[*]

- Remover algumas poucas relações negativas pode fazer uma diferença significativa no seu nível geral de microestresse.

Emma estava muito feliz por ter sido contratada para um cargo de liderança importante numa empresa nacional de mídia. O trabalho exigira se mudar para outra cidade, mas o estresse da mudança fora mais do que compensado pelo entusiasmo com o novo emprego e com a missão da empresa. Apenas dois dias depois de Emma começar, contudo, ficou claro que um dos novos colegas não estava se adaptando bem à sua presença. Todos os dias, a caixa de entrada dela amanhecia inundada de e-mails dele, que muitas vezes os enviava bem antes das oito da manhã. Se ela não respondesse rápido o bastante, o colega a enchia de perguntas durante as reuniões. Ele muitas vezes repetia os pedidos no Slack para o caso de ela não ter checado o e-mail. Individualmente, nenhuma das perguntas dele estava fora de um padrão razoável: tratava-se de pequenas questões de logística. Mas o colega não parecia se adaptar à liderança de Emma. As reuniões de equipe muitas vezes se afastavam das prioridades que ela havia determinado e se transformavam numa simulação de incêndio desencadeada por esse colega ansioso. Ela suportou em silêncio essa sutil importunação, e tentou acalmá-lo com respostas tranquilizadoras. Afinal, estava tentando se

[*] O psicólogo John Gottman sugere que há uma "proporção mágica" no nosso equilíbrio entre interações boas e ruins. Em uma pesquisa sobre o impacto das interações negativas nos relacionamentos, ele descobriu que os casamentos têm mais probabilidade de sucesso quando as interações do casal estão próximas da relação de 5:1 — cinco positivas para cada negativa. (N.E.)

firmar como nova líder. O que seu time pensaria se ela se deixasse abalar pelo que poderiam parecer demandas básicas do seu novo cargo?

Em vez de compartilhar a empolgação daquele novo emprego dos sonhos com a família, Emma se percebeu monopolizando a conversa à mesa do jantar com reclamações sobre o colega. Seu marido não tardou a validar o que ela estava sentindo, mas a reação dele acabou reforçando sua sensação de estar sendo uma vítima de um colega agressivo, o que fez com que ela passasse a chegar todos os dias ansiosa no trabalho. Ela começou a duvidar da própria determinação e do fato de estar preparada para o novo cargo. Chegou a pensar que, se explicasse para qualquer pessoa de fora da situação que o questionamento constante daquele único colega a estava levando ao limite, aquilo pareceria ridículo. Ela era uma profissional experiente! Aos poucos, Emma passou a questionar se estava à altura daquele emprego. Passava mais tempo pensando naquele colega específico do que no seu time inteiro. Durante os primeiros meses, ela pensou seriamente em se demitir.

De início, a reação de Emma pode parecer exagerada — ela ia se demitir de um emprego dos sonhos porque um único colega mandava e-mails em excesso? —, mas não quando consideramos o custo dos microestresses que drenam nossas reservas emocionais. Essa forma de microestresse é contagiosa. Nós absorvemos ansiedade, estresse, felicidade e até cansaço pelo simples fato de conviver com pessoas que sentem essas coisas. E essas influências negativas, por sua vez, têm em nós um impacto desproporcional.

Existe um motivo para isso acontecer.

Ao longo da última década, a ciência revelou como nosso cérebro é programado para o contágio emocional, ou seja, a forma como reagimos às emoções que captamos ao nosso redor. As emoções se espalham por meio de uma rede sem fio de neurônios-espelho, que são partes minúsculas do nosso cérebro que nos permitem ter empatia pelos outros e entender o que estão sentindo. É por isso que, quando você vê alguém bocejando, também sente vontade de bocejar.[1] Seu cérebro consegue captar a reação de cansaço de alguém sentado do outro lado do recinto. O mesmo acontece com sorrisos ou risadas: nossos neurônios-espelho são estimulados quando vemos alguém fazer essas coisas. Mas também podemos captar negatividade, estresse e incerteza como se estivéssemos respirando a fumaça de algum fumante. Se alguém em seu campo de visão estiver ansioso e se expressar com intensidade, seja verbalmente ou não, existe uma grande probabilidade de você também se sentir assim — o que, segundo os pesquisadores Howard Friedman e Ronald Riggio, da Universidade da Califórnia, em Riverside, gera um impacto negativo no desempenho do seu cérebro.[2]

MICROESTRESSES QUE ESGOTAM SUAS RESERVAS EMOCIONAIS

Como Emma, os líderes que participaram de nossa pesquisa expressaram um nível significativo de ansiedade motivado por conversas antagônicas, manobras políticas e medo de ter um desempenho aquém do esperado, desapontando seus times. Quem nunca permitiu que um comentário ou crítica casual de algum colega ficasse reverberando na mente por tempo demais enquanto se recriminava por não ter dito a coisa certa na hora?

Nenhuma das fontes de microestresse é resultado de batalhas políticas explícitas ou da toxicidade de pessoas que estão tentando lhe causar dor. Elas são sutis, desencadeadas por pessoas na sua vida cotidiana, e é isso que as torna tão difíceis de identificar e de administrar. Neste capítulo, ajudaremos você a identificar cinco microestresses que esgotam suas reservas emocionais. Vamos diagnosticar suas origens típicas e sugerir medidas práticas que você pode tomar para enfrentá-los ou para reconfigurar suas interações de modo a minimizar o custo emocional.

MICROESTRESSE 6: ADMINISTRAR E DEFENDER OS OUTROS

Receber uma promoção para um cargo de gestão deveria ser um acontecimento feliz. No entanto, gerenciar pessoas e se sentir responsável pelo seu sucesso e bem-estar tem uma capacidade singular de sugar nossas reservas emocionais quando precisamos administrar questões de desempenho, proporcionar feedback crítico ou solucionar conflitos de grupo. Nenhum gerente gosta de entregar uma avaliação de desempenho ruim. Mesmo quando bem-feita, essa tarefa tem um custo, antes, durante e depois da avaliação em si. Nos preocupamos com a forma como o feedback vai ser recebido, com a possibilidade de não estarmos sendo justos, com qual será o impacto pessoal no funcionário com desempenho ruim e com o resultado disso no futuro da relação. O simples fato de precisar lidar com os desafios diários de se sentir responsável pelo sucesso profissional de outra pessoa pode nos render uma profusão de microestresses.

A ansiedade é movida pelo medo de desapontar pessoas, tanto em nossa vida pessoal quanto profissional, principalmente quando circunstâncias corporativas fora do nosso controle têm algum papel. Uma gerente reclamou conosco: "Era difícil para mim conseguir aumentos excepcionais para os integrantes do meu time que tinham tido um ótimo ano, porque a nossa empresa funcionava assim. Eu sempre ficava com um nó no estômago quando recitava os tópicos exigidos para justificar o porquê de um aumento de 3% ser um sinal de que eles estavam indo bem."

Há também microestresses secundários oriundos de precisar administrar, cuidar e defender outras pessoas. Eles podem assumir diversas formas:

- **Deixar a desejar em treinamento e desenvolvimento**. Nós sabemos que *deveríamos* reservar um tempo para proporcionar mentoria e apoio ao nosso time, mas simplesmente não conseguimos. Como disse uma das pessoas que entrevistamos: "Eu vou levar uma hora para fazer algo que um dos profissionais juniores do meu time vai suar para fazer em três. É simplesmente mais eficiente que eu mesmo faça". Economizar no treinamento de subordinados pode ser mais prático a curto prazo, mas a longo prazo cria uma série de outros problemas. Quando você não dedica o tempo necessário para ajudar os integrantes do seu time a se desenvolverem, não só os está decepcionando como também está dificultando a própria vida. Você não está desenvolvendo as habilidades das quais seu time precisa para ter sucesso. Na verdade, está tornando o próprio trabalho mais difícil. E conforme colegas com os quais você se importa forem tendo mais dificuldade para evoluir na carreira, o estresse e a ansiedade deles vão voltar para você. Eles passarão a dedicar menos esforço e criatividade aos seus projetos e, em casos extremos, podem pedir demissão, mas só depois de você ter carregado o fardo de parte do trabalho deles (e os microestresses que a acompanham) por tempo demais.
- **Drenar capital político**. Quando você defende bônus e promoções para seus subordinados diretos, pode ser que gere tensão com outros colegas e com seus líderes. Talvez você precise disputar uma quantidade limitada

de promoções ou de bônus. E então, quando alguém que você defendeu é promovido, o futuro sucesso desse profissional acaba virando um reflexo da perspicácia do seu julgamento. Se eles ficam aquém do esperado, isso gera ansiedade para você. O simples fato de defender um dos integrantes do seu time quando algum colega sênior não vê o valor dessa pessoa da mesma forma que você pode ser uma causa de microestresses.

- **Colocar-se em último lugar.** Imagine-se chegando do trabalho com um microestresse reverberando na mente, causado por uma curta mensagem recebida de um colega durante o longo trajeto de volta para casa. Sentir a obrigação de ajudar o colega pode fazer o trabalho invadir noites e finais de semana, enquanto suas reservas emocionais restantes irão priorizar as necessidades de seus familiares antes das suas. Naturalmente, pôr os outros em primeiro lugar é um ato de nobreza, mas que traz o custo de não deixar espaço para pessoas e atividades que contrabalanceiem seu microestresse.

Considere o que aconteceu quando um novo gerente, que se autodenominava um "agente de mudança", começou a fazer perguntas sobre o desempenho do time de Raoul. Ao longo de duas décadas de trabalho para sua empresa de serviços financeiros, Raoul ajudara seu time a sobreviver a várias reestruturações e ondas de demissões, e seus colegas contavam com ele para mantê-los fora das confusões da política corporativa.

O novo gerente de Raoul queria ver inovações nas relações de vendas do seu departamento, e parecia estar dando a entender que o time de Raoul não estava à altura da tarefa. A cada questionamento do gerente, por mais casual que fosse, Raoul começou a se sentir cada vez mais protetor em relação ao próprio time. Ele se pegou passando mais tempo do que o razoável refletindo sobre como melhorar a percepção do gerente. Começou a imaginar problemas que ninguém mais parecia ver, entrando em cena para ajudar o time a concluir projetos ou compensar excessivamente com o próprio tempo a fim de garantir que os outros departamentos considerassem que os integrantes do seu time eram responsivos.

Conforme o trabalho noturno e nos finais de semana foi se acumulando, Raoul começou a ver que suas tentativas instintivas de proteger o time estavam não apenas tendo um custo para ele, mas também criando uma situação que tornava a equipe vulnerável. "De tão preocupado que ficava com eles, eu estava entrando em cena para resolver o que talvez nem fossem problemas de verdade, e fazendo isso com frequência demais", contou Raoul.

ESTRATÉGIAS PARA LIDAR COM A TAREFA DE ADMINISTRAR, CUIDAR E DEFENDER OS OUTROS

Cuidar das pessoas com quem você trabalha é parte do que faz os outros te valorizarem. Mas isso não significa que você deva permitir que seus sentimentos protetores criem camadas de microestresse para si — e, inevitavelmente, também para o seu time. O segredo é ajudar os colegas a crescerem sem precisar resolver todos os seus problemas.

Compartilhe as responsabilidades

Você pode parar de criar microestresses se parar de tentar resolver todos os problemas por conta própria de modo preventivo. Em vez disso, encontre maneiras de inserir orientação e responsabilização nas conversas do dia a dia. Por exemplo, expanda as interações individuais de sempre para além de meras atualizações relacionadas a trabalho, puxando boas conversas sobre crescimento e desenvolvimento. Conversas assim fazem os funcionários saberem que você se importa com eles, estabelecendo uma responsabilização mais compartilhada pelo desenvolvimento deles. Pode ser que seu time surpreenda você, se mostrando à altura. Você também pode agendar reuniões de cinquenta minutos (em vez de uma hora), criando assim espaço para dar — e receber — feedbacks rápidos. Essas interações em tempo real proporcionam orientações e correções de curso sutis e oportunas que ajudam as pessoas a melhorarem.

Estimule a independência

Pode ser fácil ter uma atitude padrão de tentar proteger seu time de todas as adversidades possíveis, tanto pelo fato de você se importar com as pessoas quanto por desejar que o desempenho do seu time reflita suas competências gerenciais. Só que essa atitude pode gerar microestresse nos casos em que você não conseguir focar plenamente no próprio trabalho. Lute contra o impulso de oferecer direcionamento ou ajuda, mesmo que isso possa parecer mais eficiente e faça você se sentir bem na hora. Em vez disso, peça aos integrantes do time para lhe fazerem as próprias recomendações e ajude a conectá-los a recursos que eles possam usar para solucionar o problema. Se houver uma pessoa melhor para ajudá-los a aumentar suas competências e diminuir sua dependência em relação a você, faça essa conexão. Ou então organize relações de mentoria internas ao time, que ajudem a distribuir essas interações, permitindo aos mais experientes que façam o papel de mentores. Talvez no início os integrantes da equipe resistam a essas tentativas, se estiverem acostumados demais a ter você resolvendo seus problemas, mas os benefícios para a carreira deles e as competências que você estará construindo no time irão compensar quaisquer ineficiências de curto prazo.

Seja transparente em relação aos próprios limites

Tentar fazer todo mundo feliz o tempo todo irá desencadear várias ondas de microestresse em você: medo de decepcionar os outros, pensamento constante nos problemas de desempenho deles, ansiedade sobre demonstrar fraqueza como gerente. Se você mostrar transparência e honestidade e desenvolver relações verdadeiras, a incidência de microestresses será menor. Encontre formas de contextualizar seu cargo e suas responsabilidades de modo a não se sobrecarregar. Comunique aos envolvidos de quanto tempo você dispõe para cada responsabilidade, e peça-lhes ajuda para identificar em que deveria focar para usar esse tempo da melhor maneira possível. No fim das contas, existe um limite para o que você pode fazer por seus times — todos os dias, é preciso escolher um ponto em que se possa parar e dizer: "Já fiz o que podia hoje". Permitir-se "desligar" o trabalho no final do dia ajudará você a reduzir a probabilidade de levar os seus microestresses para sua família em casa à noite, e também enviará um sinal poderoso para seus colegas de que eles também podem ter limites. Entrevistamos um gerente que avisava rotineiramente ao seu time quando precisava aguardar um prestador de serviços em casa no dia seguinte ou lidar com uma bateria de consultas médicas para o filho, de modo a passar a mensagem específica de que, às vezes, tudo bem se concentrar em prioridades pessoais.

MOMENTO COACHING

Como evitar os gatilhos do microestresse

Será que, com seus comportamentos protetores bem-intencionados, você não está gerando microestresses para pessoas com quem se importa? Profissionalmente, nós geramos microestresse quando superprotegemos integrantes do nosso time. Eles aprendem a não pensar por si próprios e passam a nos procurar com perguntas cada vez menores que fragmentam nossos dias. Nós também geramos microestresses pessoais ao superproteger nossos filhos ou demonstrar empatia excessiva com amigos de maneiras que não os ajudam a atravessar situações difíceis e crescer. Consequentemente, eles passam a depender mais ainda da gente. Como Raoul percebeu, esse comportamento superprotetor quase sempre volta para nós. Ao reconhecer como estava desencadeando microestresses para os outros, ele modificou seu comportamento respondendo às perguntas apresentadas nas tabelas 3.1 e 3.2. A pergunta guarda-chuva é: para quem você está causando microestresse?

As tabelas 3.1 e 3.2 mostram como uma profissional de alto desempenho examinou os microestresses que estava gerando para os outros sem querer. Esse exercício pode ajudar você a refletir sobre interações e comportamentos nos quais talvez esteja fazendo mais do que deveria, gerando microestresses e impedindo que as pessoas em sua vida aproveitem as oportunidades para se desenvolver.

TABELA 3.1

Para quem você está causando microestresse no trabalho?

COMO VOCÊ TEM AGIDO	MUDANÇAS QUE VOCÊ PODE FAZER
Grupo afetado: Meu time	
Duvidar das decisões do time: Eu tenho minado a confiança de meus subordinados diretos ao antecipar problemas ou duvidar de suas decisões, sem jamais deixar claro para eles por que estou preocupada.	Selecionar oportunidades de baixo risco para delegar e então sair de cena. Celebrar a criatividade que surgir, sem comentar sobre o que eu teria feito de diferente.
Pessoa afetada: Minha chefe	
Oferecer ajuda além das minhas capacidades: De modo bem-intencionado, tenho assumido obrigações além daquilo que eu e meu time somos capazes de entregar. Ironicamente, isso acaba decepcionando minha chefe. Esse hábito também cria estresse secundário nos integrantes do meu time, que ficam sobrecarregados e não conseguem entregar o trabalho num nível de qualidade satisfatório para eles. Isso também cria estresse secundário em casa devido às noites em que trabalho até mais tarde e compromissos familiares aos quais preciso faltar.	Ajudar minha chefe a entender a totalidade das demandas colaborativas e profissionais de seus pedidos. Usar pequenos momentos do pedido para estabelecer as verdadeiras prioridades de todos os compromissos profissionais naquele momento, evitando assim sobrecarregar a mim e a meu time, além de ajudar minha chefe a fazer pedidos com mais embasamento no futuro.
Grupo afetado: Meus pares	
Oferecer-me para ajudar gente demais: Tenho me concentrado em construir minha rede de pares no meu novo emprego, entendendo suas prioridades básicas e seus pontos fracos e me oferecendo para ajudar. Essa estratégia serviu para me integrar plenamente ao time e à empresa, mas agora estou sobrecarregada. Como consequência, estou decepcionando meus pares ao fazer promessas que não consigo quanto a ajudar com trabalhos que não estão de fato alinhados com minha própria evolução. Não vejo nenhum "ganhador" nessa história. Preciso me segurar para não estar sempre oferecendo ajuda e recursos que não estão alinhados com meus objetivos e com minha trajetória de carreira desejada.	Reservar um tempo para listar de três a cinco competências que quero usar no meu trabalho e os valores que quero vivenciar na minha carreira. Ser mais cuidadosa antes de entrar de cabeça para ajudar em situações que não contribuem para essas aspirações. Ser mais proativa para marcar reuniões e iniciar trabalhos que satisfaçam esses desejos.

TABELA 3.2

Para quem você está causando microestresse em casa?

Como você está agindo	Mudanças que você pode fazer
Grupo/Pessoa afetada: Cônjuge	
Instigar mágoas: Eu enfatizo exageradamente minha empatia em interações com meu cônjuge, mas sem complementar essas interações com um debate sobre caminhos possíveis. Com isso, me sinto bem na hora por estar lhe dando apoio; no entanto, cada vez mais essas interações voltam para mim, já que meu cônjuge não está vendo ou assumindo o próprio papel no problema, entrando cada vez mais no modo de vitimização.	Combinaremos um momento em nossas conversas — seja em uma interação ou em várias — no qual passaremos da empatia para a resolução do problema. Criaremos uma palavra-código para incentivar o outro a se responsabilizar por criar interações que proporcionem apoio de verdade, e não apenas possibilitem a persistência do microestresse.
Grupo/pessoa afetada: Amizade próxima	
Estar disponível para os amigos 24 horas por dia: Desenvolvi um padrão de estar sempre disponível para uma amiga íntima, em qualquer hora do dia ou da noite. Ela estava passando por um divórcio difícil e eu a ajudei a atravessar essa fase da vida. Agora que as coisas se estabilizaram, porém, ela passou a depender demais da minha ajuda. Sua dependência excessiva não só cria mais interações estressantes entre nós, como também causa decepção na minha família e me faz negligenciar as prioridades da minha própria vida.	Farei mais perguntas sobre o que ela acha que deve fazer em vez de entrar de cabeça na situação rápido demais. Dessa forma, me esforçarei para ajudá-la a diagnosticar e solucionar os próprios problemas em vez de depender de mim para tal.
Grupo/pessoa afetada: Filho	
Resolver todos os problemas: Passei a exagerar no direcionamento em relação àquilo que meu segundo filho deve fazer com seus talentos naturais. Pensei que isso iria proteger o futuro dele enquanto ele administra as atividades acadêmicas e extracurriculares que lhe permitirão estudar em uma boa faculdade. No entanto, minha visão limitada em relação ao melhor caminho para o seu sucesso (a melhor faculdade) está gerando estresse na nossa relação, além de uma profusão de microestresses devido às atividades que preciso ajudá-lo a conciliar.	Começarei a incentivar meu filho a se responsabilizar mais pelo próprio caminho na vida. Para tal, farei mais perguntas para incentivá-lo a definir o que julga importante e se responsabilizar por essas esferas. Por meio desses esforços, ele aprenderá a se virar sozinho e a não depender excessivamente de mim.

MICROESTRESSE 7: CONVERSAS ANTAGÔNICAS

Ser alvo da raiva de alguém ou perder a calma com um colega ou pessoa querida nunca gera um sentimento bom. Mas nós às vezes ignoramos as conversas antagônicas menores e mais sutis que temos todos os dias. Não estamos nos referindo a clientes raivosos nem a pares que fazem bullying. Estamos nos referindo a microestresses desencadeados por interações cotidianas com colegas e pares: objetivos que competem entre si, valores culturais desalinhados, diferenças de personalidade. Talvez você esteja se sentindo exausto após o que deveriam ser interações rotineiras com colegas pelo simples fato de pensar na resolução de problemas de uma forma diferente da deles. Ou talvez o sentimento protetor em relação aos integrantes do seu time seja tal que você se pega interpretando comentários casuais feitos por outros líderes a respeito deles como críticas, o que pode não ser a intenção. Você fica sempre mais na defensiva do que gostaria.

Yuhan compartilhou conosco uma profusão de pequenos momentos antagônicos com os quais tivera de lidar em seu cargo atual de gerente financeira numa empresa global de logística. "É só parte do meu trabalho, mas esse tipo de interação estraga o meu dia", disse ela. "Eu as fico repassando e me perguntando como poderia ter sido mais eficiente, depois as levo para casa comigo e continuo a repensá-las... inclusive durante todo o final de semana, quando na verdade deveria estar focando na minha família." Ela com frequência precisava responder aos colegas que lhe traziam queixas sobre alguma redução de orçamento ou alguma despesa que fora questionada, mesmo quando as decisões não eram dela. "Nenhuma dessas conversas era algo fora do normal numa empresa em expansão como a minha", disse. "Mesmo assim, ao longo de uma semana ou de um mês, cumulativamente elas começaram a pesar."

Existem inúmeras formas sutis de confronto que podem acontecer entre pessoas que estão apenas tentando fazer o próprio trabalho. Talvez você esteja sentindo um colega com incentivos de desempenho distintos dos seus te antagonizar, ou esteja tendo que lidar com diferenças no estilo de trabalho das pessoas ao seu redor. Individualmente, cada um desses momentos de microestresse pode parecer uma interação de trabalho rotineira, se visto por alguém de fora. Mas eles podem ser a origem de uma angústia ou raiva que perdura por muito tempo. Você se preocupa antes mesmo de o confronto acontecer, arquitetando as respostas e abordagens possíveis para ter certeza de que a pessoa não vai passar por cima de você feito um rolo compressor. Ou então você fica se sentindo mal com a forma como lidou com um confronto na hora, perdendo a calma, reagindo com um comportamento petulante inadequado ou simplesmente não conseguindo comunicar com clareza seu ponto de vista. Depois de uma conversa antagônica, a maioria de nós se pega repassando mentalmente o que aconteceu, amplificando aquilo que nos pareceu injusto ou nos recriminando por não ter dito a coisa certa. Até mesmo os confrontos sutis podem mobilizar emoções pelo resto do dia.

Tais confrontos desencadeiam também uma série de microestresses, entre os quais:

- **Exaustão emocional**. Mesmo que o conflito seja pequeno, trabalhar mais para se preparar para ele e administrar mentalmente a expectativa é exaustivo. Quem nunca acordou no meio da noite repassando uma conversa com a qual gostaria de ter lidado melhor e sentiu uma tensão por causa disso? Os efeitos podem durar dias. Você não consegue parar de ruminar sobre a conversa e, quando repassa o estresse indireto para os colegas à sua volta, a energia e o foco deles também podem ser afetados.
- **Tensão por tempo indeterminado**. Até mesmo confrontos pequenos criam tensões adicionais advindas da necessidade de acompanhar a situação, garantindo que haja progresso quanto ao que foi discutido ou que o problema seja de fato resolvido. Acrescentar formalidade e falta de confiança numa relação de trabalho pode manter as tensões em banho-maria por muito tempo após a fonte original de conflito. Você pode descobrir que os colegas tentam evitar trabalhar com você sempre que possível; essa tensão pode afetar sua reputação e seu potencial de crescimento no trabalho.
- **Perturbações na vida pessoal**. Muitos de nós tendemos a nos preparar para nossos confrontos e depois reencená-los com pessoas queridas para tentar aliviar as emoções envolvidas. Só que esse hábito pode ser uma experiência frustrante para nossos cônjuges, que se sentem impotentes para ajudar em situações complexas fora do controle deles. As consequências emocionais do nosso próprio mau humor para eles podem amplificar mais ainda o estresse original que sentimos.

MOMENTO COACHING

Como remover o microestresse das conversas antagônicas

Tente assumir o controle de uma conversa antagônica provável identificando duas ou três coisas que pode fazer para minimizar o microestresse em cada etapa: antes, durante e depois. A seguir, algumas sugestões específicas.

Antes do confronto

Uma das técnicas mais eficazes para impedir conflitos em nível de microestresse de desencadearem uma cascata de outros microestresses é *criar alinhamento com antecedência*. Compartilhar uma visão comum daquilo que se está tentando alcançar limita já de primeira os riscos de desalinhamento. Você pode recrutar várias pessoas da sua vida profissional para lhe darem apoio na sua visão:

- **Líderes**. Invista em entender as prioridades e os pontos fracos dos seus líderes de modo a conseguir ajudá-los da melhor forma a ter sucesso, diminuindo a probabilidade de conversas antagônicas que tenham a ver com expectativas de desempenho.
- **Pares**. Com seus pares, estabeleça com rapidez prioridades que sejam mutuamente benéficas e tenha clareza em relação a compromissos compartilhados, removendo assim os dois fatores que mais comumente impulsionam as conversas antagônicas: momentos em que as pessoas não se beneficiam da forma que deveriam e momentos em que colegas não fazem o que deveriam estar fazendo.
- **Integrantes do time**. Mantenha abertos os canais de comunicação com os integrantes do seu time e incentive-os a compartilhar preocupações logo cedo, antes de esses problemas se tornarem pontos de discórdia significativos.
- **Outros influenciadores**. Procure ativamente e incentive o envolvimento de líderes de opinião informais que possam estar sendo influenciadores negativos, ou seja, que possam estar fazendo pressão em outras direções ou valorizando outros aspectos do trabalho. Invista tempo para encontrá-los

a fim de entender as posições deles, encontrar pontos em comum, equilibrar cada prioridade e trabalhar em conjunto para cocriar soluções que incorporem tanto suas ideias quanto as deles, impedindo o surgimento dos conflitos já na fonte.

Antes de um confronto previsto, *foque também naquilo que você pode controlar*. Se estiver esperando uma conversa difícil, tente assumir controle do momento em que ela vai ocorrer. Não evite a conversa, mas tente iniciá-la quando estiver de posse da calma e da preparação necessárias para o debate; não deixe que te levem a travar um diálogo num momento inoportuno.

Durante um confronto

Quando estiver numa conversa antagônica, *foque e estabeleça os fatos*. Revise os aspectos básicos daquilo que está criando o conflito. Muitas vezes, o conflito não tem nada a ver pessoalmente nem com você, nem com seu colega. Amy Gallo, autora do *HBR Guide to Managing Conflict* [Guia HBR para lidar com conflitos], sugere usar algumas frases simples para manter sua conversa focada nos fatos relacionados ao conflito, em vez de entrar em assuntos pessoais:

- "Estou pensando o seguinte."
- "Meu ponto de vista parte das seguintes pressuposições…"
- "Cheguei a essa conclusão porque…"
- "Adoraria saber o que você acha do que acabei de dizer."
- "Você está vendo alguma falha no meu raciocínio?"
- "Você tem uma visão diferente da situação?"

Durante a conversa, tente chegar a um entendimento comum dos fatos com a outra pessoa em vez de focar em tentar ter razão.

Depois de um confronto

Depois de qualquer conversa contenciosa, você precisa se esforçar ao máximo para *evitar repassar a interação* mentalmente ou com outras pessoas; tudo que você consegue com isso é amplificar os pontos que já estão lhe causando preocupação. Torne a procurar a outra pessoa para oferecer uma proposta de recursos ou para compartilhar o progresso em relação ao que vocês combinaram. Essa prática ajuda a garantir que a conversa se mantenha focada no trabalho. Por fim, tente celebrar as ações que vocês dois estão realizando envolvendo terceiros, incentivando assim o comportamento positivo.

Construa uma fonte de informações extraoficial a partir da sua rede. Essa fonte pode vir de outros que conheçam a pessoa com quem você está em conflito. Se você estiver tendo problemas genuínos com essa pessoa, é provável que outros também estejam. O conselho desses terceiros pode ser valioso se eles compreenderem bem a pessoa e a situação. Pode ser que tenham orientações úteis sobre como solucionar a questão, ou que te ajudem a ver que não foi você quem errou. O simples fato de saber que você não é a fonte do problema pode reduzir o impacto emocional do conflito e ajudar a reagir de maneira mais racional.

MICROESTRESSE 8: FALTA DE CONFIANÇA

Quando os outros confiam em nós, eles ficam mais dispostos a assumir riscos em nosso nome. Nesse caso, terão conosco um debate honesto, e provavelmente espalharão informações positivas sobre quem somos e quais foram nossas realizações. Quando trabalhamos lado a lado com outras pessoas durante meses ou anos, nós construímos confiança. Conhecemos nossos colegas bem o bastante para saber quando podermos contar uns com os outros e para quê.

A falta de confiança, por sua vez, pode afetar tanto o desempenho de nossos colegas quanto o nosso. Ao falar dessas situações, não estamos nos referindo à forma convencional de estresse que todos nós já sentimos ao não confiarmos em alguém ou ao percebermos que alguém está com intenções ruins. Estamos falando, na verdade, de uma forma de microestresse gerada pela ausência de confiança. Infelizmente, a confiança não acontece facilmente em muitas relações profissionais, e isso se deve à dinâmica de quase todos os locais de trabalho modernos, onde grupos de trabalho se formam e se modificam o tempo todo, com pessoas saindo rapidamente das equipes e com frequência tendo prioridades profissionais conflitantes. O microestresse pode ser desencadeado pelo simples fato de não conhecermos bem o bastante nossos colegas para saber quais são suas competências, ou se eles estão bem-intencionados em relação a nós, ou se podemos contar com eles para entregar aquilo com o que se comprometeram. Além disso, com a pandemia e o aumento do trabalho remoto, no qual nossas interações são menos ricas e mais suscetíveis a interpretações equivocadas, é claro que nós limitamos mais ainda a capacidade de construir confiança com nossos colegas por meio do trabalho em conjunto.

Veja como essa falta de confiança afetou Bill, analista sênior numa empresa de consultoria. À medida que sua empresa começou a focar em formas de trabalho mais ágeis, onde equipes eram montadas, desmontadas e reconstituídas rapidamente, Bill precisou se acostumar a trabalhar com um grupo de colegas em constante mutação. Raramente tinha tempo para aprender quais eram as competências de suas equipes e colegas antes de chegar a hora de trabalhar com outro grupo. E, embora ele já trabalhasse na empresa havia anos, muitos de seus colegas mais novos não tinham uma boa compreensão daquilo de que ele era capaz. A cada mudança, Bill tinha a sensação de estar começando do zero, tanto para aprender com o que podia contar em relação a seus colegas de equipe quanto para garantir que conhecessem as forças e limitações dele. Por causa dessa incerteza, ele precisava passar mais tempo confirmando, certificando-se de que o trabalho estivesse alinhado com os objetivos do grupo e preocupando-se com a qualidade da produção que iria receber. Essas três preocupações suplementares surgiam não por causa de alguma maldade, mas porque a mudança rápida de colegas retirava a confiança que Bill tinha nas competências dos outros. Ele desperdiçava um tempo imenso duvidando de decisões já tomadas e verificando várias vezes o trabalho dos colegas de modo que o próprio trabalho não fosse afetado de alguma forma como consequência. O resultado era o surgimento de várias camadas de microestresse.

Uma ausência de confiança também pode gerar vários microestresses secundários:

- **Pode fazer o trabalho voltar para nós.** Estamos nos referindo aqui a algo sutil, não algo resultante de um nível fundamental de desconfiança. Quando não conhecemos nossos colegas bem o suficiente para entender como eles trabalham, quais são suas forças e fraquezas e qual é a melhor maneira de trabalhar com eles, tendemos a fazer nós mesmos as coisas; afinal, nós sabemos do que somos capazes. Embora essa abordagem possa parecer eficiente a curto prazo, infelizmente ela aumenta nosso estresse, uma vez que ficamos com o cobertor curto: nosso trabalho principal continua lá, precisando ser feito. Essa falta de delegação adequada pode também minar a energia e o comprometimento de nossos colegas. Eles aprendem a ser passivos em relação a fazer o trabalho por conta própria e ativos em relação a nos pedir para solucionar pequenas questões para eles. E o mesmo pode acontecer quando os outros nos tratam assim. Por que nos dar ao trabalho de nos matar para fazer algo incrível quando um colega vai passar o pente-fino de qualquer forma?

- **Pode nos levar a negligenciar prioridades.** Aquilo em que não confiamos recebe nosso foco em detrimento de todo o resto. Bill, por exemplo, ignorava continuamente os pedidos de seu gerente para ter um pensamento mais estratégico porque vivia consumido pelas tarefas do dia a dia, conferindo o trabalho de colegas nos quais não confiava o suficiente. Consequentemente, quando o gerente recorria a outra pessoa do departamento para ajudar a planejar como conciliar a carga de trabalho durante um período particularmente atarefado, o próprio Bill se via sobrecarregado com mais trabalho ainda.

- **Pode nos fazer sabotar nossa evolução.** Se os outros começam a nos ver como pouco prestativos ou resistentes por conta das nossas questões de confiança, nós podemos não ter oportunidades de crescer em nossas empresas. Como Bill passava tempo demais conferindo o trabalho e duvidando dos outros, tanto seu gerente quanto os colegas começaram a se perguntar se ele era um dinossauro, preso a um jeito antigo de fazer as coisas. Apesar de sua considerável experiência, Bill viu vários colegas serem promovidos a cargos de gerência, embora ele nunca tivesse tido essa chance.

ESTRATÉGIAS PARA CONSTRUIR CONFIANÇA

Você pode construir confiança rapidamente com seus colegas, de modos que não dependam de anos de trabalho lado a lado nem da realização de exercícios de confiança em retiros da empresa. Basta ver a confiança sob uma perspectiva nova. A seguir, vamos apresentar as quatro áreas mais importantes nas quais você pode trabalhar ativamente para construir confiança, de modo que as suas interações cotidianas não fiquem carregadas de microestresse desencadeado pela falta dela.

Situe suas capacidades no contexto das necessidades dos outros

Em vez de alardear o fato de você ser especialista para todos que quiserem ouvir, entenda onde suas competências e capacidades se encaixam nas necessidades dos seus colegas. Concentre-se nessas áreas. Organize reuniões exploratórias, faça muitas perguntas e encontre formas de fazer suas capacidades serem úteis para ajudar os outros a alcançarem seus objetivos. Crie situações em que todos saem ganhando e dê crédito aos outros pelas conquistas em comum. Por exemplo, quando uma mudança de emprego fez Azzam, um experiente gerente de desenvolvimento de produto, ter de construir confiança do zero com um novo time, ele buscou oportunidades de mostrar onde poderia acrescentar valor. Organizou "assembleias" com o time, nas quais todos podiam fazer qualquer pergunta. No começo, os integrantes tiveram um comportamento cortês, mas com o tempo foram fazendo perguntas mais desafiadoras. Conforme ele foi deixando claro de que forma sua experiência anterior poderia contribuir para o trabalho que estavam fazendo naquele momento, o time começou a entender que podia contar com Azzam para apoiá-los.

Estabeleça uma confiança baseada em competências

Quando as pessoas acreditam que você sabe do que está falando e tem as habilidades necessárias para fazer o trabalho, elas desenvolvem uma confiança baseada em competências em relação a você. Esse tipo de confiança surge, em parte, quando você demonstra suas capacidades e tem um bom desempenho em projetos e missões. Não diga apenas "eu consigo fazer isso" e espere que as pessoas acreditem. Mostre provas de onde já fez isso antes, ou um protótipo do que é possível. Indícios concretos fazem as pessoas pararem rapidamente de questionar se podem confiar nas suas competências, passando a olhar para o trabalho que você já fez e a refletir sobre como ele pode ser aplicado ao problema delas. Você também pode ajudar os outros a aprenderem a confiar em você se tiver franqueza em relação aos limites da sua condição de especialista, ou seja, em relação àquilo que realmente faz bem e àquilo que talvez não faça com tanta proficiência assim. Ao explicar a singularidade do seu valor sem incluir coisas fora do escopo da sua especialidade, você evita que trabalhos para os quais você não é a melhor escolha acabem te sugando. Sua disposição — em situações adequadas — para reconhecer as falhas no próprio conhecimento ou especialidade aumenta a confiança das outras pessoas naquilo que você afirma de fato saber. Além disso, também as incentiva a se mostrarem vulneráveis e autênticas. A confiança se constrói com base nesse tipo de conexão autêntica.

Azzam estabeleceu uma confiança baseada em competências traçando paralelos entre o trabalho de seu grupo atual e o trabalho que havia liderado em organizações anteriores. Ele encontrou oportunidades de usar soluções ou experiências que já tivera para resolver algo com que o time estava tendo dificuldade. E gerou ainda mais confiança ao reconhecer as áreas em que não era especialista.

Demonstre confiabilidade

Entregue o que prometeu e seja realista ao estabelecer expectativas, mesmo quando isso significar recuar ou dizer a um líder sênior algo que ele não queira necessariamente ouvir. Nas "assembleias" e fora delas, Azzam estabeleceu com seu time uma política de franqueza. Ele mantinha os integrantes informados sobre quaisquer mudanças que pudessem afetá-los, dava-lhes respostas claras sobre suas expectativas e as de outros líderes e fazia questão de manter sua palavra uma vez que se comprometia. Em poucos meses defendeu seu time várias vezes, demonstrando que de fato manteria sua palavra.

Construa uma confiança benevolente

Esse tipo de confiança tem por base a crença das pessoas de que você se preocupa genuinamente com o bem-estar alheio. Quando estiver trabalhando com colegas ou clientes, conheça a pessoa por inteiro — não só como alguém que entrega tarefas —, saindo periodicamente do papel no qual seu cargo coloca você e se conectando em relação a assuntos não relacionados ao trabalho, como hobbies, interesses ou aspirações. Demonstre interesse pelas pessoas e estabeleça conexões para além da tarefa em pauta, mesmo quando os pontos em comum entre vocês ainda precisem ser descobertos. A confiança benevolente é desencadeada quando as pessoas sentem uma conexão e encontram coisas em comum fora das demandas puramente funcionais do seu dia a dia de trabalho. Enquanto estava aprendendo sobre seu novo time, Azzam também convivia com as pessoas em momentos informais. De quinze em quinze dias, ele organizava um almoço com comida trazida de casa, encontrando uma sala de reunião com vista e convidando quaisquer colegas que estivessem disponíveis para ir comer com ele. A conversa girava em torno de esportes, famílias e assim por diante, estabelecendo conexões pessoais além do trabalho.

Construir confiança exige que você se permita demonstrar autenticidade com as pessoas à sua volta. Você não precisa se revelar por inteiro para construir uma confiança profunda com os colegas. Mas pode encontrar pequenas maneiras de melhorar as coisas. Quando os outros confiam em você, eles ficam mais dispostos a assumir riscos no seu lugar. Eles têm debates honestos contigo, confiando que você compartilha o compromisso de promover o bem comum, e provavelmente espalhando informações positivas sobre quem você é e o que realizou. Entre as pessoas que entrevistamos, o crescimento pessoal delas e a capacidade de aplicar as próprias competências e interesses de modos que se adequassem a seus valores e aspirações dependia muito da base de confiança que elas haviam cultivado com os outros. Na verdade, as pessoas às vezes viam novas oportunidades lhes serem oferecidas simplesmente com base no sentimento do líder de que precisar de *alguém em quem se possa confiar*.

Como mostramos, a confiança pode ser construída em estágios progressivos. Não é preciso se apoiar em anos de trabalho lado a lado para criar o tipo de confiança que colegas de longa data têm uns nos outros. Você pode construir confiança em estágios que foquem nas competências e capacidades com as quais contribui para o trabalho.

MICROESTRESSE 9: ESTRESSE INDIRETO

A maioria de nós já teve de trabalhar com líderes, colegas ou mesmo companheiros de time juniores cujo estresse está sempre à flor da pele: pessoas que simplesmente irradiam estresse. Por algum motivo, nossa própria ansiedade é aumentada pelos respingos constantes do estresse e da preocupação desses colegas. Até mesmo sua linguagem corporal e tom de voz podem nos afetar. Nós pegamos o microestresse deles e o tornamos nosso.

O microestresse indireto nos afeta de muitas formas. Podemos ficar nervosos em relação às entregas do time quando o estresse de nossos pares nos faz questionar a capacidade deles de fazer o trabalho a tempo. Ou então podemos ficar ansiosos porque um subordinado está tão estressado que talvez não segure a onda e nos deixe mal na foto. O microestresse indireto se espalha quando as pessoas verbalizam o medo de perder prazos, alegam que os próximos passos propostos jamais darão certo ou exibem o próprio estresse relatando aos outros sua sobrecarga de trabalho. Mas ele também se espalha por atitudes físicas, como o tom de voz, e por outras formas, como o ritmo e horário das comunicações eletrônicas. O simples ato de observar alguém estressado, em especial um colega ou parente, pode ter um efeito imediato sobre nossos sistemas nervosos. Um grupo de pesquisadores constatou que 26% das pessoas exibiam níveis elevados de cortisol *simplesmente observando alguém estressado*.[3] Pior ainda: a tecnologia nos permite transmitir nossa voz agressiva ou nossas perguntas constantes para muitas pessoas ao mesmo tempo.

O microestresse indireto também pode criar vários estresses menos óbvios, porém igualmente desafiadores, ao longo da cadeia:

- **O microestresse indireto pode apagar nossa faísca criativa.** Um microestresse aumentado enfraquece o pensamento criativo e o surgimento de novas ideias — um efeito demonstrado muitas vezes em pesquisas no campo da psicologia. O enfraquecimento da criatividade, por sua vez, pode tornar você menos atraente para um time envolvido em projetos criativos e empolgantes. Além do mais, equipes submetidas a níveis elevados de estresse indireto ficam mais distraídas e menos eficientes nas relações interpessoais, frequentemente apresentando queda de produtividade.
- **Ele ameaça amplificar nossa ansiedade.** O microestresse indireto vai aumentando à medida que é transmitido de uma pessoa para outra, e com o tempo pode voltar para nós. Sem uma fonte identificável de ansiedade, ficamos expostos aos comportamentos ansiosos dos outros; nós

internalizamos o estresse das pessoas e o passamos adiante. É como um telefone sem fio emocionalmente carregado, onde cada um vai passando estresse para o outro num ciclo que se amplifica ao ser transmitido. O trabalho remoto só fez exacerbar esse problema. Como a maioria das interações virtuais tem hora marcada, perdemos as muitas pequenas oportunidades de reparar desde cedo nos sinais de estresse de alguém, quando é possível lidar com o sentimento antes de ele se espalhar.

- **O estresse indireto pode matar nossa motivação.** Quando trabalhamos em ambientes onde a ansiedade se propaga por meio das nossas interações com indivíduos altamente estressados, ou quando simplesmente observamos outras pessoas ansiosas, podemos começar a nos perguntar se todo esse estresse vale a pena. Podemos pegar atalhos, parar de nos importar com a qualidade do nosso trabalho e dar menos do que o nosso melhor, já que estamos absorvendo tanto microestresse indireto que decidimos que o trabalho não vale o comprometimento.

Para muitos de nós, a pandemia de covid-19 gerou microestresses indiretos diários. Veja o exemplo de Jasmine, gerente numa conhecida empresa de consultoria. O estresse indireto do seu time quase a tirou dos trilhos. Quando a pandemia começou, todas as sessenta pessoas do time começaram a trabalhar de casa. À medida que a crise sanitária foi se arrastando, Jasmine pôde ver as rachaduras surgindo na equipe, em especial para os funcionários de renda dupla que passaram a ter também de cuidar das crianças 24 horas por dia, uma vez que as opções de creches ficaram limitadas e todas as escolas aderiram ao ensino remoto.

No auge da pandemia, Jasmine estimou que gastava metade do seu tempo conversando com as pessoas, tentando ajudá-las a lidar com as complexidades de entregar um trabalho de qualidade de casa e ao mesmo tempo tomar conta dos filhos. Ver o quanto eles estavam se esforçando para conciliar o trabalho e a família — e sentir-se culpada pelo fato de os seus filhos serem adolescentes e não exigirem o mesmo nível de atenção — a fez perder o sono e ter dificuldade para manter o foco e a motivação. A ansiedade dos seus funcionários acabou virando a ansiedade dela. E a ansiedade dela, por mais que tentasse escondê-la, estava alimentando ainda mais a deles. "Eu me sentia presa num ciclo infindável de pequenos estresses", contou Jasmine. "E isso acabou transbordando também para minha vida doméstica. Eu sequer conseguia manter o foco na minha ioga, antes um refúgio importante para mim. Minha mente simplesmente continuava voltando para os integrantes do meu time e para o que eu estava ou não fazendo para ajudá-los."

Com frequência demais as pessoas sofrem os efeitos da exposição aos microestresses indiretos e pressupõem que pouco podem fazer em relação a isso. Mas pequenas mudanças no modo como você — e os outros — interagem podem reduzir significativamente a exposição ao estresse indireto, melhorando a qualidade da vida profissional (e pessoal) de todos.

ESTRATÉGIAS PARA RESISTIR AO CONTÁGIO DO ESTRESSE

É muito fácil ser sugado para o microestresse de outra pessoa. No entanto, se tiver consciência de que isso está acontecendo, você pode encontrar maneiras de impedir que esse estresse indireto invada seus dias já preenchidos por microestresses primários.

Não propague o ciclo do estresse

Preste atenção na própria reação emocional. Se for preciso, reserve alguns instantes para se acalmar e se recompor. Não deixe o estresse dos outros aumentar o seu até lhe causar uma postura improdutiva ou defensiva que propague mais ainda o ciclo do estresse indireto. Foque na respiração, dê uma volta, introduza humor numa conversa ou use qualquer outra abordagem que dissipe o estresse e ajude você a estar presente na situação de maneira positiva.

Interaja com empatia

Aborde a situação com uma lente de empatia que não culpe os outros. Reconheça que as pessoas provavelmente só estão transmitindo um estresse advindo das pressões de expectativas e limites de tempo. Trabalhe em conjunto para revelar fatores menos óbvios que possam impulsionar estresse na vida das pessoas. Comece a conversa lançando mão da curiosidade para entender como isso está acontecendo.

Aquilo que causa estresse nos outros com frequência vem de outra fonte. Entender as intenções das pessoas na situação estressante pode ajudar você a lhes mostrar como é possível levar a cabo essas intenções sem externalizar o estresse para as pessoas em volta.

Por exemplo, o estresse pode estar se espalhando não devido a um cliente exigente, mas porque uma determinada pessoa não sabe muito bem priorizar as coisas certas. Profissionais com alto desempenho frequentemente assumem tarefas demais, e às vezes não conseguem entregá-las com a qualidade que deveriam.

Incentive os outros a frearem o contágio

Para ajudar as pessoas a entenderem como o estresse indireto delas afeta os outros, descreva como afetou você. Usando afirmações com o pronome *eu*, descreva as próprias reações emocionais ao estresse indireto e os impactos específicos que este produz na sua vida. O desafio aqui é que as pessoas podem ficar na defensiva caso interpretem seus comentários como uma crítica pessoal a elas, ou caso nem enxerguem como os próprios comportamentos estão gerando estresse para os outros, para começo de conversa. Se essas pessoas entenderem o impacto que seu estresse está tendo nos colegas, porém, a tendência é que elas se mostrem mais abertas a tentar contê-lo.

MICROESTRESSE 10: MANOBRAS POLÍTICAS COM SEUS CHEFES, PARES OU SISTEMAS DE CONEXÕES

Poucos de nós estão imunes aos estresses de trabalhar num ambiente em que as decisões parecem motivadas por fatores políticos ou são absolutamente injustas. Colegas competitivos podem consumir nossa energia, mas nem sempre travando guerras abertas. As manobras políticas podem ser extremamente sutis, mas ainda assim poderosas. Inúmeras formas pequenas, veladas ou sutis de manobras políticas reverberam em nossa vida.

Talvez você pressinta alguma motivação implícita e gaste um tempo enorme se preocupando e interagindo com os outros para tentar ter uma noção do contexto político em jogo. Ou talvez você note que as pessoas encontram jeitos de passar a perna nos colegas sutilmente na hora de assumir a primeira posição para ter atenção da chefia. Essas manobras podem gerar microestresses de várias formas. Por exemplo, nós sentimos ansiedade quando percebemos que algo está acontecendo, mas não entendemos plenamente quem tem opiniões importantes ou quais as agendas implícitas impulsionando diferentes conversas. Com certeza sentimos microestresse ao sermos pressionados para apoiar objetivos ou ações nas quais não acreditamos ou que nos colocam em conflito com outros grupos. E o estresse pode vir da simples percepção de que, de alguma forma, as manobras políticas significam que não temos tanto controle sobre nossas carreiras quanto pensávamos ter, o que nos impulsiona a duvidar de cada situação e fazer trabalhar mais do que o necessário para tentar cobrir todas as frentes.

Considere o cenário com qual Connor se deparou. Ele tinha sido copiado, junto com vários de seus colegas, num longo debate por e-mail entre o gerente deles e o gerente de outro departamento da empresa num projeto em comum. Os dois estavam debatendo publicamente como lidar com uma difícil questão de alocação de recursos que envolvia o tempo de Connor. O gerente do outro departamento não parava de contestar a decisão — por e-mail, para o grupo inteiro —, evitando uma resposta direta. Algumas das pessoas copiadas se atreveram a se manifestar comentando, o que só pareceu piorar ainda mais a situação. Por fim, um colega sugeriu que os dois gerentes resolvessem a desavença pessoalmente.

Não era a primeira vez que Connor via os dois gerentes disputarem o tempo e o trabalho dele. As desavenças em geral eram sutis, às vezes passivo-agressivas, mas ficou claro para todos os copiados naqueles e-mails que os dois gerentes estavam irritados um com o outro. Enquanto o gerente direto de Connor parecia pressionar por uma decisão, o outro parecia se esforçar ainda mais para evitar responder ao seu questionamento.

Connor manifestou reservadamente a vários de seus pares a preocupação que aquele conflito lhe causava, debatendo aos sussurros sobre o que estava acontecendo. "A situação é tão constrangedora para mim", dizia ele. Connor ficava pensando se teria feito alguma coisa para desencadear aquela batalha. Começou a remoer excessivamente cada e-mail que precisava mandar. Será que deveria copiar os dois gerentes? Ou só o seu? "Era um debate sobre o meu tempo", explicou ele, "mas eles claramente não estavam conseguindo chegar a um acordo e a coisa escalou depressa. Foi realmente desconfortável."

A maioria de nós já teve experiências em que lentamente nos damos conta de que está acontecendo alguma coisa que não compreendemos totalmente. Ser pego no meio de manobras políticas, sejam elas diretas ou indiretas, pode gerar um estresse indireto de várias maneiras:

- **Pode amplificar seu estresse.** Quando compartilhamos nossa sensação de injustiça em relação a manobras políticas com amigos ou parceiros amorosos, o instinto automático dessas pessoas é ter empatia por nós. No entanto, como em geral lhes falta contexto em relação à situação de modo mais geral, suas reações reforçam nossa própria crença de que uma situação é injusta ou de que o sistema está contra nós. As reações bem-intencionadas dos outros só fazem aprofundar nosso estresse e nossa raiva. Em nossos esforços para dissipar parte do nosso estresse causado pelas manobras à nossa volta, nós pioramos as coisas botando ainda mais lenha em nossa própria fogueira emocional.
- **Nós podemos ficar presos num ciclo de burnout.** Quando fatores políticos nos privam dos recursos de que precisamos para ter sucesso — orçamento, patrocínio, informações vitais e assim por diante —, nós e nossos times nos vemos trabalhando mais do que o normal para compensar essas carências. E é claro que o excesso de trabalho acabará cobrando seu preço. Sentir que não estamos sendo tratados de forma justa no trabalho e depois precisar compensar por essa injustiça leva a mais estresse e burnout.
- **Manobras políticas podem nos tirar do círculo interno.** Quando nos vemos continuamente do lado perdedor das manobras políticas, isso pode fazer com que nos sintamos forasteiros em nossas próprias empresas. Não estamos falando sobre não estar à altura numa batalha política importante em que há vencedores e perdedores, como na hora de conseguir uma cobiçada promoção em detrimento de um rival interno. Estamos nos referindo às formas mais sutis de manobras políticas, como decisões relativas a orçamento, reconhecimento e apoio para nossas iniciativas — interações que acabam por afetar nossa própria sensação de onde nos encaixamos. Nós vamos ficando cada vez mais inseguros em relação a como posicionar nossos projetos para obter apoio dos outros, duvidando de nós mesmos a todo instante. Nossos níveis de estresse vão

aumentando conforme ficamos presos a um ciclo de reforço negativo do qual é difícil escapar. Isso enfraquece nossa capacidade de trabalhar de modo eficiente e nos distancia das nossas próprias empresas.

Connor não queria ficar preso naquela sutil disputa de poder entre dois líderes. Sendo assim, decidiu agir de outra forma. Na vez seguinte em que foi escolhido para trabalhar num projeto que envolvia mais de um departamento, começou a construir sua rede de contatos previamente e de maneira proativa para garantir que o projeto fosse um sucesso.

Seu primeiro passo foi entender quais poderiam ser as questões políticas relacionadas àquele novo projeto. Para tanto, ele marcou reuniões tanto com líderes funcionais quanto com líderes de opinião informais da empresa, de modo a reunir as opiniões de todos sobre o novo projeto. Assim, pôde identificar potenciais pontos de conflito ou interesses sutis com os quais conseguiria lidar uma vez que tivesse entendido o que estava em jogo.

Graças àquelas conversas, Connor se deu conta de que algumas pequenas mudanças iniciais no escopo do projeto ajudariam a tranquilizar diversos líderes-chave, garantindo o apoio político deles. As mudanças teriam muito pouco impacto nos objetivos gerais, mas ajudariam a deixar o caminho livre para que o projeto não morresse vítima de várias pequenas sabotagens.

"Alguém poderia achar que construir essas coalizões e formar outras fosse aumentar meu estresse ao transformar o projeto numa espécie de batalha política com grandes riscos envolvidos", disse Connor. "Mas o que aconteceu foi justamente o contrário. Meus contatos fizeram coisas que se sentiram à vontade para fazer após verem como nossos interesses estavam alinhados. E, consequentemente, minha vida na verdade ficou mais simples e menos estressante."

ESTRATÉGIAS PARA EVITAR O ENVOLVIMENTO EM MANOBRAS POLÍTICAS

Por mais sutil que possa ser uma rixa política, uma pessoa que se sinta presa no meio de uma luta de poder silenciosa pode ter de suportar várias ondas de microestresse. Você pode começar a se preocupar com o que sabe, com o que não sabe, com o que pode controlar e com o que não pode. Mas você não precisa deixar isso acontecer.

Recrute influenciadores-chave

Antecipe-se aos fatores políticos recrutando influenciadores-chave, aquelas pessoas bem-relacionadas que influenciam muitas outras. Comece se encontrando com as pessoas que mais obviamente irão influenciar a trajetória do seu trabalho. Para descobrir outros influenciadores-chave que talvez desconheça, pergunte ao final de cada reunião quem mais poderia achar esse tópico importante e quem poderia ter prioridades ligeiramente diferentes capazes de prejudicar o avanço do projeto. Você quase sempre terá um direcionamento para procurar líderes de opinião que podem ter um impacto desproporcional na aceitação de seus planos e ideias pelos outros.

Em seguida, encontre-se com esses influenciadores para entender suas principais prioridades ou pontos fracos e descubra maneiras de ajudar a solucionar seus problemas. Ofereça-lhes ajuda em áreas nas quais for competente e cultive ao longo do tempo sua relação com eles. Com um pouco de tempo e de proatividade nesse sentido, você pode, de primeira, incentivar esses influenciadores a apoiarem seus esforços em vez de tirarem boas ideias dos trilhos aos poucos.

Aproveite os contatos mútuos

Influencie indiretamente as pessoas que estão no jogo político por meio de seus contatos mútuos. O segredo é descobrir por quem essas pessoas são influenciadas — às vezes é um assessor, alguém com quem elas já trabalharam ou um confidente pessoal. Com isso, procure maneiras de passar mensagens por meio dessas pessoas. Numa de nossas entrevistas, uma gerente descreveu como tinha aproveitado a relação com sua antiga chefe, que tinha uma influência considerável junto a alguém que ela estava tentando influenciar, podendo plantar a história e o ponto de vista certos por ela. A antiga chefe apresentou as mesmas informações que ela teria apresentado. Mas a origem das informações conferiu uma credibilidade que ela teria tido dificuldade de obter diretamente.

Separe posições de interesses

Use suas conexões para entender as histórias e motivações ocultas dos envolvidos em manobras políticas. Por baixo de cada posição alardeada — por exemplo: "Aquela unidade deve se reportar ao diretor financeiro!" — existe um interesse subjacente. Nesse caso, talvez a convicção subjacente seja que decisões financeiras pouco consistentes estão prejudicando a organização e esse problema precisa ser abordado. Como descobrir esses interesses subjacentes? Aproveitando seus contatos mútuos: pessoas que entendam mais profundamente a situação e possam ajudar você a posicionar adequadamente seus esforços.

Os microestresses que esgotam suas reservas emocionais podem ser ainda mais desafiadores do que aqueles que drenam sua capacidade. Algumas das pessoas mais infelizes em nossa pesquisa eram aquelas que, cheias de boas intenções, simplesmente absorviam os golpes dos microestresses que as esgotavam em vez de encontrar maneiras de lidar com eles. Com o tempo, a falta de reação proativa teve um efeito avassalador na qualidade de vida dessas pessoas. Elas usaram toda a capacidade emocional para repelir esses microestresses.

Mas existe uma forma de microestresse ainda mais custosa. É aquela que desafia sua identidade. No próximo capítulo, exploraremos como esse microestresse acontece.

4. Por que você não se sente *você*

PONTOS-CHAVE

- **As demandas das funções que desempenhamos — tanto no trabalho quanto na vida pessoal — muitas vezes nos colocam em conflito com quem nos propusemos a ser em nossa vida.** No trabalho, essas demandas podem vir de expectativas para perseguir objetivos profissionais em conflito com nossos valores ou para operar em situações de grande pressão ou situações tóxicas que prejudicam nossa autoconfiança. Em casa, nós com frequência temos expectativas pouco realistas em relação a quem devemos ser como cônjuges, pais ou mães, amigos ou amigas, irmãos ou irmãs, e nos recriminamos por não parecermos bons o bastante em nada.

- **É raro as pessoas se afastarem de quem queriam ser com uma única decisão que modifica fundamentalmente quem elas são.** Na verdade, a mudança acontece ao longo do tempo, por meio de várias pequenas escolhas que muitas vezes justificamos como necessárias para prover o sustento da nossa família ou seguir uma determinada trajetória de carreira.

- Existem quatro fontes comuns de microestresse que desafiam sua identidade:

- ○ Conflito com seus valores pessoais
- ○ Interações que minam a autoconfiança
- ○ Interações desgastantes — ou negativas de outro modo — com parentes ou amigos
- ○ Perturbações em sua rede
- Encontrar maneiras de mudar suas interações com pessoas que estejam te afastando de quem você quer ser pode ter um impacto radical na sua sensação de propósito na vida. Você pode tentar redefinir seu papel, mudar sua maneira de interagir com colegas ou pessoas queridas ou então encontrar pequenas maneiras de expressar seus valores fora do seu trabalho principal. Mudanças sutis podem fazer uma diferença significativa.

Rachel teve receio desde o início. Quando seu chefe a indicara para uma promoção a gerente no local onde trabalhava, um banco de porte médio, ela havia compartilhado a preocupação de que lhe faltasse a experiência que o cargo exigia. "Rachel, você é uma estrela", garantira-lhe o chefe. "Foi identificada como alguém com alto potencial. Eu tenho máxima confiança em você!" Ele deixou claro que Rachel tinha o apoio de outros líderes sêniores da empresa. Deixando as dúvidas de lado, ela aceitou o cargo, que representava um aumento significativo de responsabilidades.

Uma vez iniciado o trabalho novo, porém, Rachel começou a se sentir desconfortável. As novas funções incluíam dizer "não" para pessoas e tomar decisões rápidas em relação a prioridades de projeto e promoções. Suas escolhas afetavam pessoas profundamente importantes para ela. É claro que ela já sabia que aquele tipo de decisão fazia parte do cargo novo, mas a velocidade com a qual precisava tomá-las, assim como o tom com o qual se esperava que as comunicasse, lhe pareciam errados. "Detesto confrontos", confessou. Ela havia aderido a uma forma mais diplomática de resolver problemas. "Ao longo dos anos, eu vinha me tornando bastante eficiente em trabalhar com as pessoas sem precisar recorrer a uma atitude de confronto." No cargo novo, ela queria ser justa e compreensiva. Evitava tomar decisões apressadas em relação ao que quer que fosse, permitindo ao time opinar sobre as suas decisões e ocasionalmente modificando a própria opinião após ter recebido algum feedback.

Alguns meses depois da promoção, porém, seu chefe lhe disse que ela não estava sendo assertiva o suficiente. "Este é um negócio de ritmo acelerado, Rachel", alertou ele. "Você precisa pedir o que quer sem deixar margem para equívocos. Eu preciso que você se mostre à altura do desafio de ser gerente!" Rachel ficou abalada. Pensava poder alcançar seus objetivos construindo relações fortes com seu time, e não por meio de comandos autoritários. "Aquilo, para mim, foi um tapa na cara", disse ela. "Foi tipo: 'Tudo bem, apesar de você ter conseguido esse cargo por mérito, não vai poder ser a mesma pessoa que era antes. Isso não é bom o bastante.'" Na visão de Rachel, não era só uma questão de ter que se adequar às demandas do cargo novo. "Ele queria uma versão mini de si mesmo", disse ela. "Alguém que fosse tão dado a confrontos quanto ele."

No início, ela se culpou a si e começou a seguir a orientação do chefe. Pegou-se enviando e-mails não tão diplomáticos, parando colegas nos corredores para verificar em que pé estava o trabalho deles sem sequer cumprimentá-los, ou então imitando o tom ríspido de seu chefe nas reuniões para evitar ser vista como alguém influenciável. A cada dia, ela ia se sentindo um pouco mais infeliz. As pessoas do time, que ela antes considerava suas amigas, tinham se distanciado dela. Ela as via se reunirem para almoçar sem a convidarem. Chegava em casa do trabalho emocionalmente esgotada e incapaz de interagir com a família sem antes relaxar um pouco com um drinque. Começou a faltar aos encontros do seu clube do livro com desculpas de última hora de que estava trabalhando demais para conseguir ler. Sabia que estava ligeiramente menos paciente com os filhos, pois não tinha conseguido se desvencilhar da tensão do dia de trabalho. Certa noite, já tendo bebido algumas taças de vinho, desabafou com o marido sobre como estava se sentindo. "Eu sei que posso fazer esse trabalho", disse-lhe ela. "Acho que posso ser uma boa gerente, mas não gosto da gerente em quem estou me transformando no momento. Não tenho certeza de que essa promoção valeu a pena."

Às vezes, nós não conseguimos identificar o motivo exato de chegarmos em casa do trabalho de mau humor quando nada de óbvio deu errado naquele dia. Simplesmente não nos sentimos centrados nem felizes. O que não percebemos é que as mudanças sutis em nossa identidade causadas por relações pessoais e profissionais vão se acumulando de maneira invisível ao longo dos dias e semanas. Pode ser que você reaja à própria pressão repassando-a para alguém do seu time, apesar de saber que a pessoa está tendo dificuldade para dar conta de tudo. Não se sente bem ao fazer isso, mas, ao sentir a pressão sobre si, acaba cedendo. Ou talvez você concorde com a decisão de não impulsionar alguém para uma promoção porque a pessoa não está politicamente em alta, muito embora saiba que ela merece ser promovida. Como os desafios à nossa identidade nos atingem num fluxo incessante de pequenos momentos, talvez a gente não pare para processar os efeitos de cada decisão. Mas sabemos que não nos sentimos exatamente bem.

Os microestresses que desafiam nossa identidade são mais difíceis de detectar do que aqueles que drenam nossa capacidade ou nossas reservas emocionais. Os que drenam capacidade ficam óbvios depois que você consegue parar para procurá-los, assim como os que drenam nossas reservas emocionais, que podem se tornar claros quando você descobre por que está sentindo exaustão ou esgotamento após determinadas interações. Já os microestresses relacionados à identidade vão se construindo aos poucos em interações no trabalho ou na vida pessoal que, por serem normalizadas nos ambientes em que estamos inseridos, acabamos normalizando também. Muitas das pessoas que entrevistamos compartilharam conosco como as interações no trabalho as tinham feito aos poucos modificarem os próprios valores, como aconteceu com Rachel; até que de repente, quando paravam para olhar, elas não se reconheciam mais. Simplesmente estavam diferentes de alguma forma. Isso é particularmente verdadeiro para pessoas cuja noção de identidade gira em torno do trabalho. Quando o trabalho é nossa principal forma de identificar quem somos e nosso valor para o mundo, podemos nos pegar simplesmente "aceitando" manipulações da nossa identidade por fazermos parte de algo maior. Só que isso também pode facilmente nos levar a ser alguém que não queremos. Como nos disse uma entrevistada: "Eu me tornei uma daquelas pessoas de quem nunca gostei. Sequer sei como isso aconteceu".

Ao longo de nossas entrevistas, ouvimos de modo consistente muitas pessoas bem-sucedidas descreverem momentos difíceis de sua vida em que finalmente entenderam que tinham acabado de passar três, cinco, ou até dez anos correndo atrás de coisas que conflitavam com quem elas queriam ser ao começarem suas carreiras. Era de partir o coração ouvi-las narrar esse momento da verdade. Uma mulher nos disse ter pensado que seus colegas de trabalho fossem amigos, até ter um caso grave de covid-19 e nenhum deles pedir notícias, embora soubessem que ela morava sozinha. Quando mandou um e-mail para todos dizendo que estava passando por momentos muito difíceis, ninguém perguntou como poderia ajudar. Outro entrevistado nos disse ter se dado conta, durante uma reunião de pais de alunos, de que seu filho adolescente não fazia ideia de qual era o seu trabalho num banco de investimentos global. O aluno descreveu o pai para seu professor de história como um "barão ladrão", um termo pejorativo para empresários. O pai se deu conta de que raramente falava sobre o trabalho de maneira positiva, não por sua função ser complicada demais para explicar, mas por não sentir nenhum orgulho especial da contribuição que estava dando para o mundo.

Ao pensarem bem, muitos entrevistados compreenderam que anos de pequenas escolhas tinham conduzido àquele instante de revelação. E aqueles que tinham tido tais epifanias eram os sortudos. Muitas pessoas nunca chegavam a ver como sua vida tinha passado a não corresponder aos valores e à identidade que antes valorizavam. Na verdade, um tema muito comum em nossas entrevistas era como uma pessoa podia ser convencionalmente bem-sucedida, no ápice da sua carreira, mas ter atrás de si um rastro de um ou mais divórcios, filhos dos quais se sentia inteiramente desconectada e uma saúde no limite. Os microestresses que desafiavam as identidades dessas pessoas as tinham feito seguir por um caminho que nunca fora sua intenção, uma pequena decisão de cada vez.

Experiências e relações fora do trabalho também podem resultar em mudanças em nossos valores conforme nossa vida se desenrola. Ao ver os outros medindo o sucesso por meio de status social e bens materiais, nós também começamos a usar essas métricas. Tais comparações sociais acontecem depressa, muitas vezes sem nos dar conta. Elas geram um sentimento de insatisfação com o que temos na vida e nos fazem buscar a riqueza material de formas que contrariam nossos valores. Inconscientemente, nós absorvemos a definição de sucesso dos outros. E isso pode cobrar um preço terrível. Enquanto está lendo isto, temos certeza de que você consegue pensar em alguém cuja vida pensa ter dado terrivelmente errado porque essa pessoa focou nas coisas incorretas. Os entrevistados de nossa pesquisa mencionaram com frequência ter dado "um passo maior do que as pernas", pressionando a si mesmos para mudar para uma casa mais luxuosa ou aceitando um emprego que exigia muito mais tempo viajando em detrimento da família, tudo para poder estar à altura daquilo que imaginavam ser as expectativas de sucesso. Só que aquela versão de sucesso nunca parecia exatamente certa.

Como os microestresses que questionam a identidade são os mais difíceis de identificar, você precisa prestar atenção nos sinais sutis. Talvez a melhor forma de descrever isso seja aquela sensação desconfortável que surge quando lhe pedem para fazer algo que faz você se sentir ligeiramente fora do prumo. *Não gosto do que essa pessoa está me pedindo para fazer, mas é uma coisa tão pequena que vou aceitar.* Ou: *Estou me sentindo meio mal por ter faltado ao torneio de matemática da minha filha, mas no próximo eu vou.* Não estamos falando sobre uma pressão para cometer algum ato enganoso, dissimulado ou, pior ainda, ilegal. Os microestresses que desafiam sua identidade são muito mais imperceptíveis. Há um ligeiro desconforto com as escolhas que você está fazendo, por mais que mentalmente você as justifique.

MICROESTRESSES QUE DESAFIAM SUA IDENTIDADE

Identificar os microestresses que possam estar desafiando sua identidade ou seus valores pode ser complicado, porque eles provavelmente foram se acumulando devagar ao longo do tempo. Com frequência nós apenas os aceitamos, um depois do outro, como parte integrante de nosso trabalho ou de nossas responsabilidades cada vez maiores na vida pessoal. Quando os identificamos, porém, podemos começar a enfrentá-los, reformulando nossas interações e relações de modo que nos sustentem melhor para sermos a pessoa que queremos. Vamos examinar quatro fontes comuns de microestresses que desafiam nossa identidade ao se infiltrarem em nossa vida cotidiana.

MICROESTRESSE 11: CONFLITO SUTIL COM SEUS VALORES PESSOAIS

É fácil estabelecer um limite quando estamos diante de escolhas que parecem claramente erradas. Mas os microestresses desafiam seus valores de maneiras menos óbvias. Em primeiro lugar, as interações tendem a ser cotidianas, menores ou razoavelmente pouco arriscadas; por exemplo, alguém lhe pede para pegar um atalho num projeto de modo a terminar tudo a tempo ou dentro do orçamento, apesar da qualidade um pouco inferior. Em segundo lugar, as interações podem ser mais complicadas, sem clareza em relação à complexidade e ao controle; por exemplo, sua empresa pode fazer negócio com um cliente cuja organização prejudique o meio ambiente, fabrique peças usadas em armas de fogo ou seja liderada por um CEO controverso. Ou talvez você não compartilhe alguns dos valores da sua empresa — você se preocupa muito com seus subordinados diretos, mas a empresa parece bem menos comprometida com o desenvolvimento das carreiras dessas pessoas.

Nenhuma dessas coisas tem impacto direto em você, pelo menos não na superfície, mas esses microestresses podem se infiltrar na sua alma. Mesmo sentindo-se desconfortável com alguma decisão, você pode sentir certa pressão para seguir em frente porque as pessoas à sua volta estão se mostrando empolgadas, e o entusiasmo delas te conduz a atividades e interações que não lhe parecem totalmente corretas. Essa desconexão entre valores e ações acontece com frequência, por exemplo, em atividades de venda colaborativas, como nas áreas financeira, de software ou de consultoria, onde as expectativas podem ser um tanto infladas. Existe um descompasso entre o que foi vendido e o que o cliente recebeu, o que obriga os envolvidos a lidarem com interações negativas no restante da cadeia quando o cliente descobre isso e não fica nem um pouco feliz com o resultado.

No entanto, para além desses impactos diretos, conflitos com valores pessoais podem gerar também efeitos secundários que voltam para nós por meio das relações. Alguns desses efeitos secundários, como a diminuição da paixão pelo trabalho e o fato de levarmos nossos microestresses conosco ao voltarmos para casa, são os mesmos gerados por outros microestresses. Um efeito, porém, é exclusivo aos microestresses que desafiam nossa identidade: a sensação de estarem nos encurralando.

Por que você sente que estão te encurralando

Uma dissonância cognitiva real surge quando uma carreira está indo bem, mas mesmo assim você sente uma estagnação. Não se trata de um problema fácil de resolver. Parte de você justifica as maneiras como seu trabalho parece não bater com seus valores pessoais porque o salário que provê o sustento da sua família vale a pena, e você perderia demais caso desistisse. Correria o risco de voltar para um cargo júnior, além de perder a rede interna e a confiança que se esforçou tanto para construir em seu emprego atual. Assim, você sente uma pressão para ignorar as ações da empresa que contrariam seus valores. Aqui também não estamos nos referindo a ignorar alguma corrupção ostensiva ou atos juridicamente questionáveis. Esses microestresses são muito menos óbvios. Pode ser que você se incomode com o fato de a empresa não proporcionar uma cobertura adequada na área de saúde mental, ou você pense que a empresa não trata com respeito suficiente seus funcionários temporários. Manter-se num emprego que beneficie você e sua família em detrimento de outras pessoas pode abalar sua satisfação com a própria vida por meio de um ataque constante de microestresses.

Veja o que aconteceu com Leslie, gerente regional numa grande cadeia varejista. Ela era responsável por quase 20% das lojas físicas da empresa nos Estados Unidos. As lojas garantiam empregos para milhares de pessoas e ofereciam produtos acessíveis e de qualidade a milhões de clientes. Mas a empresa se orgulhava do seu gerenciamento de custos agressivo, que às vezes resultava em ações que Leslie não considerava muito admiráveis em relação a funcionários e fornecedores. A empresa tinha uma política de licença-maternidade pouco generosa. Os fornecedores tinham de aceitar contratos rígidos e arcar com penalidades caso deixassem de cumpri-los, não importando qual fosse o motivo. Para mitigar o desconforto que lhe causava esse tipo de prática, Leslie tinha passado a tratar todas as relações como se fossem "apenas negócios" à medida que ia subindo os degraus corporativos. Não queria se importar demais com as pessoas à sua volta. Sua energia e entusiasmo pelo emprego tinham perdido a força, e parecia-lhe que os outros também estavam adotando a atitude de "apenas negócios" cada vez mais. O trabalho era feito em conjunto com os colegas, mas ela raramente tinha qualquer conexão com alguém para além disso.

Mas Leslie teve um instante de revelação numa virada de ano, quando ela e o marido assistiram aos fogos de artifício no porto de Amsterdã. Como seus filhos estavam crescidos e tinham saído de casa, os dois tinham decidido se dar de presente três semanas de férias na Europa. Longe dos estresses cotidianos do trabalho e pensando em seus objetivos e resoluções de Ano-Novo, Leslie compreendeu por que tinha se tornado tão impessoal. Uma de suas primeiras chefes na empresa tinha lhe dito, anos antes: "Nosso negócio é proporcionar a nossos acionistas um retorno sobre o seu investimento; isso é o mais importante em tudo que fazemos". Ao pensar nos objetivos nos quais iria focar no ano seguinte, ela se deu conta de que proibir a si mesma de se importar com as pessoas com quem trabalhava tinha deixado um vazio em sua vida. Aquela não era a pessoa que ela queria ser. "Eu não parava de pensar numa coisa que minha mãe tinha me dito anos antes: 'Pense no que você gostaria que estivesse escrito na sua lápide. Quer que digam que você foi ótima em ajudar sua empresa a ganhar dinheiro? Ou quer que digam que você tornou o mundo um pouquinho melhor?'"

Um caminho realista

Depois de ver como a desconexão de valores a estava afetando, Leslie começou a elaborar o que chamou de plano de revitalização. No avião de volta da Europa, fez uma lista dos valores que considerava importantes. Então dividiu a lista em três partes: valores que poderia aplicar no trabalho, valores que poderia aplicar fora do trabalho e valores que não pareciam possíveis de aplicar na sua vida naquele momento.

Leslie foi realista em relação ao que era factível. "Não tive um momento tipo Jerry McGuire", disse ela, numa referência ao filme no qual o personagem interpretado por Tom Cruise tem uma crise de consciência e escreve um manifesto novo para a empresa, estabelecendo que o lucro não seria mais o principal fator de motivação. "Mas tentei encontrar pequenos jeitos de tornar meu mundo um lugar melhor." Ao longo dos meses seguintes, ela ajudou a criar um programa de mentoria para grupos que estivessem sub-representados na estrutura gerencial naquele momento. Além disso, convenceu o comitê executivo a apoiar um projeto-piloto para converter o estoque obsoleto em fundos de apoio a bancos de alimentos da região. Começou também a trabalhar com seus gerentes regionais para promover uma origem mais responsável dos produtos que a empresa comprava para revender. Tinha apresentado aquelas iniciativas para o seu gerente de um modo que demonstrava que elas não custariam dinheiro e poderiam trazer benefícios intangíveis para a empresa. Além do mais, disse, as iniciativas constituiriam interações significativas para ela.

"Um ano depois", contou, "estou acordando todos os dias ansiosa para ir trabalhar. É claro que a empresa continuou fazendo coisas que eu pessoalmente não aprovava, mas é preciso escolher suas frentes de batalha. Minhas novas iniciativas me ajudaram a fazer isso, além de proporcionarem energia e inspiração para meus subordinados diretos e até para alguns dos meus pares."

Não estamos sugerindo que você deva ter uma epifania em relação à própria identidade e mudar tudo radicalmente da noite para o dia. Há coisas demais em jogo para muitos de nós — e para aqueles que dependem de nós — para que isso seja possível. No entanto, nós de fato constatamos que muitos dos entrevistados, como Leslie, tinham conseguido fazer poucas e pequenas mudanças que tiveram um impacto significativo na noção de identidade deles, tanto no trabalho quanto na vida pessoal. Mas, para isso, você precisa reconhecer o quanto os microestresses que desafiam sua identidade podem ser desgastantes e decidir não se acomodar em relação a eles.

ESTRATÉGIAS PARA RESISTIR AOS MICROESTRESSES QUE DESAFIAM SEUS VALORES PESSOAIS

Desafios à identidade podem se infiltrar na sua vida de modo muito sutil. Uma vez consciente de que estão acontecendo, porém, você pode encontrar maneiras eficientes de resistir a eles.

Desenvolva e mantenha clareza em relação às suas prioridades pessoais

Pode ser que você esteja num emprego que não se encaixa perfeitamente em seus valores, mas mesmo assim é possível encontrar maneiras de fazer determinados elementos dele funcionarem melhor para você. Comece refletindo sobre essas três perguntas:

- Que especialidade você quer usar no seu trabalho nos próximos cinco a dez anos?
- Que valores você quer vivenciar e personificar por meio desse trabalho?
- Que identidade você quer moldar por meio da sua atuação profissional?

O simples fato de o seu trabalho atual não se alinhar perfeitamente com suas respostas não significa que você não possa encontrar momentos no seu dia ou criar experiências no trabalho que façam você se alinhar mais com aquilo que acha importante. Procure um mentor que tenha a experiência que você busca. Desenvolva relacionamentos com colegas que pareçam compartilhar seus valores. Elabore um plano de desenvolvimento para ganhar essas experiências, ainda que precise buscar oportunidades ou projetos extras no trabalho. Um aumento temporário na carga de trabalho pode valer a pena a longo prazo se lhe possibilitar desenvolver futuras oportunidades profissionais que considera importante. E quanto mais você avança, mais sua atuação profissional começa a se alinhar com seus valores. Faça o mesmo em sua vida pessoal, listando as funções que deseja desempenhar que são importantes para você: atleta, amigo, provedor, defensor da justiça social, músico ou artista e assim por diante. Ao longo da nossa pesquisa, ficou incrivelmente claro que as pessoas mais felizes tinham muito mais clareza de detalhes em relação à especialidade que desejavam desenvolver e aos valores que desejavam personificar. Uma ambiguidade em relação a essas questões, por sua vez, quase sempre conduzia a situações nas quais as pessoas eram moldadas pelo sistema em que estavam inseridas no lugar de moldá-lo elas próprias.

Crie rituais que te ajudem a avaliar como está se saindo no que diz respeito às suas aspirações

Sua autoavaliação periódica pode incluir escrever semanalmente num diário, conversar mensalmente com o cônjuge ou revisitar trimestralmente as coisas que identificou como importantes tanto na sua vida pessoal quanto profissional. Uma pessoa na nossa pesquisa reservou tempo uma vez por mês com cônjuge e filhos para revisar valores de família, compartilhar atividades que tinham feito que refletiam aqueles valores e debater áreas nas quais estavam tendo dificuldades. Seja qual for a sua abordagem, avalie sua evolução, mire em quaisquer ações que possam fechar as brechas que encontrar e modifique seus objetivos conforme a necessidade. Idealmente, faça isso com as pessoas de quem for mais interdependente na sua vida — seu cônjuge, e talvez seus filhos também —, criando assim um sistema de reforço mútuo.

Reconheça que você não tem como viver 100% de acordo com seus valores todos os dias

Com certeza haverá momentos em que você não vai concordar com o que está acontecendo na sua empresa, mas às vezes a vida é assim mesmo. Decida pelo que é importante lutar e dê o melhor de si para se conectar com trabalhos, clientes e líderes que apoiem seus valores. Quando houver uma desconexão de valores, será preciso decidir o quanto é importante para você solucionar o conflito.

Uma gerente com quem conversamos nos disse: "Eu sempre quero ser parte da solução. Estou disposta a aceitar frustração e sacrifício pessoal para melhorar as coisas para quem vier depois de mim e para os profissionais juniores com quem trabalho, porque, no fim das contas, acho que tudo que realmente importa é a minha capacidade de impactar os outros". Mas você só tem uma quantidade limitada de fichas para jogar, e precisa decidir onde vai usar seu capital político; se lutar por tudo, vai acabar perdendo credibilidade.

MICROESTRESSE 12: AUTOCONFIANÇA ABALADA

Mesmo que você não tenha identificado explicitamente seus valores, pode deduzir em parte quais são eles olhando para aquilo que você se orgulha de fazer bem. O microestresse prejudica sua capacidade de fazer isso. "Comecei minha carreira animado com a ideia de ser profundamente respeitado pela minha atuação profissional", disse-nos um líder. "Só que esse papel agora representa uma sobrecarga tão grande que tudo que eu faço é tomar decisões sobre qual pratinho deixar cair... não sobre como ser ótimo no que eu faço."

Os microestresses que abalam sua autoconfiança não precisam vir de uma pessoa só, como um chefe que deposite em você expectativas nada razoáveis, por exemplo. Na verdade, eles se originam tipicamente nas demandas de trabalho de um mundo hiperconectado. A autoconfiança pode ser abalada de maneiras pequenas, como quando estruturações de cargos ou sistemas de gerenciamento de desempenho fazem parecer quase impossível ter sucesso. Pode acontecer quando se faz parte de culturas excessivamente inclusivas, nas quais a quantidade de pessoas que precisam estar envolvidas em qualquer decisão já dificulta que qualquer coisa avance. Ou talvez estejam te puxando em tantas direções diferentes que você acaba desistindo de correr atrás daquilo que é melhor ou correto, se contentando com apenas conseguir avançar. Embora acredite ser um integrante de time consciente e inovador ou um bom líder (e assim por diante), seu desempenho não reflete essas características. Você acaba se sentindo um fracasso, muito embora não seja responsável por criar a desconexão.

Os efeitos negativos de ter sua autoconfiança ou controle regularmente atacados podem acontecer em cadeia. Com tanto foco em não errar, você pode começar a trabalhar de maneiras que prejudicam a si. A seguir, dois efeitos comuns de uma autoconfiança abalada.

Trabalhar de forma defensiva. Quando sentimos que nossa competência no trabalho está sendo repetidamente questionada, é fácil adotar uma postura mais passiva, tentando antecipar as críticas em vez de dar nosso melhor no trabalho. Focamos menos nas melhores ideias ou no curso correto a ser seguido e mais em evitar problemas. Essa abordagem sai pela culatra, já que assim não somos mais vistos por nossos pares e gerentes como funcionários com alto potencial ou criativos.

Reforçar uma mentalidade vitimista. Quando sentimos estar ficando aquém de quem queremos ser no trabalho, nós nos pegamos culpando os outros; nos vemos como vítimas, subvalorizadas e tratadas de forma injusta pelos colegas. Então conversamos com nossos familiares e amigos mais próximos sobre os deslizes e ofensas gerados por microestresses de que fomos vítimas no trabalho, e eles tentam nos apoiar. No entanto, como só sabem aquilo que nós lhes contamos (e sejamos honestos: muitas vezes, contamos o que aconteceu de maneira pensada para gerar o máximo de empatia), essas pessoas queridas podem acabar reforçando nossa mentalidade vitimista: "Seu chefe está sendo totalmente irracional!". Ouvir isso pode ser bom, mas essa validação pode fazer com que nossos sentimentos de vitimização se acumulem até ficarmos prestes a explodir. Assim, o que começou como empatia pode acabar se transformando em algo que faz você se prender à situação em vez de sequer tentar melhorá-la.

Pense na experiência de Ali, representante de RH em um grande empresa de telecomunicações. Ele estava muito animado por estar sendo promovido a uma nova função que lhe exigiria administrar projetos importantes. No entanto, à medida que tentava dar o melhor de si no novo cargo, passou a sentir a autoconfiança ser esmagada pouco a pouco por seu gerente. O chefe parecia estar diminuindo Ali sutilmente. Por exemplo, depois de investir semanas numa busca externa de talento para preencher um cargo novo, Ali ficou surpreso ao descobrir, numa conversa informal, que seu chefe tinha sugerido casualmente ao time que eles abandonassem a busca e contratassem uma candidata interna. Ali só ficou sabendo da decisão quando ela já estava tomada. Ouviu-a justamente da pessoa *com quem* deveria estar trabalhando. "Ela vai achar que meu chefe não confia em mim", preocupou-se ele. "E agora pareço um idiota por não saber o que estava acontecendo. Olhem eu aqui, conversando todo entusiasmado com candidatos externos sobre uma vaga que já foi preenchida."

Depois de vários incidentes daquele tipo, Ali começou a perder o entusiasmo por tocar projetos grandes, algo em que sentia ser bom. "Por que me matar para fazer um bom trabalho quando tudo vai ser jogado pelo ralo em algum momento?", pensou. Ele começou a duvidar de si. Ficava tentando pensar no que seu chefe faria em vez de confiar no próprio julgamento para fazer sugestões.

Depois de algum tempo, Ali começou a procurar vagas em outras empresas. Durante o processo, perguntou a uma velha amiga que tinha sido sua gerente dez anos antes se estaria disposta a lhe fazer uma recomendação em sua busca por um novo emprego. "Claro", respondeu ela. "Mas você já está num cargo tão incrível. Por que está pensando em pedir demissão?" Ali lhe contou tudo, descrevendo como se sentia diminuído pelo chefe, que ela também conhecia. "Você me permitiria entrar em contato com ele para tentar entender o que está acontecendo?", propôs ela. Sentindo que tinha pouco a perder, Ali aceitou, contanto que ela fosse discreta em relação ao fato de Ali estar pensando em pular fora.

Uma semana mais tarde, ela procurou Ali outra vez. Tinha falado com o chefe dele para tentar entender a dinâmica. Durante a conversa, a amiga descobrira que o estilo calado e modesto de Ali tinha sido totalmente mal-interpretado. O chefe de Ali gostava dele, mas nunca tinha certeza de que ele estava dando conta das suas tarefas. No intuito de lhe dar uma ajuda, supunha estar sendo prestativo ao lhe oferecer sua experiência e sugerir clientes. Embora estivesse deixando Ali desanimado, o chefe pensava estar proporcionando suporte com suas intervenções. A verdade provavelmente se encontrava em algum ponto entre os dois extremos, mas, sem alguém para ajudar a conciliar as duas experiências, Ali e seu chefe jamais teriam percebido o que estava acontecendo — e Ali provavelmente teria largado o emprego sem saber que o chefe imaginava estar ajudando.

Ao ter uma pequena compreensão do ponto de vista do chefe, Ali conseguiu reunir coragem para interagir com ele de outra forma. Passou a iniciar toda conversa com o chefe com uma revisão sobre como estava a situação antes de expor as opções que considerava válidas. Começou também a considerar seu chefe um recurso, não alguém que o estivesse microgerenciando. Conseguir a contribuição do chefe desde cedo deu a Ali o apoio necessário para seguir pelo caminho certo, além de também garantir ao chefe que estava dando conta do trabalho e era digno de confiança. A mudança foi sutil, mas eficiente. E ajudou Ali a prosperar em seu novo cargo.

Um ano depois de Ali pensar em largar tudo, seu chefe tinha lhe dado um poder decisório cada vez maior sem que ele precisasse atualizá-lo o tempo todo. Os dois ainda colaboravam em coisas grandes, mas tinham criado uma relação de mentoria cujo objetivo era construir competências que Ali ainda não tinha, em vez de uma relação de supervisão focada em corrigir falhas.

ESTRATÉGIAS PARA RESISTIR AOS MICROESTRESSES QUE ABALAM SUA AUTOCONFIANÇA

As pessoas à nossa volta podem perturbar nossa autoconfiança em pequenos momentos, com frequência de maneiras das quais sequer estamos conscientes. Se não forem contidos, esses desgastes podem minar seu dia, sua semana ou até mais. Mas você pode impedir esses momentos de microestresse de te fazerem sair dos trilhos.

Enfrente o problema por meio de uma interação direta com a pessoa

Se alguém for uma fonte comum de microestresses que abalam sua autoconfiança, certifique-se de fazer perguntas que ajudem você a entender os principais objetivos e pontos sensíveis da pessoa. Veja as coisas do ponto de vista dela. Em seguida, faça o máximo possível para ajudá-la a seguir por um ou mais dos caminhos que ela considera importante. À medida que você for tendo uma utilidade cada vez maior para a pessoa, as tendências agressivas dela podem diminuir, inclusive de maneiras que um combate direto com mais fatos, números e lógica não conseguiria possibilitar. Com o tempo, a narrativa em relação a você irá mudar conforme a pessoa passar a te ver como alguém que apoia e soluciona problemas ativamente.

Aborde o problema de forma indireta usando sua rede

Se alguém da sua confiança tiver influência sobre a pessoa que está lhe causando microestresse, veja se esse aliado poderia se sentir à vontade para alertá-la sobre o que está acontecendo de forma imparcial e sem confronto. Esse jeito discreto de lidar com a questão pode reduzir a atitude defensiva da pessoa, e ouvir a opinião de um terceiro neutro pode fazê-la entender melhor o próprio comportamento.

Acrescente estrutura às conversas para mantê-las produtivas

Sugira que as reuniões sigam regras básicas que ajudem a separar questões concretas de conflitos de personalidade. Foque nos fatos, compare várias alternativas, identifique objetivos comuns, use o humor, equilibre a estrutura de poder e busque consenso, mas respeitando a autoridade. Se não estiver em posição de fazer isso, talvez você possa recrutar um facilitador, alguém que possa ajudar as pessoas a identificarem quando estiverem sendo excessivamente críticas e contribuir para que todo mundo saiba separar preocupações a respeito de uma ideia de críticas pessoais.

MICROESTRESSE 13: INTERAÇÕES DESGASTANTES OU OUTROS TIPOS DE INTERAÇÕES NEGATIVAS COM FAMILIARES OU AMIGOS

Alguma vez você já chegou no trabalho se sentindo mal por ter falado de modo ríspido com o cônjuge na pressa de sair de casa? Um conflito assim pode afetar seu dia inteiro. Ou talvez uma simples mensagem de texto de um filho enquanto você está no trabalho — "Meu professor disse que não vai me ajudar com o trabalho de história e é para amanhã" — possa se desdobrar em horas de preocupação. Será que o seu filho não está correspondendo às expectativas do professor? Será que está sendo preguiçoso? Será que o professor está sendo um babaca? Será que seu filho está com dificuldades na escola? E por aí vai. Na realidade, porém, seu filho, acostumado a se comunicar por mensagem, pode simplesmente ter feito um desabafo momentâneo. Quando vocês enfim se encontrarem, ele já vai ter esquecido a mensagem que mandou, ao passo que você suportou horas de aflição por causa dela. Passou o dia se distraindo e se preocupando com o que poderia estar errado, imaginando os piores cenários possíveis até chegar em casa e ver que está tudo bem. Nós podemos nos ver envolvidos no problema de alguém querido quando precisamos intervir e mediar um conflito (talvez entre dois familiares, ou então com o professor de um filho), e de repente o microestresse da pessoa vira nosso também. Além disso, devido às expectativas sociais e culturais frequentemente pouco realistas em relação ao que significa ser bom pai ou mãe, parceiro ou parceira, irmão ou irmã, filho ou filha, amigo ou amiga, muitos de nós vivemos atormentados por uma culpa constante em relação a como lidamos com essas situações.

Para muitas pessoas, seus amigos e familiares são as maiores fontes de microestresse não reconhecido. Não estamos falando de relações tóxicas com parentes com quem não nos damos bem, nem de interações abertamente hostis com ex-amigos. Estamos falando das interações pequenas e cotidianas com as pessoas que mais importam para nós — conversas que nos deixam esgotados muito tempo depois de ocorridas. Trocas de farpas passivo-agressivas com um irmão para ver quem vai dar um jantar de família num feriado; uma conversa tensa com um amigo de longa data com opiniões políticas das quais você discorda; a ferida que se abre quando um comentário casual do seu pai ou de sua mãe sugere que eles não aprovam alguma pequena decisão que você tomou na vida. Microestresses advindos de familiares e amigos causam uma forma de estresse especial por terem a ver com relações da vida inteira, muitas vezes entremeadas por dinâmicas complicadas de amizade ou de parentesco. Como nós amamos essas pessoas, ou no mínimo temos uma história em comum com elas, nossa reação emocional ao microestresse nessas relações é amplificada. Não podemos simplesmente virar as costas para uma interação que foi ruim.

E isso é apenas o impacto direto do microestresse. O microestresse gerado por interações difíceis com familiares e amigos se acumula ao longo do tempo de diversas formas.

Disputas que viram uma bola de neve. Uma interação difícil com um parente pode transbordar para seu círculo social mais amplo. Talvez você tenha se desentendido politicamente com seu tio Frank, fazendo outros parentes começarem a se sentir pouco à vontade para convidar vocês dois para os eventos, e então você para de receber convites. Talvez você tenha compartilhado algumas frustrações temporárias em relação a uma irmã à mesa do jantar, fazendo seus filhos começarem a se distanciar de uma tia amada por sentirem uma potencial rixa familiar. Histórias sobre interações negativas podem ganhar vida própria e circular entre pessoas que então passam a nos julgar mal, o que, por sua vez, cria mais estresse. E então você acaba pensando que precisa administrar os efeitos cascata que sem querer desencadeou, o que aumenta mais ainda seu microestresse.

Vida pessoal que invade o trabalho. Assim como frequentemente levamos conosco para casa o estresse do trabalho, os estresses de nossa vida pessoal podem invadir nossa vida profissional, consumindo tempo, interrompendo rotinas e nos distraindo de prioridades importantes. Podemos precisar sair correndo do trabalho para cuidar de algum assunto pessoal. Usamos atalhos durante o dia, mas ficamos preocupados que nossos colegas estejam começando a pensar que não estamos nos dedicando o suficiente. Ou então passamos tempo demais numa reunião falando de uma dificuldade familiar, quando tudo que nossos colegas queriam eram amenidades rápidas. E então, num ciclo vicioso, quando nos tornamos menos eficientes no trabalho, o estresse que isso provoca volta a contaminar nossa vida pessoal.

Sentimentos de fracasso familiar. Sob alguns aspectos, esse é o mais debilitante dos microestresses que desafiam sua identidade. Embora racionalmente saibamos que as expectativas em relação ao que constitui um bom comportamento numa função familiar podem ser pouco realistas, mesmo assim nos preocupamos de estar falhando com aqueles que mais amamos. Na nossa mente não somos o marido ou esposa, parceiro ou parceira, irmão ou irmã, filho ou filha que aqueles que amamos merecem. Mesmo se já estivermos fazendo muita coisa, a culpa causada por pensar que nunca estamos fazendo o bastante aumenta nosso microestresse.

ESTRATÉGIAS PARA ENFRENTAR AS INTERAÇÕES DESGASTANTES COM FAMILIARES E AMIGOS

As relações mais importantes na sua vida com frequência são as mais permeadas por estresse. Sendo assim, comece por acertar o básico.

Alinhe sua família em relação a prioridades, objetivos de vida e onde investir seu tempo e seu dinheiro

Comece com suas relações-âncora: certifique-se de ter conversas regulares, estabelecer acordos e ter clareza quanto a quais desfechos são importantes para todos e o que pode ser sacrificado para atingi-los. Por exemplo, um de nossos entrevistados tinha uma conversa de alinhamento trimestral com a esposa para ver se os dois concordavam em relação às respectivas prioridades e a como cada um vinha gastando o próprio tempo e a própria energia. Outro casal criou fichas de avaliação leves, que eles debatiam mensalmente quando saíam juntos. Embora o feedback fosse dado de forma gentil ou bem-humorada, ele bastava para impulsionar boas conversas sobre o que os dois poderiam fazer melhor.

Envolva seus filhos em conversas semelhantes para garantir que todo mundo se sinta parte do time. Pergunte-lhes como está se saindo como pai ou mãe! A interação não precisa ser uma conversa intensa; pode ser apenas uma atualização rápida. Planejar regularmente dessa forma pode impedir a negatividade de surgir.

Tenha conversas francas, com foco no futuro, para abordar problemas

Algumas das pessoas que entrevistamos fizeram mudanças sutis em suas interações com os outros de modo a minimizar o microestresse de pequenas maneiras. Observe como Mila, gerente de departamento numa empresa global de software, lidou com os desafios cada vez mais estressantes de coordenar com os irmãos e as irmãs os cuidados com os pais idosos. Um único telefonema da irmã recebido no trabalho para marcar uma consulta médica para o pai era capaz de afetar todo o seu dia.

"Eu não era muito simpática", confessou ela. "A única coisa em que conseguia pensar era se seria obrigada a pedir mais uma folga no trabalho, e acabava sendo ríspida com ela." Como Mila trabalhava em tempo integral, sua irmã acabava assumindo mais responsabilidades em relação às necessidades do dia a dia dos pais. E Mila se sentia culpada em relação àquilo. Ela e a irmã nunca brigavam abertamente, mas a tensão era inevitável toda vez que elas abordavam alguma nova necessidade que houvesse surgido. "Eu simplesmente acabava me sentindo mal comigo mesma, fosse qual fosse a nossa decisão", disse Mila.

Felizmente, em vez de agendar imediatamente mais uma folga no trabalho, Mila deu um passo para trás e reconheceu que ela e a irmã estavam tomando decisões reativas em vez de elaborarem um plano para lidar com as necessidades crescentes dos pais. Assim, ela sugeriu que as duas jantassem juntas para conversar sobre como o futuro talvez precisasse ser. As duas compartilharam aquilo em que pensavam estar deixando a desejar, não só com relação aos pais, mas também às próprias famílias. "Eu não fazia ideia do que ela estava sentindo", disse Mila. "Achava que estivesse decepcionada comigo e pronto. Foi muito útil ter uma conversa tão franca." Ambas expressaram pela primeira vez suas frustrações com o fato de rotineiramente se disporem a ajudar os pais, mas por algum motivo o irmão nunca fazer isso. Ele tinha um emprego puxado como sócio-administrador de uma empresa de consultoria, mas a questão era que as irmãs nunca tinham sequer cogitado pedir sua ajuda. As duas detestavam o fato de terem caído em estereótipos de gênero segundo os quais as mulheres são sempre aquelas que arcam com qualquer necessidade familiar extra. Não era assim que elas pensavam sobre as próprias dinâmicas familiares, e com certeza não era aquela a mensagem que elas queriam passar para os próprios filhos.

Assim, Mila e a irmã instituíram conversas rotineiras, a cada duas semanas, para falar sobre o que sabiam estar por vir. A conversa então se concentraria em planejamento, sem dar a entender sutilmente que uma ou outra estava fazendo mais do que a própria parte. Pediram ao irmão para ajudar nos finais de semana, por exemplo, quando não estivesse ocupado com o trabalho. Para surpresa de ambas, ele se dispôs de bom grado a assumir sua parte. Vinha se sentindo isolado das decisões que as irmãs estavam tomando sem a sua contribuição em relação aos cuidados com os pais, e ficou feliz em finalmente passar a fazer parte da conversa. E todos concordaram que não poderiam dar conta indefinidamente da situação. As duas pediram ao irmão para checar os recursos disponíveis no conselho de cidadãos de terceira idade na cidade em que seus pais moravam.

Ao dar um passo para trás e examinar os padrões destrutivos pelos quais ela e os irmãos estavam se deixando levar, Mila conseguiu reestruturar como e quando eles iriam trabalhar juntos para ajudar os pais sem se deixar levar pela raiva um com o outro.

Mude sua forma de lidar com pessoas negativas

Observe o grande conjunto de interações que você tem com cada pessoa importante em sua vida e como você pode alterar cada relacionamento. Você pode tentar mudar um comportamento ou se distanciar de uma pessoa adiando respostas ou limitando a convivência às festas de família. Ou então você pode ter coragem o suficiente para se afastar de relações com um caráter destrutivo persistente.

É provável que você tenha alguém assim na sua vida. Talvez seja um parente mais afastado, que sempre vê o pior em tudo. Até pequenas interações com ele podem abalar você. Não é preciso cortá-lo da sua vida imediatamente, mas você pode arrumar formas de limitar seu contato. Faça isso diminuindo a quantidade de interações anuais, limitando sua disponibilidade durante os encontros (não se sente ao lado dele à mesa em alguma festa de família), e garantindo que, quando se encontrarem, isso aconteça no meio de um grupo grande. Dessa forma, a negatividade dessa pessoa poderá ser mitigada pelos outros. Mas, se esses esforços não eliminarem da sua vida os microestresses relacionados a essa pessoa, considere a possibilidade de fazer uma mudança maior. Embora cortar relações com alguém contrarie as mensagens sociais em relação a ser um bom amigo ou parente, muitos entrevistados constataram que às vezes a melhor solução é fazer justamente isso.

Aceite que algumas coisas estão fora do seu controle

Estabeleça limites para aquilo que tiver disposição para fazer e permita-se ignorar o resto. Converse com pessoas que estejam em situações parecidas para ter uma noção do que é razoável e do que não é. A conversa também poderá tranquilizar você em relação ao fato de algumas coisas serem difíceis, e de você não estar só nessa luta. Uma de nossas entrevistadas tinha enfrentado um estresse significativo num conflito com a administração de uma escola, que estava tentando expulsar seu filho com atraso de desenvolvimento. Após uma longa batalha para manter seu filho na escola, ela entrou para um grupo de apoio para pais de crianças com questões parecidas. Descobriu que, se o tirasse da escola, teria de gerenciar sozinha a educação do menino. Em vez disso, seguiu o conselho dos outros pais e recusou-se a tirar o filho da escola, recorrendo à direção do conselho escolar para solicitar a transferência do menino para uma instituição que pudesse proporcionar o apoio de que ele necessitava.

MICROESTRESSE 14: PERTURBAÇÕES NA SUA REDE

Nossas vitórias, nossos fracassos e nossa resiliência são quase sempre moldados pelas pessoas que estão do nosso lado nesses momentos. Essas pessoas se tornam parte integrante de nossa noção de quem somos. Podemos ter recordações calorosas de tempos difíceis no trabalho por conta de um profundo respeito por nossos colegas: estávamos todos no mesmo barco. Ou então podemos contar com pessoas que fazem parte da nossa vida pessoal para nos ajudar a nos manter fortes durante desafios. Nossa noção de quem somos no mundo é moldada de maneiras significativas pelas pessoas e grupos com os quais interagimos. Assim, quando nossa conexão com essas pessoas é perturbada — às vezes sem que tenhamos culpa nenhuma nisso —, isso nos afeta profundamente.

Muitos de nós tiveram a sorte de ter amizades genuínas em nossa vida profissional. Não é surpreendente que, após a saída de um colega próximo ou um chefe ótimo, a gente se sinta meio perdido. Da noite para o dia, perdemos uma extensão de nós mesmos, alguém que não só nos ajudava a fazer o trabalho, mas também a suportar os microestresses do local. Temos que encontrar novas maneiras de colaborar com pessoas com quem antes não tínhamos conexão. Precisamos nos reposicionar com os outros, tentando construir confiança onde antes não precisávamos nos preocupar com isso. Ou então, quando somos nós que assumimos uma nova função, mesmo que seja na mesma empresa, voltamos a ser novatos. Temos que aprender como fazer as coisas, quem é importante e como interpretar a paisagem política. E sentimos mais estresse, em parte por termos perdido pessoas que tinham se tornado nossas aliadas e nos ajudavam a entender as coisas, apoiando nossas ações e valorizando as mesmas coisas que nós. Sem essas pessoas para contrabalancearem o bombardeio de microestresses em nossa vida cotidiana, podemos acabar ficando menos protegidos dos estresses à nossa volta.

A seguir, mostraremos que existe também a probabilidade de outros estresses decorrentes.

Efeito cascata para a família. Qualquer mãe ou pai que já tenha mudado de cidade por causa de um emprego sabe como é difícil tirar os filhos de sua vida já organizada e lançá-los numa vida nova. Uma mudança dessas é sem dúvida um grande estresse. Mas ela também vem envolta em camadas invisíveis de microestresse. Seus filhos precisam entender novas normas do bairro em que vão morar, encontrar coragem para entrar sozinhos em novos círculos sociais ou então se enturmar numa aula de dança desconhecida. Todo mundo na sua família pode precisar mudar de médicos e recomeçar do zero com cada um depois de anos construindo relações com os anteriores. O casal pode ter decidido a mudança junto, mas isso não significa que seu cônjuge não vá ser atingido por ondas de microestresse; pode ser que tenha deixado para trás amigos e outras válvulas de escape sociais importantes. É claro que todos esses microestresses acabam voltando na nossa direção: os estresses que as pessoas que amamos sentem quando suas redes são modificadas nos afetam, e vice-versa.

O preço da reconstrução. Até pequenas mudanças em nossa vida podem tornar necessária a reconstrução de nossas redes de aliados, conselheiros e apoiadores. Digamos que você mude de departamento no trabalho. Seu novo departamento tem um ritmo diferente, normas diferentes. Talvez você não consiga mais combinar os almoços de sexta-feira com seus amigos do departamento antigo. Entender como funciona o novo ambiente exige esforço e um investimento de tempo que pode afastar você das suas obrigações principais. Talvez você não consiga sair mais cedo às quintas para sua aula de violão, como fazia antes. Você precisa entender quais colegas sairão em sua defesa se estiver com dificuldades em relação a algum assunto. Consequentemente, com frequência precisa enfrentar o estresse de ter que fazer o dobro de esforço para se sair bem no trabalho enquanto estiver reconstruindo suas redes.

Conexões que se perdem. Para muitos de nós, as demandas do trabalho e da vida prejudicam nossa capacidade de manter conexões com grupos que costumavam ser um poderoso antídoto para os microestresses da vida cotidiana. Não é algo intencional; nossas conexões simplesmente vão se desgastando com o tempo. Abandonamos os grupos esportivos que antes gostávamos de frequentar, desaparecemos de nossos compromissos espirituais ou perdemos conexões sociais por estarmos focados no trabalho. Só que, sem essas redes não profissionais para servir de contraponto, sentimos mais profundamente os microestresses cotidianos, e reagimos pior a eles.

O simples fato de uma mudança ser potencialmente positiva não faz dela uma coisa fácil. Carlton, por exemplo, líder numa grande corporação industrial, compartilhou conosco como acabou se sentindo inesperadamente à deriva quando sua empresa foi comprada por uma gigante global. A aquisição trouxe uma série de mudanças positivas, incluindo uma elevação de salário e de cargo para nivelá-lo aos seus pares em outros lugares da corporação. E, embora sua vida profissional não estivesse muito diferente no papel — ele continuava sendo um gerente de nível médio no mesmo departamento, com um punhado de subordinados diretos —, Carlton teve a sensação de estar recomeçando do zero. Teve de entender onde se encaixava, com quem podia unir forças, onde ficavam os campos minados e quais eram as oportunidades. Todo mundo se mostrou razoavelmente amistoso, mas ele não conseguiu evitar se sentir isolado daqueles novos colegas, muitos dos quais se conheciam havia anos.

Scott, seu amigo do departamento financeiro que sempre perdoava seus atrasos nas prestações de contas, fora transferido para outra função. Além disso, naquela nova estrutura, Carlton tinha de se reportar a um gerente veterano da multinacional. O gerente não parecia ter tempo para conhecê-lo para além das interações funcionais que os dois precisavam ter. "Minha antiga gerente, Susan, era ótima em me tranquilizar quando eu me sentia sobrecarregado. Mas depois da fusão ela saiu da empresa", explicou Carlton. "Agora tenho medo de deixar meu novo gerente perceber quando me sinto assim, porque ele pode pensar que não estou à altura do trabalho." Ele estava preocupado com a possibilidade de os seus novos colegas perceberem sua ansiedade e partirem do princípio de que ele não tinha autoconfiança.

Felizmente, quando estava para completar um ano em seu novo cargo, Carlton aproveitou um momento para se conectar com um de seus pares de outro escritório. Em uma conversa sobre assuntos rotineiros, esse colega, que cuidava da logística na unidade de Carlton, fez um comentário casual sobre um pequeno problema na cadeia de fornecimento. Carlton apurou os ouvidos: aquilo parecia semelhante a uma questão que ele havia ajudado a resolver na sua empresa antes da fusão. Após fazer mais algumas perguntas e confirmar que entendia o problema, Carlton se ofereceu para ajudar. Desempenhar qualquer papel relacionado à cadeia de fornecimento não fazia parte do seu trabalho, mas ele sabia que poderia ajudar. E, mais importante ainda, viu ali uma oportunidade de estabelecer uma conexão com o colega de um modo diferente de suas conversas até então puramente funcionais. Dentro de dois meses, Carlton tinha ajudado a fazer o problema praticamente desaparecer. E o principal: conseguira um aliado.

Carlton aprendeu que usar a própria experiência para ajudar os novos colegas poderia ser uma forma poderosa de construir relações. Assim, fez questão de entrar em contato com colegas de outras partes da empresa ostensivamente para discutir alguma questão que dissesse respeito a ambos. Mas ele se certificava de que aquelas conversas lhe dessem uma chance de fazer perguntas. "Eu ainda estou tentando entender como funcionam as coisas na nossa empresa-mãe", dizia ele. "Adoraria se você pudesse compartilhar comigo algo que esteja tentando fazer, mas que tenha dificuldade." Embora algumas conversas não levassem a lugar nenhum e outras revelassem questões em que Carlton não podia ajudar, algumas expuseram coisas com as quais ele estava bem-posicionado para colaborar. Sempre que via uma oportunidade, Carlton se oferecia para ajudar. Mesmo quando não identificava um problema, usava os encontros para se afastar do assunto em pauta e abordar questões pessoais.

Até uma pergunta simples como "quais são seus planos para o fim de semana?" ou "você tem alguma viagem interessante marcada?" ocasionalmente revelavam interesses comuns. No processo, ele encontrou um novo aficionado por vinhos, alguém que compartilhava sua paixão pelo golfe e um entusiasta de ciclismo.

Dois anos depois da fusão, a rede profissional de Carlton passara a incluir todo um conjunto de amigos e aliados, entre os quais vários líderes seniores que o ajudaram a encontrar seu lugar na empresa.

ESTRATÉGIAS PARA LIDAR COM PERTURBAÇÕES NA SUA REDE

Seu sucesso numa transição — seja grande ou pequena — vai depender da criação de conexões e da boa vontade de um amplo leque de pessoas. Conecte-se com *stakeholders*, compradores e clientes e crie novas redes de amizades e conexões fora do trabalho.

Faça as transições aos poucos

Transições não são fáceis, nem mesmo nas melhores circunstâncias. Sendo assim, inicie as transições para novos grupos — como uma nova função, emprego ou comunidade — quando as coisas estiverem correndo bem. Expandir suas redes irá garantir que você não dependa demais de nenhuma fonte de identidade. Reconstruir uma rede do zero é difícil, especialmente do ponto de vista pessoal. Um de nossos entrevistados tentou garantir que sua transição para um novo emprego não fosse difícil para a sua família, limitando sua busca a oportunidades na empresa em que já trabalhava ou em outra numa cidade em que a sua família tinha gostado de morar cinco anos antes. Ao encontrar um emprego novo naquela cidade, ele e a esposa compraram uma casa no mesmo quarteirão onde já tinham morado. A esposa entrou novamente para um coral do qual já havia participado. Assim, eles conseguiram mitigar antecipadamente parte dos inevitáveis microestresses que acompanhavam uma mudança assim.

Evite a armadilha do foco estreito em relação a uma transição

Ao se movimentar para uma situação nova — mudança de emprego, mudança das pessoas que trabalham com você ou mesmo alguma mudança de vida maior —, muita gente decide que precisa dominar o que for novo. Com isso em mente, elas reduzem suas conexões com pessoas ou atividades que possam distraí-las do seu objetivo. Só que isso é um erro. Estreitar demais o foco pode levar à unidimensionalidade: existem poucos antídotos para os microestresses que estão inevitavelmente bombardeando você nessa fase. Assim, quando as coisas ficam difíceis no trabalho (ou em casa) durante uma transição, você se vê sem praticamente nada na vida para contrabalancear o estresse. Em vez de manter um foco restrito, use uma transição como ponto de partida para a construção de novas redes de modo a moldar o trabalho que você quer fazer e com quem quer fazê-lo. Use essas transições como momentos de reflexão sobre os tipos de pessoas que você deseja que façam parte da sua vida fora do trabalho. Tenha critérios fortes ao construir e revitalizar seu círculo de amigos pessoais.

Reconecte-se com seu passado para ampliar sua rede

Muitas pessoas de trinta e muitos ou quarenta e poucos anos constatam ter abandonado atividades e grupos antes importantes para elas. Para resistir a essa tendência, redescubra seus hobbies ou suas paixões do passado de modo a conseguir se projetar para dentro de novos grupos. Um de nossos entrevistados adorava trabalhar com carros, mas passara muitos anos sem tempo para se dedicar àquele interesse. Quando seus filhos entraram na adolescência, ele comprou um Ford Modelo A caindo aos pedaços e começou a reformá-lo na garagem de casa toda terça-feira à noite. A notícia se espalhou e, ao longo dos anos seguintes, sua garagem se tornou um ponto de encontro regular para meia dúzia de homens de meia-idade aficionados por motores, que o ajudavam a desmontar o carro, consertar ou substituir as peças quebradas e dividir uma cerveja.

Desafios à nossa identidade nem sempre se apresentam como grandes decisões que representam divisores de águas, mas podem ocorrer nos microestresses que desgastam a percepção que temos de nós mesmos. Muitos de nossos entrevistados disseram ter passado vários anos vivendo numa espécie de câmara de ecos, onde as decisões que tomavam no trabalho e na vida pessoal eram reforçadas pelas pessoas que os cercavam, mesmo quando eles viam que, em retrospecto, tais decisões os tinham feito seguir o caminho errado. Na nossa pesquisa, pessoas que estavam no segundo ou terceiro casamento, cuja saúde estava no limite ou que tinham relações familiares tensas quase sempre haviam deixado sua vida se tornar mais unidimensional ou focada no que acreditavam que os outros esperavam deles. Essas decisões apareciam na forma de microestresses, pequenos momentos que desafiavam a noção que eles tinham de si mesmos ao longo do caminho. Cada escolha específica fazia sentido, até o momento em que não fazia mais. Uma entrevistada nos disse ter permitido durante muitos anos ter a identidade definida inteiramente pelo trabalho, algo de que só se deu conta ao atravessar uma crise pessoal. "Minha mãe lutou contra um câncer e faleceu após sete meses muito difíceis", contou ela. "Ninguém da empresa à qual eu tinha dedicado oito anos da minha vida apareceu no funeral."

Os microestresses que questionam sua identidade podem ter um custo insidioso em sua vida, inclusive porque você nem percebe o que está acontecendo. E a pior parte é que você foi cúmplice nesse processo, tomando pequenas decisões ao longo do caminho que acabaram por distanciar você da pessoa que quer ser. Mas nunca é tarde para corrigir o curso. Como iremos discutir no próximo capítulo, alguns dos profissionais de alto desempenho que entrevistamos conseguiram evitar essa armadilha. Embora sejam altamente bem-sucedidas — seja qual for a definição utilizada —, essas pessoas não permitiram que seu sucesso obscurecesse nem seu conceito de identidade nem seus valores, tanto dentro quanto fora do trabalho. Na realidade, nós acreditamos que elas conquistaram esse sucesso *justamente* por terem tamanha clareza em relação a quem são. A vida delas é mais do que apenas trabalho. No capítulo a seguir, exploraremos como conseguiram alcançar esse equilíbrio.

MOMENTO COACHING

Como entender o que você valoriza

Você não pode enfrentar os desafios à sua identidade se não tiver um entendimento claro de quem é e daquilo que valoriza. A seguir, três passos que você pode usar para começar a compreender os próprios pensamentos.

1. Identifique seus valores fundamentais

Comece criando um gráfico com seus valores fundamentais na primeira coluna e os microestresses que ameaçam esses valores nas quatro colunas seguintes. (A tabela 4.1 mostra como um profissional de alto desempenho conduziu esse exercício.) Na primeira coluna, identifique três valores profissionais e três valores pessoais. Faça isso de forma específica. No nível profissional, esses valores podem envolver mentoria, criatividade, sustentabilidade, justiça social, fazer um negócio prosperar, ganhar muito dinheiro, criar um futuro desejado coletivamente com colegas de trabalho ou ter um impacto positivo ou que mude a vida de um cliente. No nível pessoal, seus valores podem incluir o envolvimento com sua comunidade, ajudar pessoas desfavorecidas, estar presente para a família e ser um bom amigo. Tente recordar períodos da sua vida em que você estava muito bem e reflita cuidadosamente sobre de que modo seus valores e interações com os outros possibilitaram esses períodos.

2. Identifique as forças que te afastam desses valores

Identifique os microestresses que possam estar afastando você dessa versão de si. Perceba quais interações negativas específicas te impedem de ser essa pessoa. (Lembre-se: interações negativas sempre têm um impacto muito maior na sua satisfação em relação à própria vida do que as positivas.)

3. Trace um plano para transformar as interações negativas

Identifique três ações específicas que colocará em prática para lidar com os microestresses mais importantes no gráfico que está criando. Alguns passos comuns incluem falar com a pessoa ou as pessoas com quem teve interações negativas para alterar tais interações; abordar alguém em quem essas pessoas confiem e que elas escutem para transmitir sua mensagem, no caso de uma abordagem direta ser demasiado difícil; espaçar mais suas interações ou diminuir a duração. Se nada mais der certo, você sempre pode se retirar da interação. Um dos profissionais de alto desempenho que entrevistamos elaborou a seguinte lista de ações:

- Instituir controle de fluxo e estimativas de tempo para trabalhos novos do time, de modo a estabelecer prioridades e limites.
- Envolver chefe no debate para alinhar necessidades de desenvolvimento e vantagens para o time.
- Reunir a família inteira para combinar quais valores de base são importantes para nós e como garantir que todos nos sintamos realizados.

TABELA 4.1

O que você valoriza?

Valor fundamental	Microestresses que contrariam seus valores fundamentais			
Profissional	**Pressão para perseguir objetivos conflitantes com seus valores pessoais**	**Quando alguém abala sua autoconfiança, seu valor ou seu controle**	**Perturbações na sua rede**	**Interações negativas ou desgastantes com familiares e amigos**
Tornar-se especialista em ciências de dados.	Pressão de líder direto para usar atalhos analíticos, aumentando a quantidade de projetos concluídos.	Pedidos descoordenados vindos de diferentes *stakeholders*, sem haver tempo suficiente para cumprir bem a função.		
Ser um líder prestativo que se importa com o desenvolvimento e o sucesso dos outros.	Pressão do líder para minimizar custos bloqueia oportunidades de desenvolvimento.		Partidas de aliados-chave em grupos funcionais dificulta a obtenção de recursos adicionais para o time.	
Ser uma fonte positiva de energia e inspiração para os outros no trabalho.			Colega de trabalho mais próximo saiu da empresa para aproveitar outra oportunidade, removendo uma relação-chave que costumava lhe dar energia em pequenos momentos.	Interações com adolescente que passa por dificuldades afetam a energia que sobra para interagir com colegas de trabalho.
Pessoal				
Desenvolver valores espirituais servindo e construindo relações na igreja.		Demandas de trabalho excessivas de *stakeholders* desconectados faz o trabalho ocupar o tempo que seria dedicado a grupos da igreja.	Ruptura recente de grupo de base do qual você fazia parte havia seis anos; relações parecem menos ancoradas à igreja.	
Ser um cônjuge dedicado.	Chefe exigente cria demandas de trabalho que roubam tempo de qualidade da relação com o outro cônjuge.			Dificuldade com filho adolescente ocupa o tempo que você de outra forma teria dedicado ao casamento.
Contribuir ativamente para fazer do mundo um lugar melhor.		Carga de trabalho errática do cargo resulta em faltas no trabalho voluntário no grupo de ensino de inglês e no banco de alimentos.		

5. Aquilo que os "10%" entenderam tão bem

Os "10%": *entre os profissionais de alto desempenho que entrevistamos, este é o grupo capaz não apenas de gerenciar seus microestresses da melhor maneira, como também de levar vidas mais ricas e multidimensionais, graças a pequenos momentos de conexão autêntica com os outros.*

 **PONTOS-CHAVE**

- **Interações negativas sempre têm um impacto desproporcionalmente grande em nosso bem-estar.** Eliminar nem que sejam dois ou três microestresses da sua vida pode fazer uma diferença significativa.

- **Há três coisas que os "10%" fazem bem que podem servir de lição para o restante de nós:**
    - Resistem a microestresses individuais
    - Reconhecem quando estão gerando microestresses que retornam para eles
    - Vivem vidas multidimensionais que fazem com que muitos microestresses não tenham importância

- **Os outros são o motivo pelo qual nós temos microestresses em nossa vida, mas também fazem parte da solução.** Com mudanças sutis em seus hábitos e práticas, é possível encontrar pequenas formas de se conectar com outras pessoas em relações que não só proporcionarão um antídoto poderoso ao microestresse, como também formarão uma base crucial de bem-estar por meio da resiliência, da saúde física e do propósito.

- **Você não precisa de dois ou três amigos extremamente leais para lutar contra o microestresse.** Na verdade, o que pode ajudar você a não se deixar engolir pelo microestresse é uma diversidade de conexões, tanto no trabalho quanto na vida pessoal. Isso também te ajudará a construir uma vida mais satisfatória.

- **O segredo dos "10%" é que eles vivem pequenos momentos mais conectados com os outros.** Essas pessoas não perseguem a felicidade como um ideal além do horizonte que um dia irão alcançar, talvez quando finalmente chegarem a determinado nível de renda, ocuparem um cargo específico ou enfim se aposentarem. Elas estruturam sua vida de modo a criar vários grupos aos quais se integram de forma autêntica. E elas se apoiam mais profundamente em pequenos momentos de conexão com os outros como fatores-chave que contribuem para sua resiliência, seu bem-estar físico e seu propósito.

O que meio milhão de dólares significa para você?

Essa pode parecer uma pergunta divertida e hipotética, mas Matthew precisou respondê-la na vida real. Sua empresa foi comprada, o que significou que ele precisaria se mudar para outra cidade para conseguir manter seu cargo, além dos salários e bônus lucrativos que esse emprego proporcionava. A mudança também o prepararia para crescer: o fato de ele ter sido escolhido indicava que era um funcionário com alto potencial, que teria oportunidades de subir mais ainda. Ao mesmo tempo, manter o emprego significaria deslocar sua família. Significaria também deixar para trás uma grande rede de conexões profissionais e uma comunidade pessoal que ele tinha desenvolvido; algumas de suas amizades existiam desde a infância. Por outro lado, não se mudar significaria, para todos os efeitos, abrir mão de quinhentos mil dólares de salário e bônus somados.

Pela primeira vez em sua carreira, aos 43 anos de idade, Matthew se viu paralisado pela indecisão. Seus pares na empresa não entenderam o porquê de sua hesitação. Como ele podia cogitar recusar uma oportunidade assim? Matthew descreveu a reação dos colegas: "Absolutamente todas as pessoas do mundo corporativo a quem fiz a pergunta, em mais ou menos 35 segundos, responderam: 'Não tem nem o que pensar, bobo! Por que você aceitaria um corte de renda de meio milhão de dólares?'".

Após semanas de dúvida, ele finalmente decidiu abrir mão do cargo — e do meio milhão de dólares — em troca de um emprego menos lucrativo em outra empresa mais perto de casa. Os colegas o acharam louco. Mas Matthew, segundo nos contou, não se arrepende de nada, exceto de ter chegado tão perto de tomar a decisão errada.

Matthew faz parte do grupo em que alocamos um em cada dez dos nossos entrevistados: os "10%". São pessoas que enfrentam o mesmo volume e ritmo de microestresses que as demais, mas conseguem ter uma atuação ainda melhor do que outros profissionais de alto desempenho no trabalho, ao mesmo tempo em que cultivam felicidade e significado em sua vida pessoal.

O motivo para Matthew se destacar foi que a imensa maioria das pessoas que entrevistamos estava enfrentando dificuldades. Assim que se removia uma ou duas camadas, emoções brutais afloravam: exaustão, culpa por desapontar os outros, decepção com familiares ou amigos e um sentimento insistente de insatisfação com o modo como sua vida tinha se desenrolado. E lembre-se: aquelas eram as pessoas que supostamente tinham entendido tudo — profissionais com o maior desempenho em algumas das empresas mais respeitadas do mundo. Se eles estavam em dificuldades, que esperança existia para o restante de nós?

De vez em quando, porém, uma das entrevistas transcorria de outra forma. Nós esbarrávamos com um profissional bem-sucedido que, como Matthew, não estava abatido. Que parecia ter poucos arrependimentos, estava fisicamente mais saudável e tinha uma vida rica para além do trabalho e da família. O contraste era impressionante. Eram os "10%", e nós quisemos entendê-los e entender o que eles estavam fazendo de diferente.

Na superfície, Matthew e os outros que se destacaram na nossa pesquisa pouco têm em comum. Essas pessoas têm origens distintas e ocupam cargos diferentes em empresas e indústrias diversas. Mas nós observamos alguns padrões recorrentes. Cada um entre os "10%" tomou decisões deliberadas para moldar as relações em sua vida. Essas pessoas estabelecem seu significado pessoal de sucesso de uma forma ampla e multidimensional, e se responsabilizam por respeitá-lo. Conquistar isso exige se conectar a uma ampla variedade de pessoas, tanto dentro quanto fora do trabalho. E essas conexões, por sua vez, ajudam esses indivíduos a se proteger de microestresses esmagadores. É um círculo virtuoso.

Neste capítulo, exploraremos as estratégias usadas pelos "10%" para mitigar os microestresses, de modo que você possa começar a aplicá-las na sua vida. Te ajudaremos a mapear microestresses específicos que você pode alterar, eliminar ou aprender a aceitar, e também a reconhecer os microestresses que você pode estar causando nos outros. Por fim, explicaremos como os "10%" se protegem antecipadamente do trauma causado pelos microestresses construindo e cultivando vidas multidimensionais preenchidas por interesses e relações variados.

Durante nossas pesquisas, ambos passamos a adotar algumas das práticas dos "10%". Podemos relatar que esses esforços fizeram uma diferença significativa para nós dois pessoalmente, aumentando nossa admiração pelos "10%", que pareciam viver assim de modo natural. Eis o que podemos aprender com eles.

MANTENHA SEU MICROESTRESSE SOB CONTROLE

Não tem como eliminar todo o microestresse de nossa vida; isso não é realista. Mas nós podemos melhorar as coisas. Pesquisas mostram que as interações negativas cobram um preço significativo de todos nós, podendo chegar a ter cinco vezes o impacto das positivas. Sendo assim, reduzir nem que sejam uns poucos microestresses em nossa vida pode ter um impacto profundo. Aprendemos com nossa pesquisa que a maioria das pessoas consegue encontrar de três a cinco oportunidades para modificar o efeito do microestresse de formas que farão uma diferença notável.

No entanto, com dezenas de microestresses atacando você diariamente, como saber por onde começar? Faça o que os "10%" fazem: pense pequeno.

Eles desenvolveram uma espécie de abordagem em três pontos que é altamente eficaz:

- **Faça frente a microestresses específicos de maneiras práticas.** Você pode encontrar formas pequenas, mas eficientes de resistir a alguns microestresses. Fazer isso terá um impacto gigantesco em sua vida cotidiana.
- **Pare de causar microestresses nos outros.** O momento eureca dessa abordagem é que ela não só vai ajudar os outros, mas você também. Quando você cria microestresses para as pessoas, eles voltam de uma forma ou de outra para você. Assim, gerar menos microestresse significa que você receberá menos microestresse de volta.
- **Releve alguns microestresses.** Um dos motivos pelos quais os microestresses nos afetam é o simples fato de permitirmos. Uma parte grande da nossa reação é autoimposta; quanto mais unidimensionais nos tornamos em nossa vida, mais suscetíveis ficamos a reações exageradas. Com os "10%", você pode aprender a viver de maneiras que ajudam a não se deixar dominar por vários microestresses.

A seguir, um exercício simples que desenvolvemos para ajudar você a fazer exatamente isso. Nós criamos uma tabela-base com todas as categorias comuns de microestresses (tabela 5.1). A fileira de cima enumera as categorias de pessoas que podem contribuir para o seu microestresse. A coluna da extrema esquerda mapeia de onde seu microestresse está vindo. Essa é uma forma simples de representar as formas de microestresse que podem existir na sua vida.

Em primeiro lugar, identifique dois ou três microestresses que você pode tentar enfrentar. Escolha aqueles que se tornaram sistêmicos em sua vida, que você permitiu persistirem em suas dificuldades diárias. Marque-os com um X.

Pense em pequenas unidades administráveis, não em grandes objetivos ou aspirações. O simples fato de alterar interações, aumentar o intervalo entre elas ou se desconectar de alguma forma (algo que discutiremos mais tarde) pode ter um impacto significativo no nosso bem-estar geral.

Um executivo nos disse que, em vez de jurar desabilitar todas as notificações de mensagens durante o expediente — uma prática que não era realista —, pediu à filha universitária para não lhe escrever com todas as queixas passageiras em relação ao próprio dia. Ela não iria mais bombardeá-lo com comentários inconsequentes do tipo "o professor Jones não achou graça da minha piada hoje" ou "minha colega de quarto está chegando depois de meia-noite todos os dias, e eu estou exausta!". Aquela única mudança eliminou uma quantidade enorme de microestresse para ele. O simples ato de mandar uma mensagem para o pai sobre como estava se sentindo ajudava a filha a resolver seu estresse de maneira quase imediata, mas ele passava o dia inteiro preocupado com ela até ter uma oportunidade de conversar. "Muitas vezes ela nem se lembrava qual era o assunto", disse ele. "Tinha esquecido há muito tempo, mas eu ficava horas me preocupando e isso me distraía no trabalho." Em vez disso, ele passou a telefonar para ela espontaneamente do carro, no caminho para casa. Às vezes ela não podia falar, mas em outros momentos a ligação conduzia a um papo maravilhoso e espontâneo entre pai e filha.

Em segundo lugar, dê uma nova olhada na tabela e reflita sobre dois ou três microestresses que esteja criando para os outros. Marque essas células com um grande Y. Talvez você precise de alguns minutos para pensar a respeito, mas temos certeza de que vai encontrar alguns bons exemplos. Um executivo nos disse se sentir tão protetor em relação ao próprio time que se pegava constantemente vigiando o trabalho dos outros, às vezes se adiantando para responder por eles nas reuniões e frequentemente conferindo e questionando o que eles estavam fazendo. Ele se deu conta de que o hábito estava fazendo os integrantes do seu time duvidarem das próprias competências. Eles lhe perguntavam uma infinidade de coisas durante o trabalho para se certificarem de estar fazendo tudo como ele queria em vez de tomarem decisões sozinhos. O trabalho do time estava bom, pelo menos do ponto de vista do cliente, mas, ao posicionar a barra acima do necessário esse executivo tinha, sem querer, feito seu time parecer fraco diante dos colegas, e ele, por sua vez, parecer um gerente ineficaz.

Por fim, numa terceira passada pela tabela, reflita sobre qualquer microestresse que esteja desnecessariamente amplificando — interações nas quais precisa aprender a manter as coisas em perspectiva. Assinale essas células com um grande O. A maioria de nós já teve fases na vida em que reclamamos de todos os microestresses possíveis, até algo realmente traumático acontecer: talvez um problema de saúde, uma morte na família ou a descoberta de que alguém querido estava tendo um problema grave. Em um segundo, as coisas que pareciam tão importantes dois minutos antes — um colega que rouba nosso crédito, chefes que vivem mudando de ideia, uma desavença latente com seus irmãos — se tornam insignificantes no contexto mais amplo. Todos podemos não perceber os microestresses de nossa vida. Ficamos obcecados por coisas que não podemos mudar e nos deixamos levar por emoções de raiva ou amargura que afetam nosso trabalho e nossas relações. Ao selecionar ativamente dois ou três desses microestresses para eliminar, você pode parar de se enredar em minúcias que, a longo prazo, não têm importância. Mas precisa tomar a decisão consciente de fazer isso.

Um de nossos entrevistados nos contou que passou anos obcecado com os elogios que uma de suas colegas de mesmo nível parecia receber regularmente do gerente de ambos. "Aquilo me irritava, o fato de ela ser destacada pelo seu trabalho nas reuniões e de ficar ali sorrindo feito o gato da Alice. Eu sentia que havia fatores políticos em jogo, e que eu não tinha a menor chance de vencer", contou ele. Ao examinarmos mais a fundo a questão, descobrimos que a colega não tinha sido promovida antes dele, nem recebia atribuições mais favoráveis no trabalho. Ele podia desfiar todo um rosário de pequenas irritações, mas na realidade seu trabalho não era afetado por ela em nada. "Eu gasto tempo demais obcecado com uma coisa que na verdade não afeta muito meu trabalho", concluiu ele.

Façamos o exercício usando o exemplo de Melissa, conforme apresentado na tabela 5.1. Melissa estava com dificuldade para se ambientar a um novo emprego, com um gerente e colegas novos. Pela própria experiência, ela achava que o estresse diminuiria conforme ela se acostumasse com o chefe novo e se aclimatasse aos novos pares. Meses depois, porém, ela ainda não tinha se ajustado à nova situação. O exercício ajudou Melissa a identificar o que estava dando errado e como ela podia abordar esses problemas.

Para Melissa, uma das vantagens de examinar seus microestresses dessa forma foi reconhecer aquilo com que precisava lidar diariamente. De uma perspectiva realista, ela sabia que não conseguiria encontrar um jeito de solucionar todos eles milagrosamente. Não que ela não quisesse: ela não parava de nos perguntar se podia escolher mais de três prioridades! A resposta prática é "não". Mas você pode fazer uma enorme diferença se concentrar seu esforço num pequeno conjunto de microestresses que sejam ao mesmo tempo impactantes e sistemáticos o suficiente para merecerem uma ação. O segredo é abordar aquilo que quer mudar de forma bem específica.

TABELA 5.1

Como identificar de onde vêm seus microestresses

O que está impulsionando seu estresse? **Quem está impulsionando seu estresse?**

	Chefe	Líderes	Pares	Clientes	Time	Pessoas queridas
MICROESTRESSES QUE DRENAM SUA CAPACIDADE PESSOAL						
Desalinhamento de papéis ou prioridades						
Falta de comprometimento dos outros						
Comportamento imprevisível de uma liderança	X					
Volume e variedade das demandas colaborativas					Y	
Aumento repentino de responsabilidades no trabalho ou em casa						
MICROESTRESSES QUE ESGOTAM SUAS RESERVAS EMOCIONAIS						
Administrar e se sentir responsável pelo sucesso e bem-estar dos outros					X	
Conversas antagônicas						
Desconfiança em relação à sua rede						
Pessoas que disseminam estresse			Y		Y	
Manobras políticas			O			
MICROESTRESSES QUE QUESTIONAM SUA IDENTIDADE						
Pressão para buscar objetivos fora de sincronia com seus valores pessoais						
Ataques aos seus sentimentos de autoconfiança, valor ou controle						
Interações desgastantes ou outras interações negativas com familiares ou amigos	O					
Perturbações na sua rede						X

Legenda: X sinaliza os microestresses marcados para ação; Y sinaliza os microestresses que você está criando para os outros; O sinaliza os microestresses que você está amplificando sem necessidade.

Melissa pensava estar simplesmente sobrecarregada demais com a família e o trabalho, e culpava a si mesma por não estar à altura. Por meio do exercício, porém, ela descobriu que uma fonte específica de microestresse provinha de uma chefe que era uma figura de autoridade imprevisível. A mulher não era má. Ela própria precisava lidar com as prioridades do CEO mudando constantemente, e as repassava para Melissa. Uma vez identificado o microestresse, Melissa conseguiu bolar uma estratégia para enfrentá-lo. Começou perguntando para a chefe se elas podiam definir as prioridades juntas para garantir que ela estivesse investindo tempo nas coisas mais importantes. Na conversa, Melissa explicou à chefe o impacto dos pedidos que ela lhe fazia. Descreveu em detalhes duas situações recentes: em um dos casos, a mudança de estratégia da chefe fez Melissa paralisar seu time no meio de um projeto, tendo que cuidar para que as pessoas não se sentissem mal devido ao desperdício de trabalho. O outro foi causado por uma sugestão casual da chefe a um dos integrantes do time de Melissa. O comentário tinha adquirido vida própria quando a pessoa o interpretara como um pedido formal. Graças à conversa, a chefe começou a entender como estava gerando microestresses para Melissa e seu time sem querer. As duas combinaram uma estratégia rápida de acompanhamento para evitar situações como aquelas dali em diante.

Em um certo nível, Melissa e sua chefe aprenderam a se comunicar um pouco melhor. Essa melhora se traduziu em mudanças concretas nas ações de ambas. Mesmo quando a chefe não podia evitar pedir ao time para fazer alguma coisa — afinal de contas, estava reagindo aos pedidos do CEO —, ela podia adotar outra abordagem. Podia direcionar Melissa rapidamente para as pessoas certas da empresa a quem pedir ajuda quando ela precisasse coordenar algum trabalho com outros departamentos, de modo que ela não perdesse tempo tentando se inserir nas agendas sobrecarregadas das pessoas. De vez em quando, a chefe entrava em cena para ajudá-la diretamente com alguma coisa. Ela e Melissa passaram a formar um time mais coerente.

Quando perguntamos a Melissa de que modo ela mesma criava estresse, ela se mostrou um pouco surpresa. Na sua cabeça, ela não criava microestresse nenhum, e sim ajudava a solucioná-los. Considerava-se uma apoiadora-chave de todo mundo em sua vida. Mas uma mudança de ponto de vista expôs a verdade. Com algum incentivo, ela descobriu que criava estresse, sim. Melissa tentava reagir às mudanças rápidas de prioridade da sua chefe reorganizando seu time por e-mail. E como só conseguia terminar seu trabalho após cuidar das necessidades familiares que dominavam seus inícios de noite — deveres de casa, atividades esportivas, eventos escolares, jantares —, ela começava a mandar e-mails às dez da noite, ou então chegava a acordar às quatro da manhã para recuperar o atraso. É claro que, a essa altura, já estava cansada e desconcentrada, e em metade das vezes suas mensagens eram ambíguas. Ela muitas vezes recebia respostas pedindo esclarecimentos. Sem querer, estava criando estresse ao fazer as pessoas se preocuparem com as próprias sobrecargas de trabalho. Estava também incentivando o clima de expediente ilimitado, que era a última coisa que ela queria.

Para evitar espalhar esse microestresse no seu time, Melissa fez uma mudança simples. Continuou escrevendo os e-mails depois das dez da noite para se adequar ao seu padrão de trabalho, mas passou a agendar o envio para que eles chegassem às oito da manhã do dia seguinte. E instituiu reuniões fixas duas vezes por semana para ajudar o time a se organizar como grupo e evitar as inúmeras — e por vezes desalinhadas — interações não planejadas que seus e-mails estavam causando.

Melissa também descobriu que as pessoas — em especial seus pares e seu time — estavam sintonizadas com os microestresses dela e reagiam a eles. Ela estava transmitindo microestresses aos outros, o que os deixava ansiosos e fazia com que eles, por sua vez, mandassem mais e-mails e solicitações de reunião para garantir que Melissa estivesse satisfeita com o trabalho. Aqueles pedidos de confirmação aumentavam o microestresse que ela estava emitindo. O padrão criava uma espécie de câmara de ecos de microestresse.

Ela descobriu que marcar reuniões separadas por intervalos de dez minutos a ajudava (e aos outros) a se recentrar. Ao entrar na reunião seguinte, a probabilidade de ela projetar os próprios microestresses no time era menor. Às vezes, usava parte do intervalo para praticar cinco minutos de meditação. Começou a se tornar mais ativa nos grupos de mensagem com amigas, mandando uma piada ou então compartilhando uma história sobre alguma experiência ridícula. Suas mensagens eram respondidas na hora. Não apenas aqueles breves e animados contatos com as amigas a ajudavam a se concentrar durante o dia, mas ajudavam-na também a renovar as conexões que sem querer ela havia deixado perder força ao longo dos últimos anos. Ela constatou que o humor era tão eficiente quanto a meditação para criar uma separação em relação ao microestresse. A conexão, assim como o sentimento de saber que aquelas pessoas estavam lá e se importavam com ela, a acompanhavam durante todo o dia.

Ao refletir sobre quais microestresses poderia relevar, Melissa teve duas sacadas certeiras. Em primeiro lugar, estava gastando tempo demais tentando dissecar algumas manobras políticas com seus pares. Só tomara consciência daquele hábito ao fazer o exercício. Vivia falando com seu grupo sobre pequenas irritações que não afetavam de fato seu trabalho cotidiano. "Eu me pegava fazendo coisas bobas, como tentar calcular quantos dias de férias um de meus colegas tinha tirado e se ele ainda estava dentro das regras, ou tentando prever quem iria puxar o saco do chefe", contou ela. Quando lhe perguntamos como aqueles acontecimentos irritantes a afetavam, ela admitiu que, em grande medida, elas não a afetavam em nada. "Percebi que eram um grande desperdício do meu tempo... e do meu foco."

A segunda sacada veio da última categoria sobre a qual perguntamos a Melissa no exercício, categoria na qual ela não havia pensado até refletirmos sobre as suas respostas. Ela nos contou que ficara magoada por não ter sido convidada para ir esquiar com amigas próximas da faculdade, uma viagem que só percebeu estar acontecendo ao ver as fotos das amigas felizes no Facebook. Melissa reconheceu que, nos últimos anos, podia ter deixado de lado suas conexões fora do trabalho e da família mais próxima à medida que o trabalho fora dominando sua vida. Então, nós lhe pedimos para focar em quais fontes de alívio de microestresse tinham desaparecido de sua vida. Antigamente, mesmo quando as promoções consumiam seu tempo e sua energia, Melissa mantinha dois grupos fora do trabalho que tinham para ela um grande significado: um grupo de treinamento Agility para cachorros (ela adestrava cachorros em cursos de agilidade para competições de nível regional) e um coral comunitário do bairro que se reunia duas vezes por mês para cantar e confraternizar. Fora ativa nos dois grupos por mais de dez anos, e neles criara sólidas amizades. Assim, não eram só as atividades que lhe proporcionavam algum alívio do estresse, mas também a camaradagem com os integrantes daqueles grupos. Com aquela última promoção e os dois filhos chegando a uma fase na qual ela precisava ter um envolvimento maior em suas atividades, ela acabara abrindo mão de ambos. Não de propósito, claro. Mas os dois grupos tinham sumido da sua agenda a ponto de o cachorro dela ficar tão para trás no treinamento que não era mais compatível com o grupo, e de Melissa não se lembrar da última vez em que tinha cantado por prazer.

Com o exercício, ela viu o quanto aqueles dois grupos antes contribuíam para contrabalançar o microestresse em sua vida. "Eu não tinha me dado conta do quanto essas pessoas me centravam até pensar nessa tabela", contou ela. "Acho que esses grupos me ajudavam a colocar as babaquices do trabalho em perspectiva. Antes, eu só ria dessas coisas. Só que, quando refleti sobre a tabela, me dei conta de que eu tinha passado a ficar mais consumida por elas no trabalho. E não tinha nenhuma conexão de fora para contrabalançar isso. Pior ainda: estava gastando o pouco tempo disponível com meu marido e meus filhos falando sobre as babaquices do trabalho, e não sobre coisas mais importantes."

Para Melissa, o simples exercício de examinar e categorizar os microestresses a ajudou a elaborar um plano de ação concreto. Ela passou a agendar os e-mails para a manhã seguinte e a mandar mensagens para as amigas durante o dia para espairecer, além de parar de se preocupar com deslizes sem importância e de microgerenciar os filhos. Isso constituiu um plano concreto que Melissa tinha uma chance realista de executar.

Quando for fazer o mesmo exercício, pense nas pequenas maneiras como pode começar a mudar os padrões na sua vida. Existem várias formas de fazer isso:

- **Identificar oportunidades para resistir.** Nos capítulos anteriores, sugerimos práticas que podem ajudar a diminuir o efeito dos microestresses e impedir que estes se tornem crônicos. Já neste exercício o segredo é fazê-lo de forma bem específica. Identifique alguns microestresses que estão afetando você. Assim como Melissa, pense em estratégias concretas para resistir a esses agentes microestressores. "Parar de reagir às notificações em tempo real" provavelmente não é factível. Mas "Desabilitar as notificações do Slack entre as seis da tarde e as oito da manhã" é algo mais concreto e passível de ação.
- **Mudar a forma como você interage com o microestresse.** Reflita se você está contribuindo de alguma forma para aumentar o problema, talvez até sem perceber. Até mesmo pequenas mudanças num diálogo fazem diferença. "O que eu considerava um comentário inocente", disse-nos um gerente de nível médio, "meu chefe ouvia como um questionamento da

sua capacidade. Eu mudei a primeira palavra da frase para que, em vez de fazer uma afirmação, eu passasse a fazer uma pergunta. E isso alterou toda a dinâmica da relação." Para esse gerente, "Então você não quer que a gente faça uma rodada de controle de qualidade" virou "Você quer que a gente faça uma rodada de controle de qualidade?"; mudanças sutis como essa podem suavizar toda a interação.

- **Procurar oportunidades para reconstruir relações.** Uma executiva precisou formar dupla com uma colega difícil numa sessão de treinamento dedicada a reconhecer vieses implícitos. Nenhuma das duas pensava ter qualquer viés implícito, mas o treinamento ajudou ambas a perceberem que tinham sutilmente se apoderado daquilo que consideravam ser um alto padrão moral. O treinamento se transformou numa oportunidade de entender melhor uma à outra, amenizando um pouco as interações quando porventura discordassem. Reserve um tempo para entender o que pode estar causando discórdia numa relação de modo a conseguir superá-la. Uma estratégia possível é se voltar àquilo pelo qual a outra pessoa tem paixão na vida, seja algo pessoal ou profissional. Essa abordagem muitas vezes ajuda a descobrir pontos em comum que vocês tinham e não percebiam.

- **Desconectar-se do estresse.** No caso de alguns microestresses, você não vai conseguir nem enfrentá-los e nem relevá-los. Sendo assim, considere a possibilidade de se distanciar ou se separar inteiramente da fonte do estresse. Isso não significa que precise cortar pessoas da sua vida por completo. Uma estratégia de distanciamento pode ser temporária. Você pode declinar compromissos sociais que instiguem comportamentos indesejados, ou sugerir maneiras diferentes de se encontrar com esses mesmos amigos sem ativar gatilhos para o estresse. Talvez seja melhor jantar antes de assistir a uma partida de beisebol em vez de beber depois do jogo, evitando que tensões abastecidas pelo álcool inevitavelmente conduzam a bate-bocas. Quando não conseguir ver outro caminho para minimizar ou eliminar um microestresse que esteja custando muito para você, considere a possibilidade de se desconectar.

As pessoas mais felizes que entrevistamos estavam dispostas a mudar ou a se distanciar de relações negativas com familiares, amigos ou colegas difíceis, encontrando tais pessoas apenas em situações de grupo. Uma entrevistada nos contou que uma integrante do seu grupo de caminhada matinal monopolizava as conversas, reclamando do marido num nível que a entrevistada se sentia constrangida de escutar. Eventualmente, ela começou a fingir que tinha conflito de agenda e passou a encontrar uma ou duas integrantes para caminhadas em dupla nos finais de semana. Várias vezes constatamos que aqueles capazes de se desconectar de uma fonte insuportável de microestresse eram mais felizes. Entrevistamos pessoas que abandonaram empregos, recusaram promoções que exigiriam responder a chefes difíceis, abriram mão de amizades devido a um excesso de drama ou negatividade e se afastaram de colegas queridos, mas que lhes davam trabalho em excesso. E todas elas, em retrospecto, afirmaram que foi sem dúvida nenhuma a coisa certa a fazer.

LIÇÃO 1: VÁ ALÉM DO MICROESTRESSE PARA ENCONTRAR PEQUENOS MOMENTOS DE CONEXÃO

Após terminar de identificar os microestresses que Melissa poderia se esforçar para melhorar, fizemos outra pergunta a ela: o que te ajuda a compensar os efeitos do microestresse na sua vida?

Para Melissa, essa foi a pergunta que gerou a sacada mais inesperada de todo o processo. Pouquíssimas coisas em sua vida lhe davam um respiro em relação aos desafios cotidianos do trabalho e da vida familiar. Ela havia deixado as conexões para além do trabalho e do núcleo familiar mais próximo se perderem à medida que o trabalho fora assumindo o primeiro plano. Conforme descrito anteriormente, ela havia aceitado que as responsabilidades profissionais e parentais impedissem atividades que antes lhe proporcionavam equilíbrio emocional. Tinha parado de frequentar tanto seu grupo de treinamento Agility canino quanto o coral comunitário de que tanto gostava.

Jamais lhe ocorrera pensar no quanto tinha perdido quando as demandas do trabalho e de casa a haviam feito se desconectar de amigos e outras conexões de fora. Embora ela não tivesse consciência da importância na época, aquelas relações externas lhe proporcionavam uma espécie de resiliência social em relação à avalanche de microestresses que precisava enfrentar todos os dias.

Conforme a vida vai ficando mais ocupada, todos nós, assim como Melissa, tendemos a abandonar grupos e paixões que antes nos interessavam, deixando o trabalho se tornar o único foco de nossa vida. Acabamos nos tornando versões mais restritas de nós mesmos, com oportunidades limitadas de concretizar nosso potencial pleno tanto no trabalho quanto em nossa vida pessoal.

Um dos entendimentos mais importantes que as pessoas mais felizes da nossa pesquisa nos proporcionaram foi que os outros não apenas são cruciais para ajudar a relativizar o microestresse, mas também são essenciais para ajudar a construir uma vida plena e rica. Poucas pessoas encontram felicidade no isolamento.

Todos os modelos de felicidade que encontramos em nossa pesquisa deixam claro que o bem-estar pessoal depende de relações autênticas e pessoais. Um dos estudos mais longos sobre a vida adulta, conhecido como Estudo Grant, acompanhou ex-alunos de Harvard (entre eles John F. Kennedy) ao longo de quase oitenta anos, coletando dados sobre sua saúde física e mental.[1] A conclusão mais significativa do estudo foi que o fator isolado mais determinante para a felicidade e o bem-estar ao longo de uma vida inteira não era a fama nem a fortuna, mas a qualidade das relações pessoais. "Cuidar do corpo é importante, mas cultivar as relações também é uma forma de autocuidado", concluiu Robert Waldinger, diretor do estudo. "Essa, creio eu, é a revelação."[2]

Existe um antigo ditado que diz que, se você encontrar um amigo de verdade na vida, terá sido verdadeiramente abençoado. Mas nossa pesquisa sugere que um amigo só não basta. É preciso ter uma variedade de relações (não só amigos íntimos) para ajudar a enfrentar a realidade de viver num caldeirão de microestresse. Alcançar um bem-estar geral requer o desenvolvimento de estratégias para combater o microestresse — e ter uma vida recompensadora — em três áreas-chave: resiliência, bem-estar físico e propósito. Nessas áreas, sua conexão com os outros terá um papel crítico. O segredo está tanto na autenticidade quanto na diversidade das relações. O impacto mais significativo vem de ter uma conexão com pessoas reunidas em torno de algum interesse — como poesia, religião, canto, tênis ou ativismo social —, mas que tenham carreiras, origens socioeconômicas, níveis de instrução e idades variados. Os interesses em comum tendem a criar interações autênticas e de confiança, e a diversidade de pontos de vista ajuda a expandir o modo como vemos o mundo e nosso lugar nele. Nós somos moldados por essas pessoas e experiências, e nossa vida se torna multidimensional. Mesmo assim, apesar da importância das relações para nossa felicidade, muitos de nós as deixam de lado com o passar dos anos.

Pessoas que nos contaram histórias de vida positivas invariavelmente descreviam conexões autênticas com dois, três ou quatro grupos fora do trabalho: atividades esportivas, trabalho voluntário, comunidades cívicas ou religiosas, clubes do livro ou clubes de jantares e assim por diante. Com frequência, um dos grupos contribuía para a saúde física por meio de práticas de nutrição, mindfulness e exercício físico. Eram muitas vezes relações surpreendentes, que poderiam parecer improváveis ou incompatíveis. Mas havia significado naquilo que elas proporcionavam.

Os "10%" de nossas entrevistas constroem conscientemente conexões significativas com outras pessoas em sua vida cotidiana, de maneiras que os ajudam a relevar grande parte do ruído provocado pelo microestresse em sua vida, focando naquilo que é mais importante para eles. E para deixar bem claro: os "10%" não são necessariamente pessoas extrovertidas que encontram tempo para manter um amplo leque de amigos e conexões sociais. O denominador comum é a *dimensionalidade*: construir e manter conexões com pessoas variadas, muitas vezes de maneiras pequenas. Se estabelecidas da forma correta, suas relações com os outros podem se transformar numa espécie de campo de força contra o ataque inevitável do microestresse. Mas relações significativas exigem ações deliberadas diariamente. Em períodos de transição críticos da sua vida, você precisa manter ainda mais essas relações para não acabar caindo numa postura defensiva, tornando-se unidimensional e simplesmente absorver o estresse que vier na sua direção.

LIÇÃO 2: CUIDADO PARA NÃO PERDER DIMENSIONALIDADE

Considere a trajetória de Chris, executivo de tecnologia que tivera uma carreira meteórica desde os vinte e poucos anos. Ao ser recrutado por uma empresa importante do Vale do Silício, ele se viu atraído pelos luxuosos encontros fora do escritório, pelos mimos oferecidos, como camarotes em partidas esportivas, e pelo extenso acesso a tecnologias de última geração. Por ter sido identificado como um funcionário com alto potencial, Chris fazia parte de um clube exclusivo no trabalho. No entanto, o preço para ser sócio desse clube era alto. Esperava-se que ele estivesse disponível para os colegas 24 horas por dia, sete dias por semana, e as viagens o obrigavam a passar dias a fio longe de casa. Ele parou de fazer planos pessoais, sem ter certeza do que o trabalho poderia exigir a qualquer momento. Pegou-se jantando sozinho em frente ao computador tarde da noite, em vez de com a esposa.

Ao mesmo tempo, o trabalho havia se tornado profundamente competitivo. A colaboração com os colegas mais parecia um jogo para ver quem estava na frente em cada momento. Ele não gostava do comportamento e do ar de superioridade dos seus chefes. Quando um dos executivos tentou divertir alguns jovens funcionários contando histórias sobre sua vida pessoal que envolviam impedir a esposa e a amante de descobrirem a existência uma da outra, Chris parou para pensar. Perguntou-se para onde estava indo.

Ele pediu uma folga e conversou com a esposa sobre o que era mais importante para ele e para ambos como casal. Falaram sobre a esteira rolante profissional na qual ele estava e decidiram que, embora a carreira devesse continuar sendo importante para ele, o casal não iria medir o sucesso da mesma forma que as pessoas ao redor mediam. Os dois tomaram a decisão consciente de "viver uma vida normal extraordinariamente bem-vivida", nas palavras da sua esposa. "Se ter sucesso significar conseguir a próxima promoção ou comprar o próximo carro novo ou seja lá o que for, você vai estar sempre numa corrida", disse ele. "A linha de chegada só é deslocada para mais longe na vez seguinte. Portanto, você nunca chega lá."

Essa reflexão profunda levou Chris a definir seu sucesso por meio de seis funções que ele tinha na vida: pessoa fisicamente saudável, ser espiritual, líder na área do pensamento organizacional, cidadão consciente, familiar e amigo. Essa lista clara e talvez formal da pessoa que ele queria ser o ajudou a priorizar seu tempo. É claro que aquelas funções também precisavam se encaixar com os objetivos e com a visão que sua esposa tinha da vida em comum do casal, de modo que as conversas também precisavam estar sintonizadas com as prioridades dela. Nenhum fator isolado podia predominar.

Certa noite, sentado numa cadeira de balanço na varanda da frente de casa, Chris teve uma epifania. Suas diferentes funções na vida não deveriam ser uma fonte de conflito, mas sim criar sinergia; nas palavras dele, elas deveriam se fundir. "E naquele momento", disse, "sequer era uma questão de equilíbrio entre trabalho e vida pessoal, mas da totalidade de ter essas coisas todas se fundindo e fazendo desaparecer as compensações, o que se tornou um modo muito mais inovador de tomar decisões e ver as coisas. A realização, para mim, era de que eu só conseguiria concretizar o que esperava fazer profissionalmente se minha vida inteira estiver repleta de escolhas que tenham um significado para mim. É preciso que tudo esteja integrado. E eu simplesmente me toquei disso num nível profundo. Eu precisava fazer as duas coisas."

Chris explicou o resultado: "Minha definição de sucesso tem a ver com síntese e integração e com a profunda consciência de que eu só sou bom na minha carreira o tanto que sou bom com minha família, com minhas amizades e assim por diante". Querendo concretizar suas ideias, Chris resolveu "elaborar uma declaração de missão pessoal e aquilo que estará escrito no meu obituário, e então traduzir isso para seis funções de vida". Assim, toda vez que ele toma uma decisão discricionária sobre como gastar seu tempo, ela precisa se encaixar no seu desejo de preencher os papéis que são importantes para ele.

Ele fez duas coisas com as quais todos podemos aprender, ainda que nossos objetivos sejam distintos. Em primeiro lugar, definiu que funções eram importantes para ele. Essa clareza lhe proporciona um parâmetro específico segundo o qual medir seu tempo. Em segundo lugar, teceu relações nos hábitos que sustentam essas funções. Fazer isso cria uma adesão que lhe permite seguir comprometido, cultivando relações autênticas que sejam fonte de alegria, propósito e resiliência em sua vida cotidiana.

Por exemplo, para cumprir sua função de pessoa saudável fisicamente, bem como de familiar e amigo, Chris se apoia num jogo de futebol aos sábados com pais do bairro e seus filhos. Nessas partidas, ele passa um tempo de qualidade com os filhos e tem um contato semanal com os vizinhos que lhe traz leveza. Eles brincam sobre como estão cada vez menos velozes e fazem piadas uns com os outros, mas se consideram amigos genuínos que se apoiam mutuamente. Depois de um pai contar que o seu serviço de poda de grama tinha largado pilhas imensas de terra molhada no acesso de carros da sua casa e bloqueado a entrada da garagem, Chris e alguns dos outros pais e filhos apareceram lá depois do jogo munidos de pás. "Vocês salvaram meu fim de semana!", disse-lhes o tal pai. O grupo desenvolveu um ciclo de reciprocidade descontraído, passando a se ajudar de tempos em tempos. Ver o quanto eles puderam contribuir para seu vizinho com a terra ajudou a reforçar o quanto ser um bom vizinho era importante para Chris. E o ajudou a demonstrar para os filhos aquilo que defendia (e os filhos também defenderiam, ele torcia).

Em segundo lugar, para garantir que continuasse comprometido com outras partes da sua vida, Chris criou rituais e rotinas. Todo domingo ele passa alguns minutos relembrando a semana, prática que o ajuda a se manter comprometido com aquilo que considera mais importante. "Eu dediquei tempo à minha espiritualidade esta semana? O que fiz para ser um cidadão consciente? Será que posso priorizar meus amigos na próxima semana?", e assim por diante. As seis funções de Chris não são um segredo. Ele fala sobre elas regularmente com a esposa, familiares e amigos, e todos tiveram participação na formulação e ajuste dessas funções ao longo dos anos. Esse exercício, por sua vez, proporcionou uma noção clara de propósito que ele foi moldando deliberadamente com as pessoas que lhe são mais importantes. "Essa é a minha versão de uma vida bem-vivida", concluiu. "Eu decidi logo cedo o que mais importava para mim, e me esforcei muito para me manter fiel a isso."

LIÇÃO 3: CONSTRUA E CULTIVE SUA PRÓPRIA VIDA MULTIDIMENSIONAL

Os "10%", como Chris, se esforçam para construir e manter a dimensionalidade em sua vida, mesmo quando isso se torna desafiador por conta de demandas profissionais e familiares. Você pode fazer o mesmo adotando algumas práticas deles:

- **Estruture suas interações.** Mantenha uma rede diversificada de amigos e conexões e estruture as interações de forma a conservá-las. Você pode agendar as atividades que sejam essenciais para o seu envolvimento com grupos que lhe sejam importantes, e considerar esses horários sagrados. Pode ser jantar duas vezes ao mês, idas mensais ao teatro, partidas de tênis ou basquete semanais, caminhadas diárias ou férias anuais. O segredo é considerar esse tempo sagrado e se comprometer com estar presente para os outros. Idealmente, as interações cumprem mais de um objetivo, como era o caso das atividades de Chris. Um grupo de futebol de pai e filha significa tempo dedicado a familiares e amigos. Grupos de caminhada combinam atividade física com tempo dedicado aos amigos. Entrar para um grupo de política local para ajudar a escrever cartões postais que inundem os políticos com solicitações relacionadas a alguma causa cumpre seu propósito pessoal de conviver com um conjunto diferente de pessoas com as quais você compartilhe algum valor. Até mesmo formar uma liga de futebol virtual conecta você ativamente com amigos fora do trabalho ao mesmo tempo em que lhe permite relaxar.

- **Siga o fluxo.** Chris foi rigoroso em sua estrutura e em seu planejamento da multidimensionalidade. Você não precisa fazer o mesmo. Algumas pessoas permitem que a vida transcorra de modo um pouco mais fluido e abraçam o que surgir. Isso envolve ter disposição para aproveitar as oportunidades emergentes em vez de adotar a atitude automática de encontrar desculpas para dizer que determinada atividade ou evento não vai funcionar para você. Abra-se para o plano B. Por exemplo, em vez de planejar um grupo exato de pessoas para reunir num jantar ou num happy hour, algo que todos nós sabemos que pode levar meses para ser feito (isso se não desistirmos antes de tanta frustração), um de nossos entrevistados convida um leque grande de amigos quando vai dar um jantar: "A gente vai sair para beber ou para ouvir música em tal dia. Alguém gostaria de vir?". A abordagem funcionou bem. "Nunca repetimos o mesmo grupo", contou ele. "Às vezes eu me surpreendia com as pessoas que apareciam, mas isso sempre tornava o encontro interessante e me ajudava a construir algumas amizades novas."

- **Aproveite os momentos.** Encontre formas de valorizar os micromomentos que forem surgindo. Tome decisões deliberadas de estar com pessoas e de se mostrar plenamente presente com elas quando vocês estiverem juntos, mesmo que o tempo seja limitado. Um líder descreveu o quanto valoriza a meia hora de trajeto para as aulas de equitação da filha, quando os dois conversam sobre o que tem acontecido na vida dela. Essa é a única vez na semana em que ele tem certeza de que estará sozinho com ela, e ele a aproveita ao máximo mantendo-se inteiramente focado durante todo o trajeto. Outra aposta fácil é não ter pressa para ir embora após uma atividade, seja uma caminhada, uma prática de ioga, um culto ou um evento de música perto da sua casa. Demorar-se um pouco e puxar conversa é um ótimo jeito de se conectar informalmente com outras pessoas que talvez tenham uma visão diferente sobre a vida.

- **Amplie sua visão sobre a vida.** Embora muitos de nós busquemos apoio emocional nas pessoas mais próximas, essa prática pode ter uma consequência acidental de reforçar nossos sentimentos de forma que favoreça a autocomiseração ou a raiva, em vez da resiliência. Para superar isso, conecte-se com pessoas fora do seu círculo mais próximo de familiares e amigos. Entrevistamos um executivo de consultoria altamente bem-sucedido que valoriza muito um estudo bíblico semanal com outros homens da sua igreja. Ao ouvir sobre as dificuldades de outros fiéis que precisavam e recebiam ajuda desse grupo de estudos, ele desenvolveu uma empatia maior pelas dificuldades alheias e passou a valorizar os aspectos positivos da própria vida. As interações não só o ajudam a relativizar os próprios desafios, mas também o inspiram a ajudar proativamente outras pessoas com menos recursos. Essas sessões se tornaram uma fonte importante de propósito e de relativização na sua vida.

Um fato notável é que essas recomendações não têm a ver apenas com criar um equilíbrio entre o trabalho e a vida pessoal, embora esse tenha sido um dos benefícios para alguns de nossos entrevistados. Na verdade, o passo fundamental para melhorar o seu bem-estar é ter uma vida multidimensional, profundamente ancorada em conexões autênticas com outras pessoas. Essas conexões, tanto formais quanto informais, te ajudam a prosperar tanto dentro quanto fora do trabalho. "Interagir com outras pessoas treina seu cérebro (como se estivéssemos treinando um grupo coordenado de músculos) de modo a desenvolver circuitos cerebrais para administrar suas reações, respostas e emoções", disse o neurologista Joel Salinas. Há também um saudável componente de distração, pois os fardos emocionais não pesam tanto quando você imerge numa vida multidimensional. "Quando está na companhia de outras pessoas que demandam sua atenção plena de um modo positivo, você tende a não ficar remoendo os próprios problemas", explicou Salinas.

Há indícios abundantes de que esse tipo de presença com outras pessoas ajuda a gerar mais resolução criativa de problemas e reduz efeitos físicos do estresse. Além disso, como constataram nossos "10%", interagir com outras pessoas proporciona uma noção melhor de como abordar um problema, especialmente se você puder recuar para vê-lo de forma mais clara em um contexto geral. Você terá mais probabilidade de conseguir pensar: "Eu não sou a única pessoa a ter tido essa experiência". Ou: "Tem gente que enfrenta coisas muito piores". Esse tipo de interação com os outros pode ajudar a dimensionar melhor o microestresse.

Por fim, segundo Salinas, ter várias dimensões na vida significa que a sua identidade não fica ancorada numa única atividade — como o trabalho. Pessoas que não desenvolvem outras dimensões além da vida profissional podem ficar mais suscetíveis a problemas como o burnout. "A identidade desses indivíduos se torna cada vez mais ancorada no trabalho. Isso significa que as coisas positivas do trabalho podem gerar uma empolgação extrema, mas as coisas negativas também podem gerar um desânimo extremo", diz Salinas. Os simples atos de se conectar com os outros, ter conversas informais, compartilhar interesses mútuos ou simplesmente ver o mundo de outro ponto de vista por um instante são poderosos antídotos para o preço diário do microestresse. Conforme avançamos pela vida, porém, somos puxados em tantas direções que temos tendência a abrir mão das atividades e relações que antes apreciávamos por estarmos ocupados demais.

Segundo a pesquisa Survey on American Life, conduzida em 2021, a porcentagem de pessoas que afirmavam não ter um único amigo próximo havia quadruplicado em trinta anos.[3] Quase metade dos entrevistados afirmou ter perdido contato com amigos ao longo do ano anterior, enquanto um em cada dez afirmou ter perdido contato com *a maioria* dos amigos. Essa não é uma tendência saudável. A pesquisa de Salinas demonstra que o simples fato de ter alguém presente para te ouvir está associado a uma maior resiliência cognitiva — a capacidade do cérebro de funcionar melhor do que o esperado, considerando o nível de envelhecimento físico ou as mudanças cerebrais relacionadas a doenças. "A conexão com outras pessoas parece servir de amortecedor para os efeitos negativos do envelhecimento cerebral e da doença", disse ele. "A ponto de a sua idade cognitiva poder ser mais próxima da idade de alguém quatro anos mais novo. É algo que, bem literalmente, faz bem para a saúde."[4]

Para ter um bem-estar geral, você precisa desenvolver estratégias não só para combater o estresse, mas também para te ajudar a viver a vida que deseja com resiliência, saúde física e propósito. Para cada um desses três pilares, suas conexões com os outros terão um papel crítico. Sobreviver ao ataque do microestresse não precisa ser um objetivo solitário. Na verdade, não deveria ser. Os capítulos a seguir mostrarão que a autenticidade e a diversidade das relações em sua vida não são apenas vantagens de uma vida satisfatória. São parte integrante dela.

MOMENTO COACHING

Como examinar a natureza multidimensional da sua rede

Use a tabela 5.2 para avaliar se você se conecta com os outros em pelo menos duas ou três dimensões fora do trabalho. Na primeira coluna, liste as diferentes esferas de interação. Na segunda, identifique se e como você se conecta com os outros dentro de cada uma das quatro esferas. Na terceira, identifique maneiras de participar de atividades e grupos em cada esfera, incluindo oportunidades de crescimento pessoal na sua vida. Na última coluna, anote qualquer ação concreta que você possa realizar para ter uma verdadeira imersão nesses grupos ou atividades. (Na tabela 5.2, essa última coluna foi preenchida com exemplos de ações que uma das entrevistadas pretendia realizar.) Ao fazer isso, tenha em mente duas estratégias com as quais nossos entrevistados muitas vezes tiveram sucesso:

- Resgate *atividades* do seu passado. Muitos entrevistados tinham abandonado atividades que apreciavam quando mais jovens, mas ainda possuíam as bases para retornar facilmente àquelas atividades — como um time de basquete comunitário, o coral da igreja mais próxima ou pescarias nos finais de semana —, podendo usá-las para se enturmar num novo grupo de amigos.
- Resgate *relações* do seu passado. Os "10%" muitas vezes renovavam relações que tinham sido negligenciadas com o tempo, cultivando-as por meio de atividades estruturadas como jantares mensais nas casas uns dos outros, partidas virtuais abertas de Banco Imobiliário ou encontros anuais com amigos de faculdade, com conversas virtuais e chamadas de Zoom entre eles.

TABELA 5.2

Como avaliar — e melhorar — as dimensões da sua rede

Esferas	Como você se conecta com os outros nessa dimensão?	Que passos você pode dar para construir conexões nessa esfera? — Pense em *atividades* e *relações* que você possa resgatar do seu passado. — Identifique grupos dos quais possa participar, pessoas com quem possa entrar em contato ou maneiras de reorganizar seu tempo para priorizar essas conexões.	Exemplos de ações
Amigos/comunidade: Esfera muitas vezes construída por meio de atividades coletivas, como práticas esportivas, clubes do livro ou clubes de jantares.			Entrar para o time de basquete no centro comunitário local.
Cívica/voluntariado: Contribuir para grupos significativos que criem propósito e nos façam entrar em contato com pessoas diversas, mas que pensem como nós.			Voluntariar-se para usar suas competências e sua experiência ensinando fundamentos de finanças a crianças que precisem de ajuda suplementar.
Familiar: Por meio de ações como cuidar de familiares, servir de modelo para comportamentos positivos e manter vivas tradições e valores com a família estendida.			Priorizar tradições familiares, como jantar juntos e preparar receitas transmitidas de geração em geração.
Espiritual/artística: Interações centradas em religião, música, arte, poesia e outras esferas artísticas da vida que coloquem o trabalho em uma perspectiva mais ampla.			Reviver sua paixão pela música clássica, tirando a poeira do seu violino e entrando para um grupo de música de câmara local.

6. Onde encontrar resiliência

PONTOS-CHAVE

- A resiliência está associada a um desempenho melhor no trabalho e à capacidade de evitar o burnout, e pode até combater doenças físicas ou mentais.

- Tendemos a pensar na resiliência como algo com que nascemos ou que precisamos cavar fundo para encontrar dentro de nós mesmos. Mas ela também vem de tipos específicos de apoio que você pode obter da sua rede nos momentos difíceis. Você tem uma probabilidade maior de atravessar suavemente adversidades profissionais e pessoais **se tiver construído um leque diverso de conexões e souber como obter apoio delas.**

- **Essas interações podem nos ajudar a encontrar resiliência em momentos de microestresse de várias formas:**
    - Proporcionando apoio e empatia para podermos liberar nossas emoções e manter o equilíbrio
    - Fazendo-nos enxergar um caminho e ajudando-nos a percorrê-lo
    - Mudando nosso ponto de vista quando adversidades acontecem

- Ajudando-nos a administrar aumentos repentinos de responsabilidades no trabalho ou em casa
- Dando sentido a pessoas ou fatores políticos
- Incentivando-nos a rir de nós mesmos e da situação
- Permitindo-nos desconectar e descansar dos desafios

- Pessoas mais resilientes sabem **de que formas de apoio à resiliência precisam para atravessar fases difíceis**. Você precisa de vários tipos de apoio para atravessar o corredor polonês do microestresse, não só da empatia das amizades mais profundas ou da sua família.

- Você precisa **desenvolver sua rede de resiliência — e cultivá-la —** não só para sobreviver aos microestresses do dia a dia, mas também para garantir que ela esteja lá quando você precisar dela por causa de alguma adversidade importante.

Um anestesista que chamaremos de Michael estava acostumado a atravessar o pântano dos desafios diários que precisava encarar como chefe do seu departamento num hospital muito conceituado. Como era responsável por várias centenas de médicos e enfermeiros, seus dias eram repletos de microestresses: prioridades administrativas modificadas e remodificadas, objetivos desalinhados com os de outros chefes de departamento, exigências burocráticas que drenavam sua capacidade de fazer seu trabalho, demandas de grandes patronos que o faziam perder o foco nas próprias prioridades e assim por diante. Mesmo assim, ele conseguia enfrentar todas essas tormentas porque tinha construído uma série de conexões tanto dentro quanto fora do hospital, e essas relações o ajudavam a administrar os microestresses. Dessa forma, na maior parte dos dias, tinha sucesso ao equilibrar as demandas de sua vida profissional exigente. Só que, na pandemia, tudo mudou.

Como a anestesiologia não é uma especialidade que possa recorrer à telemedicina, Michael e sua equipe precisavam trabalhar presencialmente todos os dias num hospital sobrecarregado. O peso de ser responsável tanto por um time que valorizava muito quanto pela vida de uma imensa quantidade de pacientes afetados pela pandemia foi esmagador. "Eu passei dois meses sem dormir", contou ele. "Estava mandando meu time para a frente de batalha com proteção inadequada e sem saber ao certo quantos deles iriam pegar a doença." Trabalhando rotineiramente em jornadas de dezesseis horas, Michael estava sendo obrigado a decidir como e quando seu time iria trabalhar naquelas circunstâncias extraordinárias. "Houve noites e finais de semana em que alguns colegas me ligavam aos prantos", relatou. "Vamos ser sinceros: eles estavam com medo de morrer."

Mas Michael estava bem preparado para um período de estresse tão intenso. Ele havia passado anos construindo conexões autênticas com pessoas variadas que o tinham ajudado a lidar com os microestresses diários do trabalho. Assim, mesmo quando o estresse foi amplificado além do que ele jamais tinha vivenciado, ele dispunha de um conjunto de pessoas a quem podia recorrer e que eram capazes de ajudá-lo a eliminar alguns dos microestresses causados pelo fato de ele e seu time terem precisado mudar sua forma de trabalhar durante a pandemia. A rede de Michael o apoiou de maneiras variadas, desde assumir tarefas que pudessem liberar seu tempo até emprestar recursos suplementares ao departamento ou simplesmente ajudá-lo a pensar em como poderia encarar os desafios de cada dia. "Não consigo nem dizer o quanto sou grato pelos meus colegas", contou ele. "Nem sei se eu já tinha pensado no quanto nós nos ajudamos no dia a dia até aquele momento."

O esforço anterior de Michael para construir uma rede de conexões pessoais e profissionais rendeu frutos quando ele precisou de resiliência para lidar com os microestresses diários que, durante a pandemia, foram se acumulando numa velocidade e num volume de tirar o fôlego. Se já não tivesse desenvolvido relações com toda uma série de pessoas no seu hospital, teria sido afetado de maneira muito mais profunda pelas adversidades daquele momento.

Para a maioria de nós, os desafios vivenciados durante a pandemia foram um teste de resiliência. Podemos não ter temido por nossa vida todos os dias como Michael, mas nossa vida se encheu de microestresses que nunca tínhamos encarado antes. A pandemia foi um lembrete importante de como nossas conexões com os outros, tanto pessoais quanto profissionais, podem ser decisivas para sobreviver a períodos de estresse extraordinário. Construir suas conexões e aproveitá-las no dia a dia pode ajudar você a ficar mais ágil para adversidades de qualquer escala.

Quando embutida em nossa vida cotidiana, a resiliência tem um papel fundamental em nosso sucesso no trabalho e em nossa saúde física e mental. Várias pesquisas sugerem que pessoas resilientes são mais bem-sucedidas profissionalmente e têm vantagens ao competir por empregos ou promoções.[1] Pessoas resilientes conseguem suportar melhor empregos exigentes e dificuldades financeiras.[2] Estudos mostraram também que a resiliência protege as pessoas do burnout e está associada a níveis mais elevados de esperança e otimismo.[3] Pessoas resilientes têm também uma probabilidade menor de adoecer física ou mentalmente durante períodos desafiadores e tendem a ter níveis mais elevados de satisfação profissional.[4] Quando o ambiente à sua volta se modifica e suas competências se tornam antiquadas, pessoas resilientes são mais capazes de aprender competências novas.[5] Todos nós precisamos de resiliência para impedir que o ataque diário dos microestresses nos tire dos trilhos.

Os "10%" da nossa pesquisa mostraram que a resiliência pode ser cultivada não necessariamente cavando fundo até encontrar alguma espécie de coragem interior, mas sim por meio de nossas interações com os outros. Conforme já mencionado, a resiliência não depende de amigos íntimos que estão ao seu lado em todos os momentos. É possível construí-la em pequenos momentos de conexão autêntica com todo um leque de pessoas na sua vida.

É preciso uma espécie de agilidade para recorrer às pessoas certas da sua rede de formas pequenas, porém poderosas, e obter o tipo certo de apoio no momento certo. Por exemplo, nós às vezes precisamos de empatia, mas empatia demais pode nos levar a chafurdar em autocomiseração e não dar nenhum passo adiante. Em outros momentos, podemos precisar de conselhos sobre um caminho a seguir, de um novo ponto de vista ou da simples capacidade de rir do absurdo que a vida é. Pequenos momentos podem nos recompor e nos impedir de adentrar uma espiral de negatividade. Neste capítulo, explicaremos como isso funciona e como você pode ter certeza de que está construindo e cultivando uma rede de resiliência robusta para te ajudar a sobreviver tanto ao ataque diário do microestresse quanto a períodos de adversidades importantes em sua vida.

O QUE É UMA REDE DE RESILIÊNCIA NA PRÁTICA

A maioria de nós conta com parentes e amigos próximos para nos apoiar em tempos difíceis. Mas as pessoas *de fora do nosso círculo íntimo* também podem desempenhar um papel valioso para nos ajudar a ser resilientes em relação aos microestresses rotineiros que enfrentamos. Os "10%" eram particularmente bons em construir e cultivar suas redes de formas que os ajudavam a lidar com os microestresses do dia a dia. E então, quando eles tinham de enfrentar adversidades mais desafiadoras, aquela rede preexistente se tornava crucial para sua resiliência.

Pode-se encontrar resiliência não apenas tendo pessoas em quem se apoiar quando as coisas ficam difíceis, mas *nas interações em si*: nas conversas que validam nossos planos, que modificam nosso ponto de vista, que nos ajudam a rir e a nos sentir autênticos ou simplesmente nos incentivam a levantar e tentar outra vez. A resiliência é essencial para lidar com o microestresse. Recuperar-se de qualquer microestresse individual evita o empilhamento de microestresses que te empurram para baixo. A seguir, mostraremos como encontrar resiliência em momentos de microestresse recorrendo às conexões em sua vida.

BUSQUE APOIO EMPÁTICO PARA PODER DESABAFAR SUAS EMOÇÕES E MANTER O EQUILÍBRIO

Às vezes, quando está enfrentando desafios, você não necessariamente tem interesse em conselhos ou orientações alheios. Às vezes você só quer alguém que te ouça e ofereça validação. Esse tipo de apoio ajuda você a manter o equilíbrio emocional. Muitos cônjuges aprenderam essa lição do jeito mais difícil após oferecem soluções práticas em reação às queixas do parceiro, sem perceber que o outro não estava em busca de conselhos. Quando essas conversas acontecem do jeito certo, as pessoas recebem aquilo de que necessitam. "Eu me sinto livre para desabafar, falar e sentir o que sinto", compartilhou conosco uma banqueira de sucesso. "Aí meu marido diz: 'Não se preocupa, vai ficar tudo bem'. É claro que eu sei que isso nem sempre é verdade, mas quando ele diz isso fico mais tranquila."

O apoio empático enfraquece o microestresse de três formas. A primeira é que ele permite uma liberação emocional. Sentir raiva num espaço seguro permite que você avance para reações mais racionais. A segunda é que ele proporciona validação. Uma outra pessoa confirma que aquilo com o que você está lidando é difícil ou que a sua frustração faz sentido, interrompendo o microestresse da dúvida ou da sensação de estar errado. A terceira é que o apoio empático demonstra que a outra pessoa se importa com você. O simples fato de saber que alguém está disponível para você tem um efeito calmante, proporcionando a autoconfiança decorrente de não precisar enfrentar sozinho a adversidade. Um entrevistado descreveu o sentimento que tinha absorvido de outros integrantes do seu grupo da igreja ao atravessar um período particularmente caótico no trabalho: "É o poder da presença. As pessoas nem precisavam dizer nada. Bastava ficarem ali sentadas e passarem um tempo comigo, e isso por si só já me comunicava que elas se importavam".

O apoio empático em relação aos microestresses não tem a ver exclusivamente com tranquilização. Você pode usá-lo como um apoio temporário que ajudará a fortalecer sua determinação para atravessar uma situação difícil. Considere o exemplo de Gabe, um executivo de tecnologia que apoia-se muito na esposa e num grupo principal de amigos para obter apoio empático. Sua esposa trabalha na mesma empresa e os dois costumam ter o que ele chama de "sessões de reclamação mútua" sobre o trabalho. O simples fato de dizer as coisas em voz alta parece proporcionar a Gabe mais clareza e mais calma. Sua esposa muitas vezes o tranquiliza, dizendo que as questões que ele está enfrentando seriam difíceis para qualquer um, e lembra-lhe que ele pode ser seu pior crítico. Gabe também desabafa com seu grupo de amigos, que é diversificado e inclui desde profissionais de TI como ele até um cartunista profissional. Quando está nesse grupo, ele sente que pode fazer piadas e ser ele mesmo. "Só poder me lamentar com eles já recarrega minhas baterias", explicou. "É um conforto saber que não se está sozinho na dificuldade." Mesmo essa pequena relativização ajuda Gabe a recobrar forças e a encontrar uma saída para o seu problema.

Dicas dos "10%"

- **Procure pessoas que tenham experiências ou desafios em comum com você.** É maravilhoso quando alguém que você ama fica do seu lado numa fase difícil, mas essa pessoa nem sempre entende aquilo pelo que você está passando. Procure pessoas que já tenham passado pela mesma coisa. Talvez você possa entrar em contato com quem estava no seu cargo antes de você e perguntar como a pessoa lidava com o temperamento explosivo do seu gerente. Encontrar alguém capaz de escutar e oferecer outro ponto de vista por ter estado numa situação parecida é uma fonte poderosa de resiliência.

- **Construa tradições, não obrigações.** Mantenha conexões criando horários estruturados em que você tenha o compromisso de encontrar as pessoas da sua rede. Muitas vezes, eles podem se transformar em tradições e espaços invioláveis de conexão social. Uma líder sênior numa empresa de consultoria nos contou que vinha mantendo havia décadas um encontro só para mulheres com as melhores amigas da faculdade. "É só um final de semana por ano, mas todas estamos comprometidas com ele, independentemente do que esteja acontecendo em nossa vida." Elas conseguiram manter o contato por muitos anos enquanto tinham filhos, mudavam-se para outros países e até atravessavam problemas de saúde pessoais. Como não fazem parte da vida cotidiana umas das outras, sentem-se livres para compartilhar dificuldades sem julgamento. E essa camaradagem é mantida em um chat em grupo que é uma fonte quase diária de apoio para todas ao longo do ano.
- **Passe adiante.** Ofereça apoio empático aos outros. Com frequência, nós acabamos assumindo automaticamente o papel da pessoa que tenta resolver o problema da outra, mas existe um valor imenso em simplesmente ser um bom ouvinte. Considere começar com algo simples como dizer "parece difícil mesmo" e "posso imaginar como isso é pesado para você", em vez de automaticamente dar algum conselho. Fale menos, escute mais.

ENCONTRE PESSOAS QUE AJUDEM VOCÊ A ENXERGAR UM CAMINHO A SEGUIR E PERCORRÊ-LO

Desabafar pode ser bom, mas em algum momento você vai precisar de uma forma prática de avançar. As relações ajudam de duas maneiras. Elas proporcionam modelos de avanço reais: você pode perguntar para alguém que tenha enfrentado a mesma situação como a pessoa lidou com isso. E boas relações te motivam a avançar: a outra pessoa dá motivação e pode até fazer você se responsabilizar por realmente fazer alguma coisa em vez de ficar apenas chafurdando na autocomiseração.

Pessoas mais resilientes aproveitam as ideias dos outros de modo mais amplo para visualizar caminhos alternativos. Ao fazer isso rapidamente em pequenos momentos, elas impedem que os microestresses se amplifiquem. Melhore sua resiliência construindo vínculos com pessoas que possam ajudar a fragmentar problemas, transformando-os em pedaços cada vez menores e mais administráveis, e a encontrar novas maneiras de avançar em tarefas desafiadoras, motivando você a agir.

A empatia pode vir de qualquer um que se importe com você. Um subconjunto menor de pessoas na sua rede pode te ajudar a enxergar uma saída. Procure pessoas capazes de abordar as especificidades de uma situação. Elas podem saber como funciona a empresa ou podem ter um histórico de interações com a pessoa específica que está lhe causando o microestresse, o que faz com que os conselhos delas sejam específicos e passíveis de ação. Busque pessoas que possam te ajudar a entender o que fazer! A mesma pessoa pode desempenhar várias funções na sua vida: um ouvinte empático também pode ajudar a planejar um caminho. Mas você precisa se certificar de contar com uma variedade de pessoas na sua rede, de modo a não se apoiar demais em uma só para desempenhar múltiplas funções.

Considere o caso de Isabel, líder de uma unidade manufatureira, que podia recorrer tanto a colegas de trabalho quanto a familiares quando os microestresses se acumulavam. Em algumas situações, ela encontrava ajuda nos irmãos, que tinham empregos parecidos em empresas diferentes. Podia ligar para a irmã e dizer: "Olha, estou bem empacada aqui tentando fazer as pessoas aderirem a um sistema novo. Que estratégias você usou para envolver as pessoas e levá-las a querer fazer parte da mudança?". Quando passou da supervisão de um pequeno grupo para a liderança de outro bem maior, Isabel se apoiou na experiência do irmão em delegar.

MOMENTO COACHING

Como avaliar a força da sua rede de resiliência

A maioria de nós é capaz de apontar algumas pessoas que nos ajudaram a atravessar períodos realmente desafiadores, mas qual é a força da sua rede de resiliência no dia a dia? Ao lado de cada uma das perguntas da tabela 6.1 a seguir, escreva o nome de uma (ou mais de uma) pessoa que proporcione esse apoio na sua vida cotidiana. Na última coluna, acrescente uma breve descrição de como essa pessoa ajuda você.

Releia sua lista — essa é a sua rede de resiliência atual. Ela é robusta? Apresenta uma variedade de nomes? Existem espaços vazios? Você também pode verificar se existe uma pessoa — talvez seu cônjuge — que aparece listada várias vezes. Uma dependência excessiva de uma única pessoa significa que a sua rede de resiliência talvez não seja tão resiliente assim! Se você não construir uma rede sólida antes de se deparar com períodos desafiadores, a probabilidade de uma adversidade te tirar dos trilhos é bem maior.

TABELA 6.1

Minhas fontes de resiliência

Fonte de resiliência	Nome(s)	Como a pessoa ajudou você
Quem proporciona **apoio empático** para você liberar suas emoções e manter o equilíbrio? Essa pessoa lhe permite desabafar, é capaz de se compadecer ou simplesmente faz você sentir que tem alguém escutando.		
Quem ajuda você a enxergar um **caminho a seguir**? Quando você precisa de um conselho prático, essa pessoa ajuda com sugestões, explica como lidou com algo parecido ou lhe mostra algumas das opções que você poderia considerar.		

Quem lhe proporciona um **ponto de vista diferente**? Quando você está pensando demais ou prestes a se afogar na autocomiseração, essa pessoa te ajuda a ver que a situação não é tão ruim quanto você imagina.		
Quem ajuda você a **administrar um aumento repentino de responsabilidades** no trabalho ou em casa? Quando você sente uma sobrecarga de demandas, essa pessoa pode comparecer com o próprio tempo ou talentos para ajudar você a dar conta.		
Quem ajuda você a **entender** pessoas e fatores políticos? Essa pessoa pode ter mais experiência ou uma visão mais abrangente, e pode ajudar você a entender melhor o comportamento dos outros.		
Quem ajuda você a **rir** de si ou da sua situação? Essa pessoa talvez desarme a tensão com uma injeção de humor.		
Quem ajuda você a **se desconectar ou tirar uma folga** das suas dificuldades? Você se junta a essa pessoa para fazer algo — uma atividade esportiva, uma trilha, um retiro — sem relação alguma com a sua dificuldade, de modo que sua mente e seu corpo tenham uma folga.		

Dicas dos "10%"

- **Desenvolva conselheiros do tipo "ou vai ou racha".** Essas conexões são boas para ajudar você a ver qual caminho escolher e qual deixar para trás. Você se apoia nelas justamente porque sabe que darão conselhos precisos. O papel delas vai além de ser uma caixa de ressonância. Essas são pessoas com quem você pode contar para te ajudar a tomar a decisão certa. Pode ser um mentor profissional de confiança, um colega de trabalho próximo que conheça bem você e a situação ou mesmo seu pai ou sua mãe, que já enfrentaram desafios semelhantes na vida. Identifique as pessoas da sua rede que são boas em ajudar você a ir direto ao ponto na hora de tomar decisões — pessoas que digam coisas como: "Não perca seu tempo com isso" ou "Se eu fosse você, simplesmente iria lá e pediria a promoção" — e se apoie nelas com esse objetivo.
- **Encontre suas vozes da verdade.** Uma voz da verdade é alguém em quem você confia para lhe dizer as coisas sem rodeios, e que você não vá descartar quando disser coisas difíceis. Essas pessoas são vitais para reconfigurar seu ponto de vista e lhe permitir ver o contexto inteiro quando isso estiver difícil. Quando ficou arrasada por não ter conseguido uma promoção, uma de nossas entrevistadas começou a chafurdar na autocomiseração. Após um dia ou dois de empatia, porém, seu marido passou a ser uma voz da verdade. "No contexto mais amplo, você na verdade não tem do que reclamar", disse-lhe ele. "Tem um bom emprego e uma família ótima. Bola para a frente." Mas não é nem preciso que seja alguém com quem você tenha tanta proximidade. Os "10%" da nossa pesquisa mencionavam com frequência um chefe que tivessem tido no começo da carreira ou a primeira pessoa que os contratara. Eles refletiam sobre como essas relações seguiam sendo importantes, já que respeitavam o que a pessoa tinha a dizer mesmo quando a verdade era dura de escutar. Como explicou um gerente sênior: "Nós tínhamos muita confiança um no outro, fosse em relação a alguma coisa de trabalho ou quando eu simplesmente precisava de um outro ponto de vista do tipo 'como eu faço isso? Você já passou por isso antes?'".

BUSQUE OUTRO PONTO DE VISTA EM CASO DE ADVERSIDADES

Pode ser fácil adentrar uma espiral de pânico ao se ver diante de obstáculos, mas enxergar os acontecimentos sob uma perspectiva mais ampla pode lançar sobre eles uma luz diferente, mais positiva. Essa ampliação do nosso ponto de vista é às vezes denominada *descatastrofização*. Só que fazer isso por conta própria pode demandar um grande esforço cognitivo. Tendemos a nos sair bem melhor quando temos outras pessoas para nos ajudar a dar um passo para trás, reformular o problema e vê-lo num contexto mais amplo.

Charlie, por exemplo, descobriu que tinha sido deixado de fora de uma reunião importante e teve o impulso de entrar enfurecido na sala do diretor. No entanto, ao reconhecer a própria raiva crescente, ele ligou para uma colega de confiança que não fazia parte do seu grupo. Como ela não tinha os mesmos sentimentos de mágoa que ele, ajudou-o com toda calma a reconfigurar seu ponto de vista. "Não faça nada hoje", aconselhou. "Seu gerente está equilibrando muitos pratinhos no momento. Deve ter um bom motivo para você não ter sido chamado, ou talvez tenha sido apenas esquecimento. Não entre esbravejando na sala dele até saber mais sobre o que está acontecendo." Foi exatamente o conselho certo. Uma conversa posterior com o chefe confirmou que ele estava tentando fazer um favor a Charlie ao não desperdiçar o tempo dele com aquela reunião. As coisas com frequência não são tão ruins quanto tememos, principalmente quando vemos o mérito de superar os desafios como uma etapa antes de alcançar objetivos maiores.

Dicas dos "10%"

- **Veja o mundo por novas lentes.** Tente se apoiar num mentor ou amigo de confiança, com pouca ou nenhuma ligação com seu trabalho. Um ponto de vista novo dessas pessoas externas ajuda a melhorar os microestresses diários, fazendo você se lembrar do contexto mais amplo a partir de uma perspectiva menos carregada de emoção. Um ponto de vista particularmente eficiente que recebemos dos outros é do tipo "Deixe disso!": o conselho direto de alguém que vê você preso num círculo de pensamento excessivo, estresse ou autocrítica. Um cônjuge ou amigo próximo, que em tudo o mais apoia você, pode interromper um ciclo em que você está duvidando de si dizendo algo como: "Você está gastando tempo demais pensando. Saia de dentro da própria cabeça".

- **Reforce seus valores fundamentais.** Quando os microestresses estiverem atacando, construa vínculos com pessoas que ajudem você a se lembrar dos seus valores fundamentais. Essa pessoa pode ser um amigo da vida inteira, para quem suas credenciais profissionais não fazem a menor diferença, mas que te valoriza como pessoa. Clubes do livro, grupos de oração ou comunidades de trabalho voluntário são apenas alguns dos tipos de grupos que trazem benefícios imensos aos "10%", proporcionando uma conexão com pessoas que compartilham os mesmos valores, mas que têm origens diferentes. Um dos "10%" descreveu como havia conversado com um amigo de infância sobre decisões difíceis de carreira enquanto os dois estavam jogando basquete. Durante o jogo, seu amigo o chamara de volta à realidade. O entrevistado recordou: "Ele falou tipo: 'Cara, desde quando você liga tanto assim para um título metido a besta?', e eu lembrei que ele tinha razão. O trabalho que faço é mais importante do que o título que tenho".

PEÇA AJUDA PARA ADMINISTRAR AUMENTOS REPENTINOS DE RESPONSABILIDADE NO TRABALHO OU EM CASA

Pense numa época em que você passou por um aumento repentino de responsabilidades no trabalho: um pedido de última hora de um cliente-chave, uma fase difícil devido à falta de pessoal no seu time, uma apresentação importante para o conselho. Como você atravessou aquela fase complicada? Se for igual a muitas pessoas, provavelmente recorreu a medidas heroicas para fazer o que era preciso. Trabalhou mais horas, deixou a concentração oscilar entre o trabalho e a vida pessoal mesmo quando tentava estar plenamente presente para a família, ou talvez tenha até cancelado planos pessoais. Só que esse esforço extraordinário tem um custo; trabalhar mais para sobreviver a aumentos de responsabilidade no trabalho (ou em casa) pode desequilibrar tudo, enfraquecendo sua sensação de controle sobre a própria vida.

Uma abordagem mais resiliente é pedir ajuda à sua rede. Veja o caso de Michael, o anestesista sobre quem falamos anteriormente. Apesar das demandas do momento, ele não foi um herói solitário. Michael recorreu à forte relação de trabalho que tinha com outro chefe de departamento para administrar em conjunto o aumento repentino de carga de trabalho. Um outro colega lhe "emprestou" o tempo de funcionários administrativos que podiam ajudar seu departamento a dar conta da agenda e de outras tarefas operacionais. "Em um ou dois momentos realmente importantes, isso nos ajudou a não ser soterrados", recordou. O que Michael fez particularmente bem durante aquela fase difícil foi pedir ajuda de maneiras pequenas, porém concretas. Ele nos disse que o simples fato de ter pessoas de confiança se dispondo a ajudar permitiu a ele "focar nas coisas mais importantes naquele período".

Dicas dos "10%"

- **Seja proativo para ajudar as pessoas da sua rede.** Não espere uma crise para pedir ajuda às pessoas, nem para se dispor a ajudar os outros. Ao encontrar formas de ajudar os outros mesmo quando não houver nenhuma questão urgente, você estabelece uma base para futura reciprocidade. O apoio que você oferece pode ser simples, como se certificar de falar bem dos outros e dar crédito publicamente quando necessário. Pequenas ações constroem confiança e reciprocidade, plantando a semente de uma relação com a qual você poderá contar quando a carga aumentar subitamente.
- **Certifique-se de que os seus colegas te vejam como alguém que valha a pena ajudar.** Você pode avançar um ou dois passos para além de oferecer sua ajuda rotineira aos outros quando isso não for necessariamente responsabilidade sua, oferecendo seu tempo ou ajudando-os a solucionar problemas quando eles estiverem precisando. Ser *esse* colega incentiva os outros a ajudarem quando você precisar, porque eles sabem que a ajuda vai lhes render frutos no futuro.
- **Identifique pessoas com objetivos em comum.** Faça um esforço para construir relações com pessoas que ficarão ansiosas para ajudar você, pois os objetivos e interesses delas coincidem com os seus. Procure objetivos em comum para além do óbvio: talvez eles nem sequer tenham a ver com trabalho. Por exemplo, você pode coordenar a condução para transportar o time esportivo do qual seus filhos e os delas participam.

ENCONTRE PESSOAS QUE AJUDEM VOCÊ A RIR DE SI (OU DA SITUAÇÃO)

Você já sabe disso intuitivamente: risadas são rejuvenescedoras. Mas os efeitos fisiológicos são menos conhecidos — rir ativa rotas neuronais de emoções como alegria e contentamento, aumentando os níveis de serotonina e limitando os hormônios do estresse, como o cortisol. É realmente um antidepressivo, só que sem os efeitos colaterais.[6] E existem indícios de que rimos melhor quando fazemos isso acompanhados. Segundo o linguista Don Nilsen, risadinhas e crises de riso raramente acontecem quando estamos sós.[7]

Essa informação se reflete diretamente em uma forma de se proteger dos efeitos dos microestresses. Rir pode ajudar todo mundo a relaxar e a voltar a um ponto em que consegue pensar melhor, ser mais criativo e simplesmente se sentir humano. Nas palavras de um líder sênior: "Rir meio que abaixa a pressão arterial, né? É tipo: 'Ei, nem tudo precisa ser estresse e trabalho. A gente pode se divertir enquanto faz isso.'".

Isso não quer dizer que você precise tirar a poeira das suas piadas de tiozão para ser a pessoa engraçadinha da reunião. Existem outras formas simples de compartilhar humor como antídoto para os microestresses do dia a dia. Um executivo de RH que entrevistamos descreveu como seu grupo heterogêneo de amigos troca mensagens periodicamente. Ele está numa reunião séria e um dos caras lhe manda uma mensagem que simplesmente o faz cair na risada. É uma brincadeira leve, mas que o ajuda a lidar com os momentos absurdos do trabalho. Outra líder nos contou que tem uma amiga para quem pode ligar quando sente que o mundo inteiro está contra ela. Depois de um tempo, a amiga diz: "Tá, chega", e diz alguma coisa engraçada. "Pode ser algo totalmente aleatório, mas ela simplesmente impede o trem de continuar seguindo rumo à lamentação", disse a líder.

Dicas dos "10%"

- **Compartilhe o humor virtualmente.** Pequenos momentos têm importância quando o assunto é rir. A capacidade de manter vínculos virtuais com amigos que compartilham seu senso de humor e que possam trazer leveza ao seu dia e semana é uma vantagem genuína da cultura de estar sempre on-line. "Às vezes estou feito uma louca pela casa, correndo para me aprontar, e aí chega uma mensagem de uma das minhas amigas e eu paro só pelo tempo necessário para assistir a um vídeo de trinta segundos no TikTok", disse-nos uma executiva. "E antes de o vídeo acabar já estou chorando de rir. Tem dias em que só isso me impede de chafurdar em qualquer microestresse que eu esteja enfrentando." Outros nos falaram sobre criar grupos de chat com parentes nos quais trocam piadas de família. "Quando mostrei os views de uma das minhas postagens no LinkedIn para minhas filhas adolescentes, todo orgulhoso, uma delas soltou: 'Virou influencer, hein, pai?' e eu ri de mim mesmo tanto quanto ela", contou um entrevistado.

- **Torne situações difíceis mais leves.** Os "10%" encontravam repetidamente maneiras de criar humor a partir de um conjunto de circunstâncias ou mesmo de *stakeholders* nada razoáveis. Um entrevistado nos contou sobre uma reunião na qual sua gerente repreendeu o time por não ter cumprido um prazo, muito embora todos viessem trabalhando à noite e nos finais de semana para tentar dar conta de tudo. Não foi um momento bom para ninguém. Assim que a gerente saiu da sala, ele se virou para os companheiros de time consternados e disse: "Que bom que correu tudo bem!". A sala inteira desatou a rir, dissipando a tensão.

- **Use o humor autodepreciativo.** A autodepreciação diminui o status de uma situação e permite que as pessoas vejam o seu eu verdadeiro e vulnerável. A natureza desarmante dessa forma de humor pode criar vínculos entre os integrantes de um time. Uma líder que entrevistamos descreveu o conflito que teve com uma colega de outra unidade. Nos momentos mais acalorados, essa colega com frequência tinha uma capacidade magistral de desarmar os outros dizendo algo como: "Nossa, expliquei superbem!". E as duas partes começavam a rir. Introduzir o humor impedia o conflito relacionado a ideias e metodologias de se tornar algo pessoal, ajudando-as a reconhecer que, se a conversa ficasse acalorada, era porque ambas consideravam aquilo importante.

ENTENDA AS PESSOAS E OS FATORES POLÍTICOS

O microestresse é criado e recriado quando ficamos remoendo algum comentário casual, quando nos preocupamos com a possibilidade de ter dito a coisa errada para a pessoa errada no momento errado ou quando ficamos revisando nossos e-mails para ter certeza de não ter ofendido alguém sem querer. Sentir que não entendemos por completo os fatores políticos de uma situação pode nos desestabilizar, fazendo-nos perder o sono para repassar mentalmente o que aconteceu. Sozinhos, temos pouca probabilidade de conseguir romper os limites do nosso próprio entendimento em relação à dinâmica política de determinada situação. Quando temos um aliado de confiança que consegue ver a paisagem política melhor do que nós, conseguimos posicionar melhor e de forma segura nosso próprio trabalho e esforço em vez de ficarmos preocupados desnecessariamente com coisas sem importância. Gastamos menos tempo sendo contraproducentes e nos preocupando com as motivações e prioridades subjacentes dos outros. E podemos nos sentir mais seguros da nossa própria posição.

Não precisamos construir relações com qualquer pessoa capaz de ajudar a solucionar algum problema político. Mas será vantajoso construir uma rede de pessoas que desempenham papéis diferentes para nos ajudar a entender os fatores políticos. Por exemplo, podemos não perceber que determinado colega está sob pressão para produzir resultados, com medo de perder o emprego, ou já foi vítima de alguma sabotagem antes. Ter uma conexão bem-estabelecida para ajudar a decodificar o que realmente está acontecendo pode ser extremamente útil para reduzir nosso estresse.

Veja o exemplo de Enrico, gerente sênior em uma empresa da área de saúde. Ele recorreu a um grupo de pares de um emprego anterior quando estava se sentindo inseguro em relação a uma conversa com a nova chefe. Ao falarem sobre algo altamente sigiloso, a chefe fez algum comentário sobre o fato de eles estarem se referindo àquilo de modo tão "casual". Enrico não parava de remoer o que ela quisera dizer com aquilo. Será que não confiava nele?

Felizmente, os antigos colegas ajudaram Enrico a reconfigurar seu ponto de vista sobre o que a fala de sua chefe poderia ter significado. Talvez ela própria estivesse um pouco nervosa por ter tido acesso àquela informação e aquele fosse seu jeito de aliviar esse sentimento. Mas ela claramente tinha confiado em Enrico durante aquela conversa. Se não tivesse tido a oportunidade de conversar para entender a situação, "isso teria virado mais uma besteira na qual eu ficaria pensando à uma da manhã", disse ele.

Dicas dos "10%"

- **Conecte-se com os conectores.** Em toda empresa existem conectores naturais: pessoas que parecem conhecer outras em outros escritórios e departamentos e que podem inclusive ter boas relações com ex--funcionários. Elas são um grande apoio na hora de entender os fatores políticos. Um profissional de alto desempenho nos contou que uma das conversas mais valiosas que tinha diariamente era o papo informal com uma pessoa do departamento de TI no ônibus interno que pegavam de manhã do estacionamento até o escritório. "Eu simplesmente passei a ter um entendimento da política do escritório totalmente diferente do que se tivesse passado o dia inteiro sentado na minha sala", disse ele. Certifique-se de fazer parte também da rede informal do conector. Por exemplo, uma mulher que faz parte dos "10%" nos contou que mantinha uma relação havia muito tempo com uma funcionária do RH, embora as duas não trabalhassem juntas. Sempre que estava em dúvida quanto a propor alguma nova iniciativa, a colega do RH lhe dava o caminho das pedras: "Comece com tal pessoa, depois aquela outra, e depois disso você vai ter apoio suficiente para levar a proposta ao comitê". A informação interna era um ponto de vista inestimável. Por sua vez, sempre que o departamento de RH propunha alguma nova iniciativa, ela manifestava publicamente seu apoio. "Nós simplesmente construímos uma relação de respeito", contou ela.
- **Cultive uma rede de colegas a quem recorrer.** Não precisam ser seus aliados mais próximos na empresa. Encontre pessoas dispostas a compartilhar com você as próprias experiências e os próprios pontos de vista. Uma profissional em ascensão numa editora nos disse recorrer regularmente a uma colega com duas décadas de casa que estava perto de se aposentar. "Não éramos particularmente próximas, mas ela estava

acima das disputas políticas. Tinha um instinto e uma experiência incríveis e era generosa para compartilhar suas opiniões sobre como lidar com prazos, como determinadas pessoas reagiam ao ficar de fora das decisões e assim por diante."

ENCONTRE PESSOAS QUE AJUDEM VOCÊ A SE DESCONECTAR E TIRAR UMA FOLGA DO MICROESTRESSE

Pausas são essenciais para que consigamos fazer o nosso melhor trabalho. Pesquisas revelam que, ao voltarmos de uma pausa, chegamos com uma maior sensação de bem-estar, já que a pausa diminui nosso estresse, reduz nossa exaustão mental e aumenta nossos níveis de energia, tornando-nos mais capazes de focar.[8] Só que a maioria das pessoas pressupõe que uma pausa signifique se afastar de tudo. A maioria dos "10%", porém, diz que pausas feitas junto com outras pessoas, mesmo durante atividades imersivas, proporcionam benefícios mais fortes. Se estivermos interagindo com outras pessoas, é mais fácil parar de remoer os microestresses pessoais ou profissionais.

Bryant, um executivo da área financeira, desconecta-se no convívio com a família, na igreja e no seu clube de motociclismo. Quando está no trabalho, este recebe toda sua atenção e, quando está em família, o foco é nela. Andar de moto é a única coisa que ele pode fazer para se afastar tanto do trabalho quanto da família, que são as principais fontes de microestresse em sua vida. Consequentemente, no clube de motociclismo ele consegue relaxar por completo. "É só um bando de caras andando a 110 ou 130 quilômetros por hora, que estão ali para fazer apenas uma única coisa: andar de moto e curtir", contou. "É o melhor alívio para o estresse do mundo."

Dicas dos "10%"

- **Construa redes em torno de atividades recreativas em comum.** Ter uma rede recreativa lhe permite fazer uma imersão junto com outras pessoas em atividades que você ama, recarregando as baterias. Um consultor que entrevistamos fazia um retiro de meditação uma vez por ano.

O grupo passava parte do dia em silêncio, e em outros momentos podia se conectar, com conversas entre os participantes. "Constatei que isso é essencial para o meu bem-estar geral", contou ele. "Nesse grupo, que passei a conhecer muito bem, nós podemos ser nós mesmos plenamente. Todo ano eu espero ansiosamente pela data do retiro."

- **Busque o autoaprimoramento com outras pessoas.** Uma cientista nos contou que, no primeiro dia de cada ano, fazia uma lista de todos os livros que tinha planos de ler. Só que ela raramente encostava na lista até o dia em que, no trabalho, entrou para um clube do livro que se reunia uma vez por mês para almoçar. Ela não só se sentiu motivada a pôr as leituras em dia como também começou a se conectar com pessoas de outras áreas da empresa que de outra forma sequer teria conhecido.

- **Invista em redes estendidas.** Os "10%" valorizam muito o fato de se manterem conectados a redes de sociabilidade envolvendo pessoas que *não sejam parte integrante de sua vida profissional ou pessoal.* Carol entrou para um grupo de café ao ar livre perto de casa que se formou na sua cidade durante a pandemia. Alguém pôs um anúncio no quadro de avisos de um parque próximo e as pessoas simplesmente começaram a aparecer. Uma vez por semana, todos se encontravam no tal parque, sentados distantes uns dos outros, para uma conversa casual. "No começo, todo mundo só falava da pandemia", contou ela. "Mas, com o tempo, aquilo se tornou para mim uma ótima forma de ter um outro ponto de vista em relação à vida." Também falamos com uma executiva de mídia que entrou para um grupo de canto no qual não conhecia ninguém. Mesmo assim, ela adorava ir lá uma vez por semana, tornando-se parte de uma comunidade que sequer sabia existir. Apesar de ser introvertida, era fácil conversar e rir entre uma música e outra.

MOMENTO COACHING

Como fortalecer sua resiliência por meio das relações

Suas relações são variadas e profundas o suficiente para lhe dar apoio quando você enfrenta adversidades? Siga os dois passos a seguir para descobrir.

1. Identifique as principais fontes de resiliência de que precisa

Conforme descrito neste capítulo, existem sete fontes relacionais de resiliência. Essas fontes não são universais e nem têm a mesma importância para todo mundo. Alguns podem valorizar mais o riso enquanto outros preferem a empatia. Nossas necessidades de resiliência são pessoais e moldadas pela nossa história, personalidade e circunstâncias profissionais e pessoais. Coletivamente, porém, as relações que criamos são uma caixa de ferramentas à qual podemos recorrer em tempos difíceis e na qual podemos nos apoiar para lidar com os desafios do dia a dia.

Usando a tabela 6.2, identifique as três principais fontes de resiliência dentre as sete que você mais gostaria de fortalecer em sua vida. Marque aquelas que mais gostaria de desenvolver.

2. Planeje como fortalecer sua rede

Reflita sobre as três principais fontes de resiliência que marcou. Conexões que geram resiliência podem ser cultivadas intencionalmente de duas formas: você pode aprofundar relações existentes ou iniciar novas. Use ambas as técnicas, mas lembre-se de que ampliar sua rede ajuda você a desenvolver dimensionalidade, ou seja, uma rica variedade de relacionamentos e conexões. Uma dimensionalidade maior proporciona uma perspectiva melhor em relação às suas dificuldades, oferece uma sensação mais forte de propósito ou simplesmente permite que você se desconecte das dificuldades do dia a dia. Lembre-se também de cultivar relações existentes e novas tanto nas suas áreas típicas de trabalho, família e amizades quanto fora delas.

Anote os nomes das pessoas ou grupos nos quais você gostaria de investir mais. Se quiser aprofundar sua relação com eles, coloque-os na terceira coluna. Se houver relações que você queira criar, coloque-as na última coluna. A tabela 6.2 mostra como seu gráfico poderia ficar.

TABELA 6.2

Minhas fontes relacionais de resiliência

O que a conexão faz	Passo 1: Verifique as fontes relacionais de resiliência que você gostaria de fortalecer	Passo 2: Fortaleça sua rede	
		Identifique estratégias para aprofundar relações existentes	Identifique estratégias para iniciar relações com novas pessoas ou grupos
Proporciona apoio empático			
Mostra outro ponto de vista quando ocorrem adversidades	X		Certificar-se de caminhar até o trem no final do expediente com um colega de outro departamento
Ajuda a enxergar um caminho a seguir	X	Conectar-se com três pares de departamentos adjacentes para análise informal de como solucionar um problema técnico	
Ajuda a administrar aumentos repentinos de responsabilidade no trabalho ou em casa			
Ajuda a entender fatores políticos			
Ajuda a encontrar humor em situações difíceis			
Permite que você se desconecte e se recomponha	X	Começar um clube do livro mensal: mandar convites para vinte pessoas que não vejo há algum tempo e ver quem aparece	

A MELHOR DEFESA É A PREPARAÇÃO

Uma rede resiliente não vai se materializar da noite para o dia. Como já mostramos, os "10%" cultivam e mantêm conexões autênticas em muitas partes de sua vida, não só por meio do trabalho, mas também de atividades esportivas, voluntariado, comunidades cívicas ou religiosas, clubes, pais que conheceram graças aos filhos e assim por diante. Interações nessas esferas proporcionam uma dimensionalidade crucial, ampliando a identidade das pessoas e abrindo seu foco em relação a como elas veem a própria vida. Nós nos tornamos mais (ou menos) resilientes por meio de nossas interações com os outros.

Assim como você pode não ter consciência das dezenas de microestresses que enfrenta a todo instante, talvez tampouco reconheça como suas relações podem ser um antídoto importante para eles. É nas interações em si — conversas que validam nossos planos, reformulam nosso ponto de vista em relação a uma situação, ajudam-nos a rir e a nos sentir autênticos ou simplesmente nos incentivam a levantar e tentar outra vez — que nos tornamos resilientes. A conexão com outras pessoas não é só uma coisa legal de se ter na vida; é algo essencial para o nosso bem-estar geral. No próximo capítulo, exploraremos como essas mesmas conexões podem ter um papel crucial para nos ajudar a conservar nossa saúde física.

7. Como se manter saudável

 **PONTOS-CHAVE**

- Com trinta e poucos anos, muitos de nós começam a abandonar as atividades que antes nos mantinham energizados e em boa forma física; simplesmente nos tornamos ocupados demais para continuar com elas. E sofremos as consequências disso quando nossa saúde física começa a se deteriorar.

- Pessoas que evitam esse destino não necessariamente têm mais força de vontade, horas livres ou foco do que o restante de nós. A trajetória delas para melhorar a saúde física segue um padrão típico no qual a atividade e a rede da pessoa estão intimamente interligadas:

    1. Priorizar a saúde física.
    2. Compartilhar esse compromisso de modo a torná-lo visível para os outros.
    3. Criar aderência por meio das relações no trabalho e na vida pessoal.
    4. Reforçar e ampliar a identidade por meio de atividades e conexões que tenham por foco o seu bem-estar.

- Os "10%" integram sua saúde física aos relacionamentos à sua volta. Nós damos importância a manter as atividades que nos tornam mais saudáveis porque nos sentimos conectados às pessoas com quem as praticamos. Essa conexão, por sua vez, nos faz persistir em nossa busca pela saúde, algo que outras soluções de curto prazo — grupos para perda de peso, por exemplo — não fazem. A integração de iniciativas saudáveis nas relações cria uma força positiva e um desejo de estar saudável; esses esforços vão além da pressão social para eliminar algo negativo, como o consumo excessivo de álcool ou o ganho de peso. Em vez disso, eles estão conectados a associações positivas com outras pessoas, o que significa que é mais fácil mantê-los.

Rebecca, líder numa instituição de pesquisa importante, falou-nos sobre uma época em que a sua saúde física chegou ao fundo do poço, sete anos antes. Ela estava terminando seu MBA de meio período e trabalhando em tempo integral num emprego com um trajeto diário de uma hora. Naquele contexto, tinha se deixado levar por hábitos de saúde cada vez piores. No longo trajeto de volta para casa, falava com o marido para decidir sobre o jantar. Tentando facilitar as coisas para ela, ele dizia: "Passa no Burger King e pronto". Com sua capacidade esgotada por dezenas de microestresses ao longo do dia, Rebecca não conseguia encontrar força emocional para resistir. Não havia a menor possibilidade de ela preparar uma refeição saudável ao chegar em casa, e seu marido nunca se oferecia para fazê-lo. Sendo assim, eles comiam fast food. Muito fast food. Escolher que tipo de fast food iriam comer se tornou o ponto alto dos seus dias.

Pior ainda: o exercício físico tinha se tornado uma lembrança distante para a antes ativa Rebecca. Ela sabia que tinha desenvolvido hábitos destrutivos, mas não conseguia ver nenhuma saída. Sua vida estava ocupada por microestresses — e por suas consequências secundárias — que não paravam de tirá-la dos trilhos. Por exemplo, nem seu marido nem seus amigos tinham um interesse especial por exercício ou nutrição. Eles curtiam comer e beber bem, e sua vida social girava em torno disso. Os fins de semana eram muitas vezes ocupados por elaborados encontros para torcer por seu time de futebol preferido nos quais eles só comiam lanches improvisados. Ou então eles se encontravam regularmente num pub próximo para beber e depois iam comer em algum restaurante. Para fazer parte do grupo, Rebecca sentia que precisava comparecer. Gostava das pessoas individualmente, mas em grupo elas tinham tendência a alimentar os piores hábitos umas das outras. O que ela não reconhecia na época era que cada um daqueles convites era um microestresse que estava sutilmente afetando suas reservas emocionais e sua identidade. Rebecca se deixava levar porque aquela era sua única válvula de escape social, mas se pegou sentindo uma infelicidade cada vez maior com a situação.

Você não reconheceria a Rebecca de antes se a visse hoje. Quando a entrevistamos, ela estava saudável e cheia de energia. Contou-nos que tinha chegado uma hora em que simplesmente decidira que aquela de antes não era a pessoa que desejava ser. "Eu simplesmente senti que as pessoas com quem estava convivendo não eram o melhor para mim", relembrou. Rebecca enfim entendeu que tinha construído a vida em torno de conexões com pessoas que não valorizavam as mesmas coisas que ela antes valorizava. Aquele grupo incluía seu marido.

Não foi nenhuma mágica que a recolocou nos trilhos, mas o desenvolvimento de amizades com colegas que tinham os mesmos objetivos e aspirações teve um papel-chave na mudança da sua trajetória. Os amigos do trabalho incentivaram Rebecca a priorizar a própria saúde. Quando ela confidenciou a eles que estava se divorciando, eles a incentivaram a se mudar para o centro da cidade, o que cortaria pela metade seu tempo de trajeto e lhe daria mais tempo para se exercitar. Ela começou a incluir hábitos mais saudáveis em pequenos momentos ao longo do dia, como combinar reuniões andando com uma colega de outra divisão com quem estava colaborando. "A gente trabalha enquanto caminha", sugeriu a colega. No começo, Rebecca não teve certeza de que conseguiria prestar atenção enquanto andava, mas constatou que estar livre das distrações de sua mesa lhe permitia se manter ainda mais focada. Ela conseguiu acrescentar uma hora de exercício físico sem deixar de se conectar com seu projeto.

Rebecca começou a conversar sobre trabalho com colegas durante o almoço, mas com o tempo os almoços foram se tornando menos formais. As conversas passavam com facilidade do trabalho para relações, casamentos, filhos, pais que envelheciam... e o grupo criava vínculos ao dividir seus respectivos altos e baixos. Os almoços passaram a ser tão importantes que todos os colegas tornaram uma prioridade manter livre aquele horário do dia, independentemente de outras demandas.

Eles raramente falavam sobre entrar em forma ou perder peso. Foi apenas a influência de estar na companhia uns dos outros. "Nós começamos a nos incentivar a comer um pouco melhor, a nos certificar de comer saladas e esse tipo de coisa", contou Rebecca. "Eu devo ter perdido de sete a nove quilos em seis meses fazendo isso."

A mudança na saúde física de Rebecca foi um resultado que veio tanto das pessoas com quem estava se conectando quanto da própria vontade de mudar. Com o tempo, o resultado foi profundo. Rebecca hoje está numa nova relação que é uma influência positiva para a sua saúde. "A gente gosta de cozinhar junto", disse ela. "Mesmo que eu tivesse aquele segundo em que dissesse: 'Hmm, bem que eu queria comer um McDonald's hoje', meu parceiro diria: 'Não, a gente não vai fazer isso. Vamos preparar alguma coisa melhor.' Nem me lembro quando foi a última vez que eu comi fast food."

Para a maioria de nós, o compromisso com a saúde física é uma das primeiras coisas que deixamos para lá conforme o microestresse se acumula. Vamos aos poucos deixando de lado atividades antes essenciais para nossa vida por estarmos simplesmente ocupados ou cansados demais. Podemos tentar virar essa mesa com algum objetivo de saúde ambicioso para o Ano-Novo — *este ano vou correr aquela maratona de 10K!* ou *este ano finalmente vou perder os quilos da gravidez* ou *este ano vou voltar a jogar tênis* —, mas nossas resoluções raramente se concretizam.

Quando não conseguimos alcançar um objetivo de saúde física, a reação habitual é culpar a nós mesmos — *eu não tenho força de vontade* ou *eu não tenho foco suficiente* — ou então colocar na conta das demandas da vida: *não tenho tempo para isso*. Mas abrir mão de priorizar a saúde física pode ter consequência secundárias duradouras.

Neste capítulo, explicaremos por que as relações são tão importantes para sua capacidade de combater o custo físico do microestresse. Exploraremos o caminho para uma saúde melhor que os "10%" percorrem de maneira consistente, compartilhando dicas práticas para segurar as rédeas do seu bem-estar físico e não largá-las mais.

COMO NOSSAS REDES AFETAM NOSSA SAÚDE FÍSICA

Por que nossas redes de sociabilidade têm uma influência tão poderosa na nossa saúde e na nossa longevidade? Isso se deve em parte ao efeito direto das interações sociais positivas na nossa biologia. Indícios apontam que a interação social é fisicamente saudável. Conexões de apoio com outras pessoas favorecem nossas funções imunológicas, endócrinas e cardiovasculares, reduzindo o desgaste causado pelo estresse em nossos sistemas.[1] Pessoas que têm relações recompensadoras e próximas com familiares, amigos e pessoas de sua comunidade são mais saudáveis e vivem mais.[2]

Para tornar tudo isso um pouco mais complexo, ao chegarmos à meia-idade, fase da vida em que manter um estilo de vida saudável e ativo se torna ainda mais importante, tendemos a nos afastar de muitas de nossas conexões. Um estudo sobre redes de sociabilidade e saúde revela um ponto de inflexão na faixa etária dos 35 aos quarenta anos, quando uma pessoa começa a se tornar menos conectada com outras que a motivam em relação à atividade física e à nutrição e que são companhia para atividades que melhoram sua saúde.[3] Essa fase da vida, claro, é a fase em que a maioria das pessoas têm responsabilidades profissionais e pessoais extraordinárias, o que acarreta ondas e mais ondas de microestresses cotidianos. Se você seguir o padrão típico, é provável que chegue à época em que mais precisa de conexões que reforcem a boa saúde tendo menos do que jamais teve.

Nos "10%", nós vimos algo diferente. Eles não agem sozinhos, mas entrelaçam as atividades saudáveis em seu cotidiano por meio de conexões com outras pessoas. De forma simultânea, adaptaram seus comportamentos e relações para diminuir a probabilidade de regredir para padrões antigos. Afastaram-se conscientemente de conexões ou situações que desencadeassem escolhas de saúde negativas e então criaram relacionamentos positivos e autênticos que os ajudaram a se manter nos trilhos. O compromisso com a saúde física passou a consistir tanto em compartilhar a própria experiência e receber o desafio e o apoio dos outros quanto em alcançar um número numa balança ou completar uma corrida de dez quilômetros.

Em nossas entrevistas, pedimos às pessoas para refletirem sobre fases em que estavam se tornando mais saudáveis — qualquer que fosse o significado pessoal disso para elas — e compartilharem não só o que estavam fazendo, mas também o papel das conexões que lhes permitiam melhorar a saúde. Como aquelas pessoas muito ocupadas com quem conversamos conseguiam integrar novos hábitos em sua vida e evitar deslizes? Suas respostas produziram um padrão mais ou menos parecido com o da figura 7.1.

FIGURA 7.1

Como impulsionar trajetórias de saúde positivas por meio das relações

Se você reler a história de Rebecca, verá que a figura 7.1 representa o caminho que ela escolheu para se recolocar nos trilhos depois de anos deixando sua saúde se deteriorar. Cada passo conduz ao seguinte. Repare que a jornada de Rebecca rumo a uma saúde melhor aconteceu em etapas, não de uma vez. Mas ela claramente aconteceu por meio das relações que a ajudaram a manter a rotina. Nessa área, a maioria dos profissionais de alto desempenho foca em como as conexões com os outros ajudam a gerar saúde física por meio do exercício e da nutrição. Mas os mesmos princípios valem também para um grupo menor que focou em ganhos relacionados a outros objetivos físicos como mindfulness, meditação, sono, cuidados de prevenção e gerenciamento de estresse.

Vamos examinar mais a fundo como funciona cada etapa da trajetória típica rumo a uma saúde melhor e o papel crucial desempenhado pelas relações nesse processo.

PASSO 1: FAZER DA SUA SAÚDE FÍSICA UMA PRIORIDADE

A saúde tipicamente se torna uma prioridade quando alguém ou alguma coisa surge no momento certo, dando um empurrãozinho que nos faz superar nossa capacidade de adiar isso por mais tempo. Para alguns de nós, esse empurrãozinho vem quando um amigo ou familiar próximo passa por um problema de saúde, como um AVC, um infarto ou um diagnóstico difícil, como pressão alta. Para outros, ele vem na forma de um dia particularmente ruim de ressaca após ter bebido demais ou do choque com o número na balança do consultório médico. E há ainda quem sinta o empurrãozinho quando alguém na sua rede demonstra os benefícios de priorizar a saúde.

O empurrãozinho dos outros é parte crítica do processo. As conexões ajudam a converter a ideia abstrata de melhorar a saúde física num conjunto de ações tangível e movido por um propósito. Qualquer um pode proporcionar essa inspiração final: familiares, amigos, colegas de trabalho. E a inspiração pode vir também de fontes negativas. Podemos nos sentir motivados por *não* querermos ser como algumas pessoas: o gerente acima do peso e sem ânimo devido ao excesso de almoços de negócios ou o colega que aparece no escritório exausto e esgotado. Um entrevistado compartilhou conosco como seu pai falecera após cinco anos doente e como ele sabia não querer que o próprio estilo de vida sedentário acabasse transformando-o num fardo para os filhos. Em muitos casos, a combinação de uma nova priorização da saúde com uma conexão pessoal funciona para criar o incentivo que impulsiona o primeiro passo.

Fazer da saúde uma prioridade nos ajuda de três formas:

- **Programa nosso cérebro para agir.** Uma vez que focamos nossa atenção em alcançar um objetivo importante, nosso subconsciente entra em ação para nos ajudar a alcançá-lo. Nossas rotas neuronais afetam a tomada de decisões. Quando estabelecemos um objetivo, ficamos em parte motivados a alcançá-lo sem perceber que nosso subconsciente é quem está ao volante.
- **Revela uma gama de padrões de pensamento negativos que nos mantiveram pouco saudáveis.** Nós podemos olhar para pessoas em boa forma física e pensar que jamais teríamos como alcançar isso. Ou podemos cometer o equívoco de acreditar que nossos corpos são

diferentes dos das outras pessoas por algum motivo, e que, portanto, a saúde física é inatingível para nós. Mas um comprometimento genuíno com nossa própria saúde frequentemente nos ajuda a ver onde estamos fazendo comparações inadequadas ou tendo pensamentos negativos, o que nos incentiva a realizar ações que melhoram a saúde.

- **Uma vez que categorizamos algo como prioridade, fica mais fácil alocar tempo para isso.** Pode ser difícil justificar começar seu dia com meia hora de esteira se você só conseguir pensar em como isso vai atrasar a hora de começar o trabalho que precisa fazer. Tornar a saúde uma prioridade igual ou maior do que outras foi um fator presente para todas as pessoas da nossa pesquisa que descreveram fases de melhora significativa da saúde em sua vida.

Clint, um líder sênior numa empresa de manufatura, priorizou a própria saúde depois que uma pequena cirurgia na tireoide se tornou seu alerta. Com um emprego exigente e dois filhos, ele praticamente vivia focado no trabalho ou na família desde a hora em que acordava até a hora em que deitava a cabeça no travesseiro. Encontrar tempo para a família era sempre um desafio. Pensar em priorizar a própria saúde parecia impossível. Mas a cirurgia na tireoide ampliou sua perspectiva.

Ele queria se recuperar depressa, e se deu conta de que não queria correr o risco de perder nenhum tempo com a família nos anos seguintes por conta de uma saúde ruim. Depois de anos de sedentarismo, teve de começar aos poucos. Começou caminhando, no início apenas por curtas distâncias, mas em pouco tempo já conseguiu ir mais longe. Faz sentido, claro, que ao começar com pequenos esforços Clint tenha conseguido se motivar a iniciar uma jornada rumo a uma saúde melhor. Por algum motivo, porém, dessa vez foi diferente. Ele perseverou.

Sua trajetória seguiu o mesmo padrão que a de Rebecca. Primeiro, ele tornou seu objetivo público, compartilhando com a família o desejo de voltar a entrar em forma. Criou rotinas que o ajudaram a perseverar, como nem sequer olhar seu e-mail antes de ter dado uma corrida de manhã. Assim, ele evitava ser sugado pelos microestresses do trabalho até ter cumprido seu compromisso consigo mesmo. E, com o tempo, ele começou a se ver de forma um pouco diferente. Começou a pensar em si mesmo como uma pessoa cheia de energia, não alguém que caía exausto na cama todas as noites. Com uma identidade reforçada, passou a dedicar mais tempo ainda a cuidar da saúde. No início, sofria para conseguir dar uma caminhada de manhã, mas com o tempo passou a fazer corridas de cinco e de dez quilômetros nos finais de semana com um grupo de amigos corredores. "Sinto que me tornei uma versão melhor de mim mesmo", disse Clint.

Dicas dos "10%"

- **Reorganize as prioridades em várias esferas.** Tenha firmeza em relação a fazer da saúde uma prioridade em todas as esferas da sua vida: no trabalho, na família, com os amigos e assim por diante. É difícil fazer mudanças duradouras se você só eleger uma única área da sua vida para ter prioridades mais saudáveis, persistindo com atividades pouco saudáveis em outras. Clint coordenou suas corridas com a esposa, que organizava as agendas de ambos levando isso em conta, chegando inclusive a dar alguns suaves empurrõezinhos (às vezes um empurrãozinho literal para tirá-lo da cama) para ele começar e manter o compromisso. Ele também deixou claro para os colegas de trabalho que só entraria no e-mail após ter concluído sua corrida matinal.
- **Encontre modelos de comportamento.** Examine sua rede para encontrar pessoas que tenham tido sucesso ou que estejam progredindo bem na direção das próprias prioridades de saúde. Repare no que elas estão fazendo e em como isso está afetando sua energia e disposição. Um encontro inesperado com um velho amigo que era um corredor ativo foi a inspiração inicial de Clint para tentar a corrida. Uma pessoa que entrevistamos ficava impressionada ao ver como sua gerente dizia a todo mundo que, das sete às oito da manhã, estaria praticando exercícios, portanto ficaria incomunicável. Considere também a possibilidade de procurar modelos negativos de comportamento em pessoas que você não quer ser, que tenham passado décadas *não* levando vidas saudáveis e estejam sofrendo as consequências. Isso também pode ser uma motivação poderosa.
- **Passe na frente as prioridades que de fato forem significativas para você.** Resista à prática comum de se comparar às pessoas à sua volta;

a única coisa que importa é a sua jornada, não a dos outros. Ao completar quarenta anos, nosso entrevistado David reconheceu que tinha acumulado peso na última década e estava fora de forma. Alguns de seus amigos da faculdade brincavam que ele estava com uma barriga "tancão" no lugar do tanquinho que antes exibia com tanto orgulho. No entanto, em vez de ser seduzido pelo objetivo de reconquistar sua barriga tanquinho — o que teria sido difícil —, ele estabeleceu para si uma meta diferente. "Eu queria conseguir acompanhar meu filho quando fôssemos fazer trilhas no verão seguinte", contou. Ter esse objetivo focado ajudou a inspirar David para começar a caminhar pelo bairro nos finais de semana com uma mochila pesada, acostumando seu corpo a se movimentar carregando um pouco de peso. Aos poucos, ele melhorou seu tempo e sua resistência e ficou radiante ao conseguir acompanhar o ritmo do filho de dez anos nas trilhas de verão.

PASSO 2: COMPARTILHAR SEU COMPROMISSO DE MODO A TORNÁ-LO VISÍVEL PARA OS OUTROS

Podemos nos sentir inclinados a iniciar nosso novo objetivo de saúde em segredo, para o caso de escorregarmos e os outros verem que não conseguimos realizar aquilo a que tínhamos nos proposto. Resista a essa inclinação. Quando familiares, amigos ou colegas sabem que estamos nos esforçando para alcançar um objetivo relacionado à saúde, o mais provável é ficarem do nosso lado. E, na presença deles, o mais provável também é tomarmos decisões mais saudáveis. Objetivos que mantemos sigilosos não são capazes de gerar esse tipo de apoio. Mais poderoso ainda é um *objetivo comum*, que cria a vantagem adicional do apoio emocional e prático de outras pessoas. Para muitos dos "10%", essas interações e relações fizeram a diferença entre persistir e regredir. Com o tempo, objetivos comuns e apoio público ajudam a tornar escolhas saudáveis parte da nossa identidade. Às vezes, esses objetivos comuns são empreitadas grandes, como correr uma primeira maratona. Com igual frequência, porém, são objetivos pequenos, como caminhar juntos, ir à ioga juntos uma vez por semana ou fazer um esforço consciente para se alimentar melhor.

Aproveitamos três vantagens principais ao tornar nosso compromisso com nossos objetivos de saúde visível, compartilhando-os com as pessoas que nos cercam:

- **Canalizamos o incentivo e o apoio emocional dos outros.** Saber que os outros torcem por nós aumenta nossa motivação para enfrentar as dificuldades necessárias para alcançar nossos objetivos.
- **Naturalmente nos responsabilizamos mais por viver segundo nossos compromissos.** Uma pessoa com quem conversamos queria melhorar a qualidade do seu sono, então se comprometeu com o parceiro a deixar o celular no corredor às nove da noite todos os dias. Um franzir de sobrancelhas ocasional do parceiro bastava para lhe lembrar disso quando ela tentava mandar só mais um último e-mail antes de ir se deitar.
- **Nós com frequência descobrimos pessoas em nossa vida que também querem ficar mais saudáveis.** Essa descoberta abre novas oportunidades para se exercitar juntos, comer alimentos saudáveis juntos ou praticar juntos outras atividades que melhorem nossa saúde física, fortalecendo nossos vínculos.

William, um gerente de projetos de 43 anos numa grande empresa de serviços terceirizados, nunca tinha tempo para praticar exercícios e nunca prestava muita atenção no que comia. Na cultura frenética em que trabalhava, as pessoas se vangloriavam de trabalhar nos finais de semana e até tarde da noite. William se esforçava muito e até tentava não trabalhar até tarde regularmente, mas seus dias eram repletos de microestresses que drenavam sua capacidade. Como não tinha outra escolha senão deixar o trabalho invadir as noites e finais de semana, ele frequentemente cancelava compromissos com amigos ou ignorava as prioridades pessoais. Sabia que muitas vezes se mostrava irritadiço e sofria com dores de cabeça lancinantes no trabalho, que desapareciam quando ele tirava férias. Por ser magro, William pressupunha ser saudável. Raramente ia ao médico, mas, quando foi, ficou chocado ao descobrir que estava com pressão alta.

Quando William comentou com alguns colegas sobre o diagnóstico, todos admitiram ter sintomas parecidos devido à cultura de nunca se desligarem do trabalho. Juntos, eles bolaram um plano: pausas para desestressar. Em vez de passar o intervalo do café sentados conversando sobre trabalho, eles sairiam do prédio por quinze ou vinte minutos e caminhariam juntos, ou então dirigiriam um pouco até um parque próximo onde havia um lago e falariam sobre tudo, menos trabalho.

As primeiras vezes em que seguiram o plano pareceram bobas e artificiais, em parte por saberem pouco uns sobre os outros e suas respectivas vidas fora do trabalho. Com o tempo, contudo, as conversas foram ficando mais naturais e se transformaram em conexões de uma autenticidade profunda. E funcionou! Mesmo aquelas pausas curtas colocavam as coisas em perspectiva e melhoravam o humor do grupo. Além disso, como eram atividades feitas em grupo, as pessoas raramente faltavam.

Depois de algumas semanas, começaram a notar que estavam mais criativos nas soluções que encontravam, e também mais produtivos. Alguns dos colegas de mesa de William perceberam a mudança na atitude dele e quiseram participar das pausas para desestressar. William e os outros ajudaram diferentes grupos de pessoas a organizarem as próprias pausas e almoços para aliviar a tensão.

As dores de cabeça e os problemas de sono de William foram desaparecendo, e sua ansiedade diminuiu. Sim, ele ainda precisa lidar com muitos microestresses, mas passou a se sentir mais capaz de priorizar suas tarefas de trabalho. Ele também percebeu que estava menos irritável com a namorada. E sua pressão arterial começou a cair mesmo sem remédios.

Enquanto considerar esse esforço algo solitário, você vai achar difícil manter a motivação para melhorar ou manter sua saúde. Mobilizar suas relações com as pessoas à sua volta para canalizar seu apoio vai melhorar muito sua capacidade de alcançar objetivos de saúde importantes.

Dicas dos "10%"

- **Seja transparente em relação a seus objetivos ou dificuldades.** A perspectiva de um fracasso nos torna inclinados a não compartilhar objetivos com os outros, mas precisamos ser francos em relação a eles se quisermos criar a comunidade que nos ajudará a dar um passo inicial e depois persistir em nossa busca por uma saúde melhor. Essa transparência não precisa necessariamente ser uma declaração formal. Mencione de modo casual numa conversa que seus objetivos serão difíceis e que você precisa de apoio. Se parecer mais fácil, comece com um círculo fechado de amigos. Uma pessoa que entrevistamos informou seus objetivos aos outros de forma sutil, pendurando um calendário na parede da sua baia no trabalho. Ela ticava em verde os dias em que se exercitava e fazia um X vermelho nos dias em que não. Não soube ao certo se alguma outra pessoa estava sequer reparando naquilo, mas o simples fato de saber que teria de expor publicamente seu progresso daquela forma foi uma motivação gigantesca. Outro entrevistado estabeleceu um objetivo modesto de perda de peso e disse à sua parceira que faria um relatório sobre o progresso ao final de cada mês. Saber que a conversa aconteceria mensalmente manteve alta sua determinação de ter sucesso.

- **Peça ajuda a familiares.** Famílias proporcionam um tipo particularmente poderoso de motivação por meio do amor e do afeto. Uma pessoa com que falamos comunicou à família seus objetivos de perda de peso e os comportamentos que iria limitar, como fazer lanchinhos enquanto assistia à televisão. Embora sua família só o provocasse de brincadeira quando ele descumpria os novos hábitos (entrando na sala de televisão com uma tigela de batatas chips, por exemplo), aquela reação bastava para lhe lembrar de manter o curso. Familiares podem também ajustar suas agendas para cuidar das crianças pela manhã, revezar-se nas idas à academia ou simplesmente fazer o esforço de comprar alimentos frescos na volta do trabalho para casa.

- **Crie empreitadas de grupo.** Comprometimentos públicos são ainda mais poderosos quando compartilhados com algumas ou com muitas pessoas. A dedicação do grupo cria uma rede de apoio e de prestação de contas instantaneamente. As pausas para desestressar de William deram certo por causa do comprometimento do grupo. Outra pessoa com quem conversamos transformou um compromisso com o ciclismo numa atividade de grupo com amigos, muitos dos quais não subiam numa bicicleta havia anos. Conforme o grupo foi se fortalecendo, seus integrantes começaram a incorporar pedaladas recreativas adicionais pela cidade. Alguns chegaram até a comprar bicicletas ergométricas para treinar quando chovesse e, com o tempo, o grupo começou a dar pedaladas mais longas em suas viagens de fim de semana.

PASSO 3: CRIE ADERÊNCIA POR MEIO DE RELAÇÕES NO TRABALHO E NA VIDA PESSOAL

Já é difícil o suficiente se comprometer e iniciar comportamentos que melhoram nossa saúde. Mais difícil ainda é mantê-los. Mais uma vez, o segredo de se manter no curso não vem só da força de vontade. Ele vem também da sua rede: companheiros de time que nos fazem prestar contas, familiares que garantem nossa honestidade em relação a horários não negociáveis de exercício, colegas que celebram nossos sucessos e amigos de verdade que se mostram abertos a modificar os próprios comportamentos para apoiar uma mudança no nosso. Essas pessoas formam uma teia de apoio que nos impede de retroceder, abastecendo nossa motivação e nosso compromisso a longo prazo.

Criar aderência em relação a objetivos de saúde física pode ajudar de três formas:

- **Pequenas decisões cotidianas passam a não caber mais exclusivamente a você.** Aderência significa que, quando nossa motivação fraquejar, haverá pessoas à nossa volta dispostas a nos apoiar e nos incentivar. Esse benefício não significa apenas ter alguém que nos dê um empurrãozinho para não faltarmos à nossa aula de ioga. Significa ter alguém que queremos encontrar na aula de ioga porque praticar juntos — rir das posturas que ainda não conseguimos fazer direito, bater papo antes e depois da prática e se sentir melhor por causa disso — tornou-se central para a construção da amizade. Nossas decisões afetam os outros, e não queremos decepcioná-los.
- **As pessoas à nossa volta passam a nos lembrar do bem-estar que a saúde física pode trazer.** Um modelo de comportamento positivo — alguém que nos lembra que não somos a nossa melhor versão quando desistimos de nós mesmos, ou como é bom sentir mais energia — pode

ser um lembrete poderoso do motivo pelo qual nossos objetivos de saúde valem o esforço.

- **A aderência nos proporciona um sentimento de responsabilização perante os outros.** Com frequência, fazemos pelos outros aquilo que talvez não estejamos dispostos a fazer por nós mesmos — com o feliz resultado de que nossas redes nos ajudam a nos manter firmes e seguir tentando, mesmo quando é difícil.

Inevitavelmente, descobrimos que a aderência depende de pessoas dispostas a mudar os próprios comportamentos para apoiar uma mudança no nosso. Elas formam uma teia de apoio que nos impede de retroceder, abastecendo o entusiasmo e o compromisso a longo prazo.

Veja o exemplo de James, que faz da partida de basquete semanal com os amigos uma prioridade. Ele sabe que seus companheiros de time não deixarão barato se ele disser: "Olha, estou meio cansado esta semana". Em vez disso, eles responderão: "Está todo mundo cansado! Você pode vir mesmo assim. Deixa de ser molenga". Da mesma forma, ele manda a real para os companheiros que se sentem tentados a não comparecer. Nossa entrevistada Stacie, que passou de ter um estilo de vida sedentário a correr maratonas, descreveu a responsabilização que se cria quando alguém passa por sessões de treino extenuantes na companhia de outras pessoas: "Você não pode ser a única pessoa que falta e dá uma desculpa esfarrapada. Eu sentia a pressão dos meus pares, e isso era prazeroso porque estava todo mundo junto no mesmo sofrimento".

Muitas vezes, nossos familiares conseguem nos ver com mais clareza do que nós nos vemos, e podem nos ajudar a reconhecer que a saúde física não apenas leva a nos sentir melhor, como também nos torna melhores em nossas funções de familiares, provedores e amigos. James recordou que sua esposa dizia: "Quando está fora de forma, você fica rabugento". O marido de outra entrevistada lhe lembrava que, quando ela não fazia seu exercício diário, aquilo afetava seu humor e sua capacidade de foco, bem como sua energia ao longo do dia. Os lembretes trazem uma sensação de propósito que ajuda a superar os obstáculos inevitáveis do caminho.

Dicas dos "10%"

- **Estabeleça um tempo não negociável.** Estruture as atividades ou prioridades da sua vida de um modo que, mesmo diante de intensas demandas do trabalho ou da vida pessoal, você ainda consiga mantê-las. James pedia ao seu assistente para ajudá-lo a cumprir seu compromisso com a partida de basquete semanal. "Pode me mandar de avião para onde quer que tenhamos de ir por causa do trabalho", dizia ele ao assistente, "mas faça com que eu esteja aqui na quinta à noite para conseguir ir ao basquete." Durante aquelas duas horas por semana, ele podia ter certeza de que deixaria para trás seus estresses de trabalho e simplesmente curtiria a companhia e a competição com os outros jogadores. À medida que seus estresses diminuíram e ficaram mais administráveis, seu sono melhorou. E James se pegou capaz de relevar com um pouco mais de facilidade os microestresses do seu cotidiano. Segundo nos disse: "Eu ouvia falar em alguma nova crise e então descrevia calmamente como iríamos lidar com ela, e as pessoas simplesmente assentiam, depois iam lá e faziam. Grande parte da politicagem e das brigas internas pareceu sumir. Acho que eu agora transmito uma impressão de mais autoridade, e isso ajuda as pessoas a se unirem em torno das minhas ideias".

- **Veja-se com novos olhos por meio da sua relação com os outros.** Uma sutil diferença para aqueles que aderem aos compromissos com a saúde física é seu modo de focar no aspecto positivo do compromisso, não só no lado negativo do que estão tentando superar. Suas redes não estão apenas focadas em ajudá-los, por exemplo, a perder peso, mas querem também ajudá-los a ver o novo conceito de identidade e as mudanças positivas que estão criando — a forma como estão construindo uma versão melhor de si mesmos. Nosso entrevistado Shawn, por exemplo, descreveu-nos a forma como um coletivo informal de pais do bairro — que num inverno construiu um rinque de patinação no quintal de um dos membros — tornou-se uma ótima caixa de ressonância, com um ajudando o outro a lidar com uma série de microestresses: chefes novos, tensões familiares relacionadas às férias, adolescentes emburrados e assim por diante. Eles conversavam informalmente durante a construção do rinque, às vezes provocando uns aos outros, mas sempre encontrando formas de oferecer apoio. Construir o rinque juntos — e, no verão, instalar redes de vôlei e organizar partidas informais — ajudou os integrantes do grupo a desenvolverem vínculos fortes. Superficialmente, esses pais pouco tinham em comum, exceto o fato de morarem no mesmo bairro, mas trabalhar lado a lado na construção do rinque e depois frequentá-lo com os filhos por semanas a fio ajudou a conectá-los. Eles se transformaram num grupo informal de amigos como nenhum deles tinha desde a infância. A família de Shawn ficou grande demais para sua primeira casa modesta, e poderia facilmente ter se mudado para outra maior num bairro mais elegante a alguns quilômetros de distância. Mas como ele não conseguia se imaginar perdendo acesso ao grupo de pais do bairro, em vez de se mudar, passou pelo processo mais difícil e mais caro de construir um anexo para acomodar sua família em expansão. "Ver aqueles caras todo final de semana ajudava a colocar meus problemas em perspectiva", contou ele. Como suas atividades em comum giravam sempre em torno de exercícios físicos, todos eles se viam como parte de um grupo fisicamente ativo, o que reforçava o desejo de manter as práticas do grupo. Só que elas nunca se limitavam a patinar ou jogar vôlei, mas tinham a ver com desenvolver relações autênticas com pessoas que compartilhavam uma mesma paixão ou compromisso.

- **Envolva as pessoas mais próximas de você em atividades saudáveis.** As pessoas muitas vezes colocam o exercício e o convívio com a família e os amigos em oposição: se optarmos por um, estaremos perdendo tempo com o outro. Não precisa ser assim. É possível combinar as duas coisas. Uma entrevistada organiza caminhadas na natureza com alguns outros pais da pré-escola de seus filhos. Como todos trabalham em tempo integral, fica difícil participar de alguns dos eventos que reúnem os pais. Dessa forma, porém, eles combinam uma atividade física com a oportunidade de se conhecer melhor. "É uma solução elegante, porque supre aquele tempo importante com os amigos que é uma das minhas prioridades na vida", contou ela, "e o convívio com a família, que é outra."

MOMENTO COACHING

Como administrar influências negativas

Com frequência, as pessoas que criam estresse ou facilitam nossos maus hábitos de saúde são as mais próximas de nós: amigos, filhos ou cônjuges. O casamento, por exemplo, constitui uma das fontes mais importantes de apoio, mas é também um gatilho de microestresse para muitas pessoas. E amigos pouco saudáveis muitas vezes podem nos levar de carona, contribuindo para um maior consumo de bebida alcoólica, para a obesidade ou para más escolhas nutricionais. Pesquisas mostraram que, se as pessoas com quem estamos conectados forem obesas, temos uma probabilidade maior de nos tornarmos obesos também.[4]

Constantemente, tratando-se de uma saúde ruim, os comportamentos negativos de nossas redes têm tanta culpa quanto nossa própria força de vontade. Nós nos deixamos levar por hábitos que não questionamos e que são simplesmente "aquilo que fazemos juntos". O desafio de vencer essas influências negativas é que não podemos extrair esses influenciadores de nossa vida facilmente, porque nós os amamos, precisamos deles ou trabalhamos com eles todos os dias. O que fazer, então? Podemos alterar os comportamentos em nossa relação com eles. Experimente as práticas a seguir:

- **Transfira suas interações para ambientes positivos.** Passe mais tempo com essas pessoas em situações que exerçam uma influência positiva — fazendo uma caminhada juntos, por exemplo — e menos onde houver uma influência negativa, como em restaurantes e bares. Essa mudança pode ser difícil se a sua relação girar em torno de comportamentos pouco saudáveis; você talvez precise ter uma certa criatividade para encontrar alternativas. Uma das pessoas com quem conversamos achou que seria difícil de mudar um encontro com amigos aos sábados de manhã num restaurante de panquecas, que acontecia havia tempos. No entanto, depois de uma conversa franca sobre seus esforços para emagrecer, todos concordaram em trocá-lo por tomar um café nas varandas uns dos outros. Em alguns meses, várias pessoas do grupo reconheceram se sentirem gratas pelo pedido, uma vez que a nova abordagem também contribuía para a saúde delas.

- **Peça aos outros para adaptarem seus comportamentos também.** Pode ser especialmente difícil se comprometer com o consumo de alimentos saudáveis se as pessoas à sua volta não estiverem fazendo isso. E pode ser difícil iniciar comportamentos saudáveis em sua vida se os outros não mudarem a forma de interagir com você. Uma pessoa que entrevistamos pediu ao cônjuge para sair para o trabalho meia hora mais tarde, assim ela poderia malhar de manhã. Outra pessoa que morava numa área urbana desenhou um círculo de um quilômetro e meio em volta do seu apartamento num mapa e pediu à família para se comprometer em ir a pé a qualquer destino dentro daquele círculo, em vez de lhe pedir para levá-los de carro. Com o tempo, o círculo foi ficando maior, e o hábito de caminhar da família tornou mais fácil para ele dar os passos que precisava dar.

- **Inclua relações mais saudáveis.** Aumente o tempo que passa com pessoas ou grupos cujos interesses de saúde estejam mais alinhados com os seus. Por exemplo, uma pessoa que entrevistamos nos disse: "Eu sempre acabo bebendo demais ao sair com uma amiga específica. Quando a gente começa, fica difícil parar. Então chamei outra amiga, que tinha uma probabilidade maior de parar depois da segunda taça de vinho, para ir com a gente. E consegui aproveitar a saída dela para ir embora também, o que tornou mais fácil para mim fazer a coisa certa". Ou então, se o seu grupo regular de amigos não for muito chegado a exercícios, encontre os integrantes do grupo que possam estar interessados em se tornar mais ativos. Juntos, vocês podem conseguir fazer o grupo inteiro se mexer mais, ou então encontrar novos programas para o subconjunto de amigos interessados em atividades mais saudáveis.

PASSO 4: REFORCE SUA IDENTIDADE E OBTENHA VANTAGENS SOCIAIS PARA UM COMPROMISSO DE LONGO PRAZO

Sua identidade é onde o comportamento saudável se consolida. Os "10%" são bons em aderir a comportamentos positivos de saúde física porque, com o tempo, suas conexões e objetivos compartilhados os ajudam a alterar as próprias noções de identidade: corredor, ciclista, vegano, guru do mindfulness ou alguém que sabe manter a calma por praticar meditação. Quando um comportamento se torna parte de quem somos — e quando o inserimos em relacionamentos autênticos com outras pessoas —, ele não é mais visto como uma tarefa tediosa para ficar saudável. Na verdade, as identidades de algumas pessoas estão tão vinculadas a práticas como meditação ou ioga, realizadas coletivamente, que elas não se sentem equilibradas sem fazer parte desses grupos todos os dias. Essa noção de identidade tem um papel direto em nos ajudar a resistir aos microestresses em outros aspectos de nossa vida. Nós não nos permitimos ser definidos totalmente pelo trabalho porque existem outras atividades que nos ajudam a manter a saúde física e mental e que praticamos com pessoas importantes para nós. Temos mais em nossa vida além do trabalho. Como os "10%" não permitem que sua identidade, sua energia e seu foco sejam definidos totalmente pelo trabalho, o ataque dos microestresses ao longo de um dia qualquer não os atinge com tanta força. Essa clareza em relação à identidade dá às pessoas coragem para resistir ao trabalho e preservar tempo para atividades que melhoram sua saúde. Além disso, ela os inspira a querer manter o compromisso — com a atividade e com as relações — num ciclo de reforço bem mais sustentável do que a simples responsabilização por um objetivo como a perda de peso. A magia está em criar essa atração positiva e esse desejo de estar saudável, não só a pressão social de remover algo negativo como o álcool ou o sobrepeso.

Existem pelo menos dois outros motivos que fazem a obtenção de benefícios identitários e sociais gerar um compromisso de longo prazo com objetivos ligados à saúde, minimizando os efeitos negativos do microestresse:

- **Relações solidárias de longa data carregam vantagens biológicas.** Em um estudo, pesquisadores injetaram nos participantes um vírus do resfriado comum e constataram que aqueles com redes de conexões mais eficientes eram mais resistentes ao patógeno.[5] Interações pessoais positivas favorecem nossos sistemas imunológico e endócrino, além de nossas funções cardiovasculares, ao passo que interações de baixa qualidade estão associadas com inflamação e resposta imunológica comprometida.[6]
- **Atividades nos ajudam a criar relações com pessoas diferentes de nós.** Como temos a tendência natural de nos cercar de pessoas parecidas conosco, não somos levados a questionar nossos objetivos de vida, a mudar

nosso modo de pensar sobre momentos adversos ou a manter um ponto de vista positivo em relação ao que já temos. Interagir com pessoas que compartilham uma paixão — ter um estilo de vida vegano, dançar swing ou nadar, por exemplo — pode nos ajudar a formar vínculos com pessoas com históricos diferentes. Essas interações também podem abrir nossos olhos para outras formas de ver a vida. Faça-se a seguinte pergunta: quando foi a última vez em que você se viu diante de um problema e conversou com alguém que o via de um ponto de vista inteiramente distinto?

Conectar-se com os outros por meio de atividades esportivas no trabalho também pode ajudar a ampliar redes. Uma de nossas entrevistadas, Supriya, uma diretora na área de engenharia, participava de um treino no trabalho uma vez por mês durante o horário de almoço. Ela descrevia as pessoas que praticavam aquelas atividades esportivas no trabalho como as que tinham as melhores redes: "Elas têm tentáculos diferentes, que não se poderia desenvolver normalmente por meio do trabalho regular". Da mesma forma, outros entrevistados descreveram as atividades esportivas fora do local de trabalho como ocasiões para conhecer pessoas que jamais teriam entrado para o seu círculo social.

Dicas dos "10%"

- **Encontre irmãos de alma.** Use seus objetivos de saúde física para se conectar com pessoas que compartilhem sua paixão, mas com quem você talvez não fosse interagir normalmente. Nossa entrevistada Georgette é uma executiva de tecnologia que trabalhava demais e que, depois de duas décadas num cargo de alta responsabilidade, diminuiu o ritmo e passou a ter um papel de colaboradora autônoma. A mudança ocasionou uma crise existencial para ela. "Eu não sabia mais quem eu era", recordou. "Foi a coisa mais estranha do mundo. Antes eu tinha uma personalidade muito forte, de tipo A. Vivia trabalhando. Sempre sentia que precisava fazer mais, ir mais longe, salvar o dia." A prática diária de ioga apresentou Georgette a um grupo de mulheres que lhe davam apoio sem serem competitivas. "Foi muito libertador estar num ambiente no qual não só estava tudo bem ser imperfeita, mas onde se reconhecia a beleza do fracasso. Graças à ioga, hoje sou mais equilibrada. Sou muito boa em dizer 'não posso' ou 'não quero'. Eu aceito minhas próprias imperfeições e limites." Com o tempo, os princípios da ioga se fundiram à identidade de Georgette.

- **Permita-se ser vulnerável com os outros.** Mostrar-se aberto e vulnerável com pessoas diferentes de nós pode proporcionar pontos de vista novos em relação a desafios de trabalho ou de relacionamento, ajudando-nos a ver os pontos positivos que não valorizamos em nossa vida. Com frequência, ouvimos entrevistados descreverem como desenvolveram novas relações com vínculos profundos de amizade e confiança por meio da vulnerabilidade compartilhada de certas atividades, como treinar juntos para uma corrida puxada ou confessar deslizes na reunião de um programa de emagrecimento. Ana, uma executiva que estava treinando em grupo no trabalho para uma caminhada beneficente de cem quilômetros, descreveu como os integrantes do grupo eram em sua maioria novatos na empresa e não se conheciam muito bem. Mas o clima foi mudando conforme todos enfrentaram juntos a caminhada. "Dava para ver as pessoas tendo seus momentos mais sombrios", relembrou ela, "e ficando caladas, e você via os outros precisando puxá-las para a frente." Essas pessoas aprenderam sobre si, sobre os outros e sobre como cada um reagia sob pressão, e até hoje os integrantes do grupo continuam próximos.

- **Crie espaço para as relações.** Esforce-se para ir além da atividade física ligada à saúde para interagir com os outros. As pessoas com frequência deixam passar essas chances ao não prestar atenção nas oportunidades de conversa antes e depois de eventos ou exercícios. Demore-se alguns instantes para puxar conversa com as pessoas, e faça isso em dois níveis. Primeiro, fale sobre qual parte da atividade lhe agrada ou é difícil para você. Depois, fale sobre o que mais está acontecendo na vida de vocês. Expandir a conversa assim é um primeiro passo frequente que muitos entrevistados usam para desenvolver amizades profundas ao longo do tempo. Como mãe de primeira viagem que trabalhava fora, Ana, a executiva que estava treinando para a caminhada de cem quilômetros, não tinha oportunidade de se conectar com outras mães da sua comunidade. Só que no grupo de caminhada do trabalho havia diversas mães com quem ela começou a criar vínculos antes e depois dos treinos para debater os desafios e alegrias de ser uma mãe que trabalhava fora. Ela também começou a se sentir mais confiante em relação ao trabalho em si por saber que algumas das colegas lhe demonstravam apoio e provavelmente iriam defendê-la.

MOMENTO COACHING

Como priorizar sua saúde física

Vamos mostrar como dar o pontapé inicial na sua trajetória de saúde física e manter-se no rumo certo. Comece identificando um objetivo de saúde que você gostaria de priorizar. Pode ser voltar a correr, frequentar a academia ou perder dois quilos — qualquer coisa que for importante para você. Depois, percorra os passos para criar visibilidade e aderência, escolhendo as recomendações que funcionarem melhor para você e para o objetivo que escolheu. Reflita sobre como as mudanças planejadas te afetarão em termos de identidade e sobre as vantagens sociais extras que provavelmente virão.

Aquilo que você remove da sua vida pode ser tão importante quanto aquilo que você faz ativamente. Os "10%" têm sucesso com a saúde física em parte por serem capazes de administrar as interações negativas — em especial com pessoas que geram estresse ou que incentivam comportamentos pouco saudáveis — que podem desviar seu curso. A tabela 7.1 mostra como você poderia considerar mapear um plano.

TABELA 7.1

Meus principais objetivos de saúde: como mapear um plano

Qualidade que está sendo buscada	Passos	Exemplos	O que você planeja fazer e com quem irá fazê-lo
Prioridade	**Priorizar a saúde física:** escolha um objetivo de saúde física que seja importante para você.	Ir à academia três vezes por semana, melhorar sua velocidade, baixar seu colesterol, perder dois quilos.	
Visibilidade	**Criar visibilidade:** com quem você vai compartilhar seus objetivos?	Fale a respeito com cônjuge ou familiar, inscreva-se num evento com um grupo de colegas de trabalho, poste em fóruns virtuais.	

Aderência	**Construir estruturas de apoio**: existem maneiras de adaptar sua agenda ou de aproveitar estruturas de equipes ou clubes já formados? Como você pode sustentar seu objetivo separando um tempo não negociável para ele? Quem fará você manter a honestidade em relação ao seu compromisso?	Peça ao seu assistente para marcar sessões com um personal trainer duas vezes por semana, monte uma agenda para pedalar em grupo, separe a noite de quinta-feira para jogar basquete com os amigos, planeje caminhadas matinais com amigos nos finais de semana.	
	Criar um sentimento de prestação de contas: você consegue entrar para um grupo, clube ou programa com outras pessoas no qual se sinta tendo que prestar contas se não comparecer e apoiar os outros? Que pequenas decisões você pode tomar para aprofundar suas conexões com os outros?	Inscreva-se numa corrida com colegas de trabalho, entre para um clube de ciclismo, comece um programa de emagrecimento com amigos, vá tomar um café com os colegas em vez de se apressar para voltar para casa depois da aula de spinning.	
	Levar dois por um: como você pode envolver as pessoas que já são importantes para você nas suas atividades saudáveis?	Faça trilhas com amigos, entre para um time de futebol de pais e alunos, vá à academia com seu cônjuge.	
	Administrar as influências negativas: existem pessoas que influenciam você a seguir nas direções erradas? Caso existam, como você pode administrar essas relações?	Modifique as relações para passar mais tempo com essas pessoas de maneiras que ajudem com seus objetivos em vez de desviar você deles.	
Vantagens identitárias e sociais	**Refletir**: como você imagina essas mudanças afetam sua noção de identidade? Elas irão expandir suas relações de maneiras que lhe tragam vantagens pessoais ou profissionais? Te ajudarão a criar relações mais profundas e autênticas? Proporcionarão um ponto de vista novo?	Conecte-se com uma diversidade maior de colegas participando de um treino na empresa ou de um desafio de corrida corporativo.	

A maioria dos entrevistados em nossa pesquisa confessou ter posto a saúde física cada vez mais baixo em sua lista de prioridades conforme envelhecia. O dia simplesmente não tinha tempo suficiente. Mas os "10%" não viam as coisas assim. Para eles, o compromisso com a saúde física por meio das relações com os outros faz parte de suas identidades. Eles se sentem mal quando não estão engajados em um comportamento saudável.

Ninguém abre mão da saúde física de uma vez só. Nós deixamos isso acontecer aos poucos à medida que ficamos assoberbados pelos microestresses que, com o passar dos anos, vão consumindo nosso tempo, nossa energia e nossa capacidade emocional. Priorizar a saúde física por meio de conexões com os outros é um poderoso antídoto ao microestresse. Isso por si só pode nos proporcionar uma qualidade de vida melhor. Mas as vantagens de ter uma rede de apoio forte vão muito além de nossa saúde física. Como vamos discutir no próximo capítulo, as conexões em nossa vida podem ajudar a nos proporcionar algo mais poderoso ainda. Em nossas conexões, nós podemos encontrar propósito.

8. Como encontrar seu propósito

✈ PONTOS-CHAVE

- As pessoas precisam garantir o próprio sustento e o daqueles que amam. **Mas reflita se você não caiu na armadilha de ir um passo além, trabalhando um pouco mais e por mais tempo para corresponder à definição social de sucesso** — uma casa maior, carros melhores, férias mais luxuosas —, e no processo perdeu atividades, relações e identidades que antes valorizava.

- **Quando você tem um sentimento profundo e forte de significado em relação ao que faz, terá uma probabilidade maior de reformular os microestresses de maneiras que os tornem toleráveis.** O propósito lhe lembra por que vale a pena aguentar firme em momentos difíceis.

- Apesar do que em geral se pensa, **o propósito não é encontrado apenas na natureza do seu trabalho; suas relações com os outros dentro e fora do ambiente profissional têm um papel central no significado que você encontra em sua vida.** O importante não é só o que você faz, mas como você o faz com os outros.

- **Identificamos cinco *geradores de propósito* que você pode incluir de forma intencional em seus relacionamentos cotidianos** sem precisar virar sua vida completamente de cabeça para baixo:

  - Aproveitar oportunidades de ajudar os outros
  - Buscar funções e objetivos que tenham um significado pessoal para você
  - Encontrar conexões autênticas em pequenos momentos
  - Cocriar com colegas
  - Conectar-se por meio de valores compartilhados

- **O propósito não é encontrado apenas em trabalhos nobres ou ambições elevadas que almejam salvar o mundo.** Os "10%" mostram como se pode criar propósito de modo eficiente por meio de pequenos momentos de conexão autêntica com os outros na vida cotidiana.

Após uma viagem de trabalho ser cancelada de última hora, Marco se viu com um raro dia de folga. Como havia liberado sua agenda para viajar, não tinha nenhuma motivação urgente para ir ao escritório. Na maioria dos dias, ele já tinha saído de casa muito antes de os filhos acordarem. Dessa vez, demorou-se na cozinha na esperança de poder bater papo enquanto eles corriam de um lado para o outro, preparando-se para ir à escola. Só que seus filhos praticamente o ignoraram. Sua esposa parou para conversar apenas pelo tempo necessário para lhe perguntar sobre algumas tarefas domésticas antes de sair para trabalhar. Como ele deveria gastar aquele precioso tempo? Uma década antes, poderia ter ligado para um amigo e sugerido uma partida de tênis, mas tinha parado de jogar após uma lesão no joelho. "Que patético", pensou. "O dia está lindo, não tenho obrigação nenhuma e não tenho nada para fazer nem ninguém para quem ligar." No fim das contas, pensou em ir trabalhar e pronto.

Enquanto zanzava pela casa vazia, Marco teve um instante de iluminação. Com o passar dos anos, aos poucos fora deixando de priorizar as partes de sua vida externas à família — coisas que antes lhe traziam alegria — por estar consumido com o trabalho. "Existe uma tentação de simplesmente deixar as coisas para lá com o tempo", contou-nos ele. "A coisa meio que vai fugindo do controle. Você investe uma parte imensa de si mesmo no trabalho e na carreira quando é jovem e está tentando subir os degraus corporativos. E aí você tem filhos, uma coisa maravilhosa, claro, mas percebe que, somando as crianças e o trabalho, não sobra muito tempo para fazer coisas que sejam só para você." Com o passar dos anos, ele fora cada vez mais abrindo mão daquelas atividades externas prazerosas na vida. Seus dias eram corridas de obstáculos de microestresses. Entre muitas outras atividades, ele precisava ajudar os pais idosos, que insistiam em continuar morando na própria casa mesmo sendo incapazes de dar conta de mantê-la, e tivera de aprender as nuances de trabalhar com seu terceiro gerente de vendas nos dois últimos anos. Simplesmente não lhe sobrava tempo nem energia para qualquer outra coisa que não atravessar os microestresses em seu caminho diário. Ele se contentava com não ser infeliz. Mas é claro que isso não é a mesma coisa que ter um forte sentimento de propósito e significado na vida.

Em nossa pesquisa, vimos muitas histórias como a de Marco. Profissionais que encaravam a escada corporativa sem olhar para os lados muitas vezes acordavam um belo dia e se davam conta de ter se afastado muito da vida que antes almejavam. Tipicamente, eles identificavam algum "passo maior do que as pernas" que tinham dado: um ponto de inflexão importante — uma hipoteca maior, um trajeto mais longo de ida e volta do trabalho ou uma promoção que exigisse mais viagens — que de alguma forma havia modificado a constância de sua vida. Suas narrativas pessoais tinham passado a ser narrativas apenas de trabalho. Algo ficara faltando. "Eu não sou o mesmo cara que era na faculdade", lamentou-se um deles conosco. "Perdi meu brilho."

Pode ser que você raramente pense em propósito porque isso lhe parece efêmero, ou porque é algo com o que você não tem tempo para lidar. Mas isso é um erro. Um sentimento de propósito, por mais abstrato que o conceito possa soar, tem um papel crítico na sua capacidade de sobreviver ao microestresse.

Segundo os pesquisadores britânicos Andrew Steptoe e Daisy Fancourt, que estudaram a conexão entre propósito e bem-estar geral, o propósito pode ficar cada vez mais importante conforme ficamos mais velhos: "Conservar um sentimento de que a vida vale a pena pode ser particularmente importante em idades mais avançadas, quando os laços sociais e emocionais com frequência se fragmentam, o convívio social se reduz e os problemas de saúde podem limitar opções pessoais.[1] Com um sentimento profundo e forte de significado naquilo que fazemos, nós temos uma probabilidade maior de reformular os microestresses, tornando-os toleráveis. Pessoas com mais propósito na vida demonstram uma capacidade maior de regular as emoções negativas, diminuindo a probabilidade de serem tragadas por medos ou pela ansiedade.[2] Elas também acham mais fácil se levantar e seguir em frente diante de adversidades.[3]

Mas as vantagens de encontrar e conhecer seu propósito vão muito além de apenas ter um motivo para se levantar de manhã. As pesquisas também mostram que o propósito contribui para um risco significativamente mais baixo de morrer de infarto ou de AVC.[4] Um sentimento de significado na vida conduz também a um sono melhor e a mais resiliência.[5] Há até indícios de que pessoas com um sentimento de propósito mais forte vivem mais.[6]

A neurociência também vem revelando os efeitos de um sentimento de propósito na função cerebral. Em um dos estudos, uma forte noção de propósito foi associada a reações mais lentas da amígdala cerebral — a parte do nosso cérebro associada ao medo e à ansiedade — e com uma ativação maior do córtex cingulado anterior, o centro das funções mais complexas como alocação de atenção, tomada de decisões e controle de impulsos.[7] A sugestão é que um sentimento de propósito nos ajuda a atenuar as reações de medo e permite que nossos pensamentos mais racionais prevaleçam, possibilitando-nos administrar melhor as situações de estresse. Outro estudo constatou que pessoas que reportam um sentimento maior de propósito na vida pontuaram melhor em testes de memória, função executiva e cognição global.[8] O propósito ajuda a afastar o microestresse e faz você pensar com mais clareza.

Pudemos ver em nossas entrevistas os resultados dos efeitos neurológicos e fisiológicos de um sentimento de propósito. Nossos entrevistados que tinham uma noção clara de propósito pareciam vivenciar o microestresse de outra forma. Eles não se deixavam abalar tanto por minúcias quanto pessoas cujas identidades giravam em torno do trabalho. Além disso, pareciam fazer trocas melhores em sua vida — como Matthew, um dos "10%", já citado anteriormente, que recusou o bônus por desempenho de meio milhão de dólares que o teria obrigado a realocar sua família. As trocas positivas se acumulavam e, com o tempo, as pessoas obtinham imensas vantagens em matéria de saúde e bem-estar.

É claro que saber que um sentimento de propósito é crítico para o seu bem-estar não torna necessariamente mais fácil encontrar o seu. Muitos de nós ficamos tão consumidos por atravessar as lutas cotidianas da vida que não nos damos ao "luxo" de nos demorar para encontrar um propósito que valha a pena e focar nele.

Mas continue conosco. Se você estiver se identificando mais com Marco, que se viu sem nada além do trabalho, do que com Matthew, nós podemos lhe oferecer uma esperança. Você pode encontrar seu propósito, e não precisa ser por meio de mudanças ou experiências de vida importantes. Na verdade, as pessoas mais felizes que entrevistamos são ótimas em encontrar propósito nas atividades que poderiam ser consideradas mais banais.

GERADORES DE PROPÓSITO NA SUA VIDA

Criar um sentimento de propósito por meio de nossos relacionamentos traz três vantagens específicas. Em primeiro lugar, isso nos ajuda a persistir nas situações difíceis, porque vemos uma razão maior para atravessar esses períodos. Em segundo, isso nos ajuda a ser mais racionais, apesar dos microestresses que ameaçam nos arrastar para reações movidas pela emoção. A neurociência mostrou que um sentimento de propósito desacelera as reações originadas nos centros de medo do cérebro e ativa funções mais complexas que ajudam na tomada de decisões e no controle dos impulsos.[9] Por fim, o propósito torna o microestresse mais tolerável. Ele nos lembra por que vale a pena aguentar firme nos momentos difíceis.

Neste capítulo, discutiremos passos concretos que você pode dar agora mesmo para começar a construir propósito. Identificaremos cinco geradores de propósito que podem ser incluídos de maneira intencional em suas relações cotidianas sem precisar virar sua vida completamente de cabeça para baixo, possibilitando encontrar propósito por meio das relações em sua vida, seja no trabalho, em casa ou na sua comunidade.

APROVEITE AS OPORTUNIDADES DE AJUDAR OS OUTROS

Doar-se aos outros, mesmo de formas pequenas, pode gerar um sentimento de propósito palpável. E isso não é só porque fomos ensinados que essa é a coisa certa a fazer. Na verdade, existe uma explicação científica para o motivo pelo qual ajudar os outros nos proporciona um sentimento de propósito. Ela está baseada na distinção que os pesquisadores com frequência fazem entre atividades eudemônicas e atividades hedonistas.[10] Atividades eudemônicas (de *eu*, que significa "bom", e *daimon*, que significa "espírito" ou "alma") têm por foco o exterior e incluem aquelas em que nós nos doamos aos outros. A palavra vem daquilo que Aristóteles descrevia como "a busca pela virtude, pela excelência e pelo melhor dentro de nós mesmos".[11] Já as atividades hedonistas (que significa "prazer") têm por foco o interior e estão mais ligadas a uma realização momentânea. Comprar o celular mais moderno, esbanjar num jantar gourmet ou fechar um novo contrato de vendas podem ser atividades hedonistas. Nenhuma delas é ruim em si. No entanto, quando a sua vida é dominada pela busca por recompensas hedonistas, você pode começar a fazer escolhas que a longo prazo não vão conduzir à felicidade.

Pesquisas que vêm surgindo na área da neurociência mostram que atividades que transcendem o hedonismo, como doar aos outros, conduzem a um bem--estar maior ao longo do tempo. Em um dos estudos, foram usados exames de ressonância magnética para observar a atividade neurológica no centro de recompensas do cérebro, o estriado ventral, quando o participante pensava em doar ou em receber dinheiro.[12] Em algumas pessoas, perguntas sobre doar dinheiro (por exemplo: "se você fosse doar dinheiro, para quem doaria e por quê?") estimulavam uma atividade de recompensa alta. Em outras, perguntas sobre receber dinheiro (por exemplo: "se você ganhasse um dinheiro, com o que o gastaria e por quê?") ativavam o centro de recompensas do cérebro. Com o tempo, entretanto, um padrão interessante surgiu. Um ano mais tarde, quando os pesquisadores mediram os sintomas depressivos em cada grupo, eles constataram que os participantes cujos cérebro tinham se iluminado ao pensar em doar dinheiro tinham vivenciado um declínio nos sintomas depressivos, enquanto as pessoas cujo cérebro as recompensava por receber dinheiro apresentavam um aumento dos sintomas de depressão.[13]

As atividades hedonistas, por sua vez, geram outras atividades hedonistas. Obter mais bens materiais nos leva a querer mais ainda, num círculo que os pesquisadores denominam *esteira hedonista*.[14] Só que os ganhos que sentimos com as atividades hedonistas passam depressa, e por dois motivos. O primeiro é que nossas aspirações crescentes significam que nós nos acostumamos rapidamente com nossas roupas, carro, casa, celular, computador e por aí vai, partindo logo atrás da adrenalina de conseguir o objeto seguinte. O segundo é que a comparação social nos mantém sempre em busca daquilo que os outros têm e que nós hedonisticamente queremos, seja uma casa grande, férias desejáveis ou uma entrevista de emprego numa empresa que esteja em alta.

A esteira hedonista não é alimentada apenas por bens materiais, mas também por expectativas sociais em relação a quem devemos ser. Muito embora o desejo de atingir a perfeição no papel de provedor, pai, mãe e assim por diante se origine em boas intenções, esse objetivo põe as pessoas na mesma esteira (assim como os microestresses que desafiam sua identidade, discutidos no capítulo 4). Do mesmo modo que os microestresses que drenam nossa capacidade quase sempre nos levam a fracassar — nossos dias produtivos têm apenas uma quantidade limitada de horas, e mesmo um único microestresse pode produzir horas de efeitos cascata —, nós nos sabotamos com frequência ao notar apenas nossas falhas. Em nossa mente, minimizamos aquilo que já estamos fazendo e nos torturamos por conta daquilo que não conseguimos fazer. Vamos subindo cada vez mais o sarrafo e, quando não conseguimos chegar lá, nos culpamos. O ciclo de microestresse é exaustivo.

Os "10%" têm os símbolos materiais do sucesso; afinal, eles são reconhecidos por suas empresas como profissionais de alto desempenho e têm um salário condizente com isso. No entanto, as aquisições materiais não são o foco da sua identidade. Em vez disso, o sentimento de propósito deles é separado do dinheiro, das expectativas sociais ou de outras coisas, e isso os ajuda a transcender as pressões de estilos de vida hedonistas.

Quando os líderes em nossa pesquisa nos falavam com mais paixão sobre suas fontes de propósito no trabalho, a paixão com frequência envolvia um papel de mentoria para os outros. Por exemplo, uma conversa com uma recém-contratada ajudou Natalia, uma funcionária sênior em uma empresa de serviços financeiros, a encontrar novas fontes de propósito por meio do trabalho. Natalia era uma das líderes a quem o RH recorria de vez em quando, pedindo para ela tomar um café e conversar com recém-contratados como parte do processo de integração ao time. Natalia tinha uma rotina padrão para aqueles papos: falava sobre a progressão da própria carreira, discutia a cultura baseada em mérito da empresa e então fazia ao recém-contratado algumas perguntas automáticas sobre o seu histórico. Apesar de gostar das conversas, ela sempre as vira como uma espécie de performance de relações públicas: era um jeito de ela se firmar como uma das líderes mais acessíveis da empresa, conquistando assim o time de RH, de quem ela precisava de vez em quando para resolver desafios relacionados a lidar com pessoas.

No entanto, quando teve um papo daqueles com uma recém-contratada chamada Jenny, Natalia se pegou mais interessada na história de Jenny do que na própria. Embora tivesse trinta e poucos anos, Jenny lhe contou que só tinha se formado recentemente na faculdade. Tinha tido filhos jovem e demorado a encontrar o próprio caminho profissional. Como mãe solo, Jenny estava radiante por ter recebido a oportunidade de entrar para a empresa e não queria estragá-la. Só que a recém-contratada estava preocupada com o equilíbrio entre o trabalho e a vida pessoal. "Eu ficaria feliz com qualquer conselho que você pudesse me dar", disse ela a Natalia.

Natalia pensou que poderia fazer uma diferença de verdade na carreira de Jenny. "Seria um prazer encontrar você regularmente para tomar um café e bater esse papo", disse ela a Jenny. "Na verdade, seria útil se eu organizasse conversas casuais que incluíssem algumas outras pessoas? Acho que nós provavelmente temos muito a compartilhar como grupo." Jenny agarrou essa oportunidade de desenvolver uma relação de verdade com alguém que considerava um modelo. Natalia, por sua vez, viu naquilo um caminho para se conectar com integrantes mais juniores da equipe de um modo mais significativo em vez de fazer apenas reuniões de integração focadas em comando e performance ou avaliações periódicas de desempenho.

"De repente, vi meus anos de experiência duramente conquistada sob uma nova luz", contou ela. "Nunca tive a oportunidade de ter um mentorado de verdade, e pude ver o quanto isso era valioso." Construir conexões tão fortes com alguns dos funcionários mais juniores abriu os olhos de Natalia para coisas novas. Os recém-chegados tinham pontos de vista diferentes sobre trabalho, usavam ferramentas tecnológicas diferentes e tinham formas diferentes de colaborar. Ela também aprendia com eles.

O ato de doar pode assumir muitas formas. Você pode reconhecer a contribuição de outra pessoa, perguntar de modo sincero como ela está, demonstrar empatia, transmitir um pequeno recado ou compartilhar um artigo. Mesmo para jovens, que podem pensar ter pouco para dar, o simples ato de pedir a alguém para ser seu mentor confere status a quem é alvo do pedido. Ao longo de toda a nossa pesquisa, descobrimos que, com muita frequência, as pessoas se privam das importantes vantagens de doar por não pensarem de forma criativa ou abrangente o bastante sobre o que têm para oferecer.

Dicas dos "10%"

- **Aproveite oportunidades inesperadas de ajudar.** Muitos de nós podem se lembrar facilmente de ocasiões em que nos dispusemos, por exemplo, a carregar uma sacola de compras pesada para um desconhecido no estacionamento, a ajudar uma criança perdida a encontrar os pais num parque de diversões, ou mesmo simplesmente assinar como testemunhas algum documento que um vizinho estava ansioso para protocolar. Nesses momentos, quando valorizamos as pequenas ocasiões, nossa ajuda auxilia as pessoas com seus microestresses e auxilia também a nós. É o oposto do ciclo que iniciamos quando criamos microestresses para os outros sem querer. Ao ajudar a solucionar os microestresses alheios, turbinamos nossa própria resiliência. Uma pessoa com quem conversamos se pegou ajudando um homem mais velho que estava tentando marcar uma vacina contra a covid-19 numa farmácia de bairro. O homem estava muito nervoso com o procedimento. Ela saiu da fila e tirou alguns minutos para ajudá-lo. Aquilo mudou inteiramente o seu ponto de vista em relação à profusão de microestresses que estava tendo de enfrentar naquele dia no trabalho. "Foi um gesto muito pequeno, mas que me deu uma energia tremenda", afirmou.
- **Encontre multiplicadores de propósito.** Os "10%" encontram tempo em sua vida atribulada para conexões que inspirem propósito focando em *experiências dois em um* ao escolher uma atividade que alimente o propósito de várias formas. Quando Alicia se ofereceu para trabalhar como voluntária na biblioteca da escola dos filhos, sabia que estava

contribuindo para um objetivo maior e ao mesmo tempo doando seu tempo aos outros. Isso lhe possibilitava ver os filhos na escola e, ao mesmo tempo, demonstrava a importância do serviço comunitário e da educação. Um bônus foi a camaradagem que surgiu entre ela e outros pais e mães voluntários. Na visão de Alicia, "essas são as pessoas com quem eu gosto de conviver socialmente de qualquer forma". Com uma única atividade, ela conseguiu atingir três dos seus pilares para o propósito: voluntariado, valores familiares e amizade.

- **Encontre propósito em pequenos momentos.** Uma executiva nos disse que continuava a frequentar seu coral semanalmente em parte porque uma de suas colegas contraltos disse-lhe confiar nas suas capacidades superiores de leitura de partituras na hora de cantar uma música nova. Essa outra contralto fazia questão de se sentar ao seu lado nos ensaios para que a executiva pudesse ajudá-la a aprender mais depressa as novas músicas. Ver nossas contribuições para um bem maior, ainda que elas aconteçam em pequenos momentos, pode nos trazer motivação para seguir em frente mesmo quando os microestresses estão ameaçando nos derrubar. O simples ato de reparar nos esforços dos outros e celebrá-los pode permitir que você encontre propósito em pequenos momentos. Você se transforma na pessoa que vê o outro; você valida o esforço do outro. No trabalho, não tenha pressa para focar no próximo grande problema ou objetivo sem antes notar e celebrar o esforço e as contribuições. Um estudo mundial conduzido pela Towers Watson revelou que o fator isolado que mais impulsiona o engajamento no trabalho é o interesse genuíno do gerente pelo bem-estar dos subordinados.[15] O bônus é que virar alguém que vê e valoriza ativamente os colegas também faz você se sentir bem. Pode ser algo simples, como agradecer a um colega por ter trabalhado até tarde para terminar um relatório ou por ter oferecido seu feedback de profissional do mesmo nível sobre uma apresentação antes de você mostrá-la ao seu gerente.

MOMENTO COACHING

Como reconhecer e lidar com os sinais de alerta dos destruidores de propósito

Procure sinais de alerta de que suas interações com os outros são microestresses, não geradores de propósito. Por exemplo:

- **Você não consegue ver como aquilo que está executando pode fazer a diferença; está faltando o "porquê" no seu trabalho.** Se você estiver sentindo que não fez diferença, recorra aos outros para conseguir um ponto de vista diferente. Talvez um representante de vendas veja seu trabalho de outra forma após ouvir dos clientes como ele agrega valor, ou talvez seu cônjuge fale dos seus desafios de trabalho de maneiras que mostrem mais as suas contribuições. Inicie conversas com colegas, clientes ou pessoas próximas, e você poderá se surpreender com o tanto de valor que eles veem naquilo que você faz.
- **Os valores da empresa estão fora de sincronia com os seus.** Talvez sua gerência fale sobre as próprias intenções nobres, mas suas decisões não reflitam isso. Se estiver sentindo essa desconexão, não tente virar o navio inteiro. Você, por conta própria, não vai conseguir mudar a cultura da sua empresa. E talvez ir embora para outra organização cujos valores estejam mais alinhados com os seus não seja uma opção. Mas a cultura empresarial geralmente existe em microambientes, com variações em diferentes grupos. Procure os ambientes onde os valores das pessoas estejam mais alinhados com os seus. Você pode fazer isso trabalhando em projetos que lhe apresentem a pessoas fora do próprio grupo de trabalho, ou talvez fazendo aulas que atraiam funcionários de várias áreas. Outra abordagem utilizada por alguns dos entrevistados foi criar um contraponto para sua vida profissional em atividades voluntárias externas ao trabalho.
- **Você sente que ninguém te conhece além do seu trabalho, nem se importa com você como pessoa.** Se estiver sentindo que não te valorizam ou que não valorizam os outros à sua volta, abra-se um pouco. Mesmo se tiver receio quanto a levar sua vida pessoal para o trabalho, ou se for uma

pessoa introvertida, você pode encontrar maneiras seguras de mostrar sua dimensionalidade. Um gerente que entrevistamos, por exemplo, iniciava toda reunião de time com duas músicas: uma que agradava à geração mais jovem e outra que agradava à mais velha. A prática incentivava as pessoas a começarem a conversar sobre as músicas e a compartilharem mais de si mesmas.

- **Existe uma falta de confiança, ou você se sente incapaz de ser quem é de forma autêntica.** A confiança pode surgir de forma orgânica, mas não necessariamente. Se você achar que está faltando confiança, existem maneiras sistemáticas de construí-la. Nossa pesquisa identificou dez comportamentos que constroem confiança. Entre outros passos, você pode se certificar de que as suas palavras correspondam aos seus atos, esclarecer os limites do seu conhecimento, ceder uma informação e agir com discrição.[16] Compartilhar esses comportamentos como grupo pode ser um primeiro passo para aumentar a confiança nas interações que afetam seu sentimento de propósito.

BUSQUE PAPÉIS E OBJETIVOS DE VIDA QUE TENHAM SIGNIFICADO PARA VOCÊ

Com demasiada frequência, nós nos permitimos desempenhar funções que não nos preenchem, definidos por conceitos de sucesso ou diversão alheios. Na nossa pesquisa, aqueles que encontravam propósito na vida cotidiana o faziam definindo as funções que mais consideravam importantes e depois estruturando as próprias interações com os outros de modos que apoiassem tais funções. Igualmente importante foi o fato de que eles também tomavam a decisão consciente de se afastar de interações que gerassem microestresse ou que os afastassem de como eles queriam se mostrar no trabalho e na vida pessoal.

Veja o caso de Evelyn, que foi corredora durante a vida inteira e se classificava segundo a definição social de uma atleta de elite. Ela passara décadas medindo o sucesso pelos seus melhores tempos de corrida. Compartilhava aquela alegria com os outros, mas o grupo com quem compartilhava tinha se tornado cada vez menor: apenas um punhado de corredores competitivos com quem ela convivia. Com sua vida profissional exigente, correr para obter tempos competitivos quase sempre significava treinar de manhã cedinho — sozinha — e pressionar os limites do próprio corpo, mas sem os riscos ou o companheirismo que vinham de estar com colegas que ela tanto valorizara na sua experiência universitária. E se num determinado ano ela não conseguisse bater seu recorde pessoal, recriminava-se por ter deixado a desejar em matéria de motivação ou de treino.

Evelyn acabou percebendo que os recordes pessoais não significavam tanto assim para ela. Eles representavam o conceito de diversão de outra pessoa. Parte do que ela antes amava na corrida, tanto no ensino médio quanto na faculdade, era fazer parte de um time. Era aquele o propósito que desejava buscar. Depois que se conscientizou disso, passou a correr com a filha, a melhor amiga da filha e a mãe da melhor amiga. Nenhuma das três conseguia acompanhar o ritmo de Evelyn no começo, mas ela ajustou sua velocidade e sua distância percorrida para se adaptar às outras.

O quarteto evoluiu até virar um grupo de corrida para mulheres, aberto a qualquer uma. A corrida tornou-se um meio de estabelecer uma conexão significativa com pessoas de quem Evelyn gostava. Ser a mentora do progresso daquelas pessoas lhe trazia alegria, bem como estar na sua companhia fazendo uma atividade que todas adoravam. Com a mudança — ela continuava se considerando uma corredora, mas não estava mais correndo por status ou exigindo cada vez mais de si —, ela encontrou um propósito renovado. Foi essa a magia que vimos nas entrevistas que fizemos com os "10%". Todos encontraram maneiras de ter uma vida mais rica — com outras pessoas — fazendo mudanças sutis em *atividades que já estavam praticando*. Eles estavam levando vidas movidas pelo propósito em vez de ficar empurrando a ideia de uma existência significativa para além do horizonte ou para "quem sabe um dia".

É notável a clareza com que os "10%" conseguem encontrar e articular o propósito na vida cotidiana. Eles compartilhavam com alegria as pequenas maneiras como pensavam ter contribuído para o mundo todos os dias. Suas histórias eram muito diferentes entre si. Uma líder de uma empresa de biotecnologia queria muito mostrar à filha como era ser uma mulher de sucesso que não precisava se desculpar por isso. Outro executivo que entrevistamos encontrou sua vocação maior na transmissão da cultura singular da empresa para a geração seguinte.

Houve um gerente que priorizava proporcionar dignidade aos funcionários durante uma demissão em massa. E um investidor que entrevistamos não tinha nenhuma ilusão de grandeza de que multiplicar dinheiro tivesse um propósito maior, mas sentia que desenvolver seu time tinha um grande significado. Em todos esses casos, as pessoas constatavam que definir e pôr em prática funções e prioridades em relação aos outros, criando deliberadamente atividades que contribuíssem para essas funções — e se afastando das que não contribuíssem —, proporcionava uma profunda noção pessoal de propósito.

Dicas dos "10%"

- **Procure modelos positivos... e negativos.** Pense nas pessoas que você admira que parecem viver sua vida num plano superior. Tente identificar como elas conseguem incluir propósito em sua vida cotidiana. E, da mesma forma que faz com a sua saúde física, pense nas pessoas em quem você *não* quer acabar se transformando. Um consultor de alto nível nos disse ter ficado impressionado com a festa de despedida de um dos vendedores de maior sucesso na sua empresa, que estava se aposentando. O funcionário tinha dedicado à empresa praticamente todas as horas que passara acordado durante anos a fio, mas não tinha nenhuma atividade externa a qual se dedicar na aposentadoria. Tinha adiado várias vezes aquele momento, até a empresa precisar aplicar a obrigatoriedade da aposentadoria por idade. "Eu não quero ser aquele cara", disse o consultor. "Ele não tinha nenhum motivo para se levantar da cama a não ser ganhar mais dinheiro."
- **Lembre-se de quem você já foi.** Às vezes você pode ter de olhar para o passado para se lembrar das funções e prioridades que antes animavam sua vida. Reacenda uma paixão do passado e use-a para se catapultar para dentro de novos grupos. Você pode voltar a ser seu antigo eu, mesmo que com pessoas novas. Uma gerente de quarenta e poucos anos nos contou que tinha recomeçado recentemente a pilotar aviões. Tinha tirado o brevê com vinte e poucos anos, mas com o passar do tempo havia deixado suas habilidades se perderem. Depois de uma mudança de casa, ela percebera como estava morando perto de um aeroporto particular e decidira entrar para um clube de voo local. "Não existe nenhum jeito melhor de deixar o estresse para trás do que literalmente ver o mundo

de outra perspectiva", disse ela. Mas o verdadeiro bônus, segundo nos contou, foi voltar a fazer parte de um grupo de entusiastas da aviação. Ela esperava ansiosa pelos finais de semana para passar as manhãs no hangar com outros pilotos. "Gosto de conversar com eles sobre pilotagem. É totalmente diferente das pressões da minha vida cotidiana."

ENCONTRE PROPÓSITO EM PEQUENOS MOMENTOS

Com frequência demais, deixamos de aproveitar pequenos momentos que poderiam criar propósito por dois motivos: ou pressupomos que o propósito venha somente de empreitadas grandes e nobres ou achamos que tudo bem adiar a questão, imaginando que poderemos cuidar dessa história de propósito um pouco depois, quando as coisas ficarem mais fáceis. (É claro que não vão ficar.) Na nossa pesquisa, as pessoas mais felizes tinham uma probabilidade maior de ver e capitalizar os pequenos momentos com os outros no presente. Elas faziam isso, por exemplo:

- Desenvolvendo uma relação por meio de perguntas sobre assuntos diferentes e descobrindo as paixões, pontos de vista compartilhados ou valores alheios.
- Parando para conversar por cinco minutos com um colega ou vizinho em vez de seguir com pressa rumo à próxima obrigação.
- Permitindo-se ficar vulnerável num determinado momento e, dessa forma, incentivando os outros a fazerem o mesmo.

Dessa maneira, as pessoas conseguiam criar relações autênticas por meio de pequenos momentos de conexão com os outros.

Muitas vezes, as responsáveis por essa conscientização são as redes daqueles que buscam esses pequenos momentos. Um mentor, cônjuge, filho, orientador espiritual ou coach pode apontar para fontes de propósito cuja existência a pessoa não tinha percebido. Nosso entrevistado Ted é um gerente de vendas que supervisiona um time que vende implementos agrícolas. Ele também é ativo na sua igreja e se reúne regularmente com o pastor para discutir assuntos relacionados ao templo. De duas em duas semanas, mais ou menos, o pastor pergunta: "E a sua alma, como anda?". Ted leva as perguntas a sério, e os questionamentos do pastor o acompanham em seu trabalho cotidiano na maneira como ele aborda o que faz, buscando um propósito maior onde outras pessoas talvez não o fizessem. "Eu vejo minhas relações com meus revendedores, com clientes que ajudo com suas fazendas e com os representantes de vendas que se reportam a mim como oportunidades para levar algo de positivo a outras pessoas neste mundo." As conversas de Ted com seu pastor o incentivam a entender como ele pode usar seus talentos e as oportunidades proporcionadas pela sua profissão para melhorar a vida das pessoas à sua volta.

Dicas dos "10%"

- **Resista a uma vida excessivamente estruturada.** Com as pressões para equilibrar as responsabilidades profissionais e pessoais, você talvez tenha acabado caindo em uma rotina estruturada que simplesmente não lhe dá espaço para construir relações que não sejam de trabalho. Elas são a primeira coisa que você deixa de lado quando está sob pressão. E, por algum motivo, elas nunca mais voltam a entrar na sua lista de tarefas. Você precisa lutar para que isso não aconteça. Nosso entrevistado Krishna, por exemplo, fez um esforço consciente para seguir o fluxo sempre que possível em vez de planejar excessivamente a vida. "Por exemplo, semana que vem nós vamos a um restaurante novo na cidade", contou ele. "Simplesmente avisamos a uma lista de trinta amigos, dizendo: 'A gente vai lá na terça. Quem mais gostaria de vir?' E pessoas que não víamos há um ano surgiram do nada. Imagine o contrário: se tivéssemos tentado combinar um horário só com dois outros casais... em primeiro lugar, levando em conta como todo mundo é ocupado, o jantar teria ficado para daqui a várias semanas. Em segundo lugar, nós não teríamos tido as surpresas e a alegria de nos reconectar com outras pessoas!" Nunca, em toda a história, fomos mais capazes de moldar aquilo que fazemos e com quem. Não deixe uma vida excessivamente agendada privar você da chance de curtir os pequenos momentos.
- **Esteja presente nos momentos efêmeros.** Uma quantidade surpreendente de acontecimentos cruciais em nossa vida nasce em pequenos momentos que são fáceis de ignorar se não pararmos para aproveitá-los.

Esteja o mais presente possível, consciente de que a sua experiência atual é significativa para você e para os outros. Pode ser uma abordagem simples, como dizer a alguém que você acredita nessa pessoa. Nossa entrevistada Josephine, uma líder bem-sucedida em uma empresa de tecnologia, aguça deliberadamente sua consciência ao interagir com seu time. Ela se pergunta: "Você acredita no seu pessoal? Eles sabem disso? Você os empodera?". Como nos explicou: "São esses os momentos que realmente importam todos os dias". Outros entrevistados descreveram pequenos momentos passados com os filhos, em especial após terem ficado fora viajando a trabalho; ou conversas com colegas durante um café; ou aspirações para estar o mais presente possível ao longo do dia.

- **Encontre pequenos momentos para aprender mais sobre as pessoas em sua vida.** Você não precisa encontrar horas extras para conhecer melhor os outros. É possível criar oportunidades nas interações cotidianas. Nas conversas, reserve nem que seja só uns poucos minutos para fazer perguntas e expandir sua compreensão de quem a pessoa é. Em seguida, tente escutá-la sem concordar ou discordar, sem gostar ou não gostar e sem pensar mais naquilo que vai dizer quando chegar a sua vez de falar. Descubra outras dimensões das pessoas com quem você já está interagindo. Nosso entrevistado Joaquin descreveu como começou a ter um sentimento de comunidade em seu novo bairro por meio de momentos especiais com vizinhos ao redor da sua cerejeira. "Meus vizinhos estavam na rua, então fui até eles e lhes dei as cerejas que estavam sobrando, e isso iniciou uma conversa. Pequenos momentos como esse, quando você se envolve, solidificam a rede e o vínculo do bairro."

COCRIE COM SEUS COLEGAS

Se você alguma vez já fez parte de um time em que cada um defende o outro, conecta-se sendo autêntico e junta as ideias para criar algo novo, sabe que essa experiência pode ser incrivelmente energizante e repleta de propósito. Sob alguns aspectos, quase nem importa o projeto em que se está trabalhando; o propósito vem da dinâmica de como se está trabalhando em conjunto, um processo que denominamos *cocriar*.

Cocriar inclui um elemento de sincronia: um profundo sentimento de confiança, comprometimento e harmonia. *Nós estamos juntos nessa.* O processo pode incluir também uma dinâmica de construção gradual, na qual os momentos de "eureca" surgem conforme as pessoas vão incrementando as ideias umas das outras, levando-as a níveis de inovação que nenhum indivíduo sozinho poderia produzir. Cocriar agrega valor, tanto em nossa própria vida, por meio das profundas relações que criamos durante o processo, quanto na vida dos outros, por meio da força das ideias que desenvolvemos e incrementamos como time. Pequenos momentos trabalhando junto em algo criam uma conexão autêntica, uma espécie de antídoto para a enxurrada de microestresses que de outra forma preenchem nossos dias. Nós ficamos individual e coletivamente mais fortes ao trabalhar em algo que podemos criar juntos.

Conversamos com Carol, uma gerente de projetos de engenharia que vivenciava a satisfação de cocriar com seus colegas de forma rotineira. Ela descreveu a sincronia de colegas rindo juntos, mesmo sob intensa pressão. Em uma dessas ocasiões, seu time foi chamado para uma reunião de emergência tarde da noite. É claro que ninguém queria estar acordado àquela hora lidando com uma crise, mas ali estavam eles, numa videochamada de casa, reunidos para encontrar uma solução imediata. Carol relembrou o episódio: "Aí um dos meus colegas se enrolou numa manta no sofá de casa e fez uma piada, e a chamada inteira caiu na gargalhada. E eu fiz uma captura de tela nessa hora porque pensei tipo: 'Uau, que time especial esse; mesmo sob estresse a gente consegue realmente dar risada'. Quando se está trabalhando com um time assim... propósito é isso".

Na experiência de Carol, a sincronia de um time tem a ver também com uma noção de comprometimento com fazer seu melhor trabalho para os outros, um reconhecimento do sacrifício de cada integrante e o desejo de se mostrar digno desses sacrifícios. "Quando se olha em volta para uma sala cheia de gente com quem você passou milhares de horas trabalhando lado a lado, você se sente responsável por não decepcionar essas pessoas. Tipo: eu sei que essa pessoa abriu mão da sua sexta-feira à noite nos últimos três anos para conduzir tecnicamente conosco esse processo de correção de software. Vou me certificar de que ela tenha obtenha alguma vantagem com isso, porque acho que é um sacrifício nobre e não vou pisar na bola." Sentir-se parte de algo maior do que ela mesma, por meio de conexões autênticas com um grupo de pessoas, ajudou Carol a se desvencilhar dos microestresses que rodeavam esse trabalho. "Na verdade, a essa altura pouco importa no que se está trabalhando. O importante é: 'Eu gosto dessas pessoas, e não vou deixá-las na mão porque faço parte deste time.'"

Enquanto isso, o time de Carol era, nas suas palavras, energizado pelo modo como seus integrantes incrementavam as ideias e a energia uns dos outros para criar um sentimento coletivo de ímpeto e criatividade, onde o todo era claramente maior do que a soma das partes. Pense no sentimento que muitos de nós temos ao recordar algumas das melhores experiências de trabalho de nossa vida. Elas inevitavelmente envolvem integrar um time que fazia aflorar o melhor de cada integrante e do trabalho em si.

A cocriação pode acontecer em qualquer coisa que se faça — o processo tem a ver com a dinâmica de sincronia e de construção gradual. Nossos entrevistados descreveram a cocriação no contexto de atividades diversas, como construir uma nova plataforma digital de biologia, trabalhar com um grupo heterogêneo de voluntários para lançar um programa de mindfulness e nadar com um clube de veteranos local.

Dicas dos "10%"

- **Abrace oportunidades para fazer desvios.** Pessoas que vivenciam a cocriação muitas vezes são mais abertas a soluções que se desdobram de modos não planejados. Elas têm uma noção geral do que precisam realizar, mas então se concentram no "porquê" e no processo de trabalhar junto antes de mergulhar fundo demais nas táticas de "quando" e "como". Tudo bem se desviar da tarefa ocasionalmente para se conectar com seus colegas de time. Você pode expandir suas relações e entender as pessoas de uma forma mais holística se der a si o tempo necessário para fazer perguntas e para explorar, aprofundando seus relacionamentos com bom humor e diversão. A confiança desenvolvida nessas interações cria uma base sólida para experiências genuínas de cocriação.
- **Mude sua forma de interagir com colegas.** Busque oportunidades de trabalhar com colegas em projetos que lhe proporcionem um sentimento de propósito. Essas ocasiões podem ser pequenos momentos de mentoria, colaborações com outros que tenham os mesmos valores ou lhe ofereçam uma chance de crescer, ou até mesmo um voluntariado para organizar atividades sociais com as pessoas do trabalho.

MOMENTO COACHING

Como entrar em — e voltar para — conexões cheias de propósito

Em nossas entrevistas, perguntamos às pessoas quais decisões de vida ou de carreira as tinham feito abraçar ou deixar de lado atividades e relações cheias de propósito. Ao refletir sobre a figura 8.1, as pessoas contaram histórias sobre como encontraram ou perderam propósito por meio de decisões em alguns dos pontos de inflexão retratados em sua vida.

FIGURA 8.1

Onde você encontrou ou perdeu seu propósito?

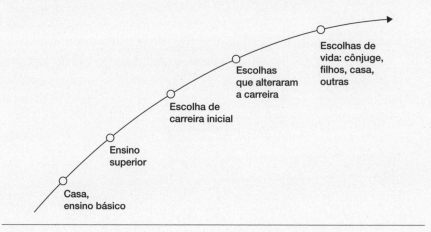

Reflita sobre esses pontos de inflexão em sua vida. O processo te ajuda a identificar transições que tenham feito você se afastar de relações ou situações nas quais encontrava propósito?

Identifique modos como experiências ou atividades em diferentes momentos da vida moldaram suas conexões atuais, tanto as que fortalecem quando as que enfraquecem o propósito. Por exemplo, as pessoas muitas vezes falavam sobre ter carreiras socialmente desejáveis, com alta remuneração, que as tiraram de atividades e comunidades que as mantinham fisicamente saudáveis ou espiritualmente plenas. Contudo, muitas também descreveram pontos de inflexão como uma pós-graduação, um casamento ou a saída de um emprego exigente como tendo sido críticos para passarem a se dedicar a atividades ou comunidades que lhes traziam propósito.

Identifique oportunidades para reacender atividades do passado ou relacionamentos adormecidos de modo a trazer dimensionalidade e propósito de volta à sua vida. Um jeito comum para a maioria das pessoas reacender um sentimento de propósito era recorrer a paixões ou pessoas que antes tinham sido importantes em sua vida. Considere a possibilidade de se dedicar a atividades como esportes, voluntariado, religião, música ou alguma atividade intelectual que possa te aproximar de um novo grupo de colegas que pensam como você.

- **Encontre propósito em oportunidades de crescimento inesperadas.** Explore trabalhos que valham a pena ser feitos e alternativas de carreira no auge do seu sucesso. Os "10%" se sentem à vontade para fazer mudanças de carreira quando as coisa vão bem, não mal. O ímpeto do emprego atual os conduz naturalmente à possibilidade seguinte, que talvez esteja mais alinhada com a noção de propósito que carregam. Um entrevistado descreveu sua reação depois de lhe oferecerem um cargo de gerência: "Eu nunca pedi, nunca quis, nunca pensei em ser gerente. E um belo dia estava numa reunião e meu chefe de time disse: 'Então, a gente quer que você vire gerente. Você seria ótimo. Tudo bem?'. E eu respondi: 'Como é que é?'. Mas sabe o que mais? Eu realmente fui um bom gerente. Isso me deu um sentimento de propósito enorme que eu nunca tinha pensado em encontrar".

CONECTE-SE POR MEIO DE VALORES COMPARTILHADOS

Muitos de nossos entrevistados descreveram como as suas noções de propósito dependiam da própria capacidade de fazer a coisa certa — não porque eles tivessem de remar contra uma maré de pressões para fazer outra coisa, mas porque faziam parte de um coletivo com crenças e aspirações em comum. O ato de pôr em prática valores que divide com amigos, familiares ou colegas de trabalho pode ser uma fonte poderosa de propósito. Os "10%" encontram formas de se conectar por meio de propósitos compartilhados, mesmo quando o compartilhamento pode parecer à primeira vista improvável.

Conversamos com Josh, líder sênior numa empresa de manufatura, que descreveu como tinha um sentimento profundo de propósito ao ver valores triunfarem em detrimento de interesses pessoais. Ele descreveu um dos princípios orientadores da empresa em que trabalhava: todo mundo se une para o cliente, independentemente do impacto que isso possa causar em objetivos individuais. "Não sinto que ocorrem muitas situações nas quais é o meu reino versus o reino de vendas versus o reino do desenvolvimento de produto", disse ele. "Acho que estamos alinhados em relação a onde nosso foco precisa estar coletivamente."

Josh tinha tido uma experiência diferente em outra empresa. Lá, as pessoas diziam que iriam se unir, mas a determinação se desintegrava ao se chocar em interesses individuais. Ele recordou: "As pessoas diziam: 'Bom, tá, essa poderia ser a coisa certa a fazer, mas você não vai tirar isso do meu relatório financeiro'. Ou a pessoa da área de vendas dizia: 'Ei, eu preciso bater uma meta. Vou vender isto aqui de qualquer jeito'". A experiência de Josh é típica. As empresas com frequência minam o propósito dos funcionários ao falar sobre aspirações mais elevadas, mas não agir de acordo. "Na minha antiga empresa, eu participava das avaliações trimestrais, e eram 25 minutos martelando os números de um jeito antiquado", contou Josh. "Você bateu a meta ou não, e o que está fazendo para melhorá-la? Agora temos avaliações trimestrais, e provavelmente só os primeiros cinco minutos têm a ver com números. Os outros vinte têm a ver com como nós podemos fazer mais por nossos clientes, e como podemos construir nosso time e fazê-lo crescer. Essas são duas conversas que eu nunca tive. Os números são nossa responsabilidade, mas não são nosso propósito."

Uma das lições que aprendemos com os "10%" é que encontrar propósito em valores compartilhados nem sempre é tão fácil quanto na experiência de Josh. Nem sempre podemos simplesmente encontrar uma empresa com uma missão ou propósito com os quais concordemos de coração. Mas você pode encontrar maneiras de se conectar com os outros em pequenos momentos. Se valorizar fundamentalmente o fato de ser mentor de seus funcionários mais jovens, talvez possa encontrar outros pares que também pensem assim e organizar iniciativas de mentoria com eles. Se valorizar a criatividade na sua função ou a aplicação da tecnologia para solucionar problemas, com certeza poderá encontrar outros que valorizem essas mesmas coisas e estruturar encontros ou outras interações que preencham essa necessidade para você. Essas interações com frequência podem dar início a trajetórias de trabalho que você considere mais significativas. Um dos segredos dos "10%" é sua capacidade de mobilizar pessoas e criar fluxos de trabalho em torno de valores compartilhados. Com o tempo, essas iniciativas vão ganhando ímpeto e se tornam partes maiores do seu cargo, ou mesmo a parte que o define. Em termos simples: os "10%" moldam suas circunstâncias e seu destino por meio de pequenos investimentos iniciais, não se contentando com o foco em atender às expectativas dos outros. Dessa forma, eles podem esculpir ativamente suas funções ao longo do tempo.

Dicas dos "10%"

- **Priorize atividades e relacionamentos que criem propósito para você.** Independentemente da clareza que tiver em relação ao seu propósito, é preciso ter estratégias para mantê-lo quando a vida estiver puxando você em várias direções. Tenha um método bem definido para gerenciar seu tempo. Use sua agenda com disciplina de modo a liberar tempo para fontes de propósito fora do trabalho. "Mesmo nos finais de semana, as coisas que eu quero fazer acontecer, como diversão ou eventos sociais, entram na agenda", contou-nos uma executiva atarefada. Rituais e rotinas ajudam a tornar parte da sua vida as interações cheias de propósito. Uma entrevistada trabalhava como voluntária num banco de alimentos perto de casa com amigas, um sábado por mês. Cada uma das amigas se esforçava muito para manter aquele compromisso, não só por gostar de ajudar a comunidade, mas também por valorizar a chance de trabalhar lado a lado em alguma coisa. Elas faziam caronas compartilhadas para ir até lá, garantindo assim algum tempo para conversas de sociabilidade e para se atualizar sobre a vida umas das outras no caminho.
- **Se não te preencher, vá embora.** Recuse empregos ou oportunidades que afastariam você do seu propósito. Ouvimos repetidas histórias de pessoas que disseram "não", seja para recusar trabalhos com times que não compartilhavam seus valores, empregos que teriam lhes rendido mais

dinheiro, mas que as teriam privado de tempo com a família, ou funções nas quais se sentissem obrigadas a trabalhar de maneiras eticamente suspeitas. Em alguns casos, as pessoas pegaram suas funções existentes e as remodelaram para deixá-las com mais propósito. Um dos "10%", por exemplo, encabeçou o desenvolvimento de liderança da sua organização, criando um modelo inteiramente baseado em mobilizar líderes para que ensinassem uns aos outros. "Não seria tão recompensador para mim se eu simplesmente tocasse o programa sozinho", explicou. "Então eu o remodelei para que virasse aquilo que eu queria que fosse." Às vezes, as pessoas assumiam trabalhos que não precisavam assumir, mas que queriam, como um programa voluntário de meditação, porque isso acrescentava significado ao seu dia de trabalho e acabava por conectá-las com pessoas que compartilhavam uma paixão parecida.

- **Mergulhe em atividades em novas áreas.** As pessoas mais felizes da nossa pesquisa tendiam a estar envolvidas em grupos em duas (ou mais) das seguintes quatro áreas:
    - **Espiritual**: interações relacionadas a religião, música, arte, poesia e outras esferas estéticas da vida que contextualizam o trabalho de modo mais amplo.
    - **Cívica e espiritual**: grupos com significado, que criem propósito e coloquem você em contato com um conjunto diverso de pessoas que pensam parecido.
    - **Amigos e comunidade**: atividades coletivas como práticas esportivas, clubes do livro e clubes de jantares.
    - **Família**: ações como cuidar, servir de modelo para comportamentos desejados e vivenciar tradições e valores com a família estendida.

Marco, o executivo que já mencionamos que se pegou com um dia de folga e sem nada para fazer, encontrou uma forma de recuperar um sentimento de propósito em sua vida além do trabalho. Ele se ofereceu como voluntário num grupo ambientalista da região para ajudar a limpar um parque que estava dominado pelo lixo e pelas ervas daninhas. Um amplo leque de pessoas de todas as idades e origens aparecia nos dias de limpeza ocasionais, mas Marco descobriu que elas compartilhavam a valorização do meio ambiente, um espírito de serviço comunitário e a diversão de se encontrar num sábado para realizar alguma coisa. Aos poucos, ele começou a dedicar mais tempo ao grupo. E então repetiu o processo com um grupo local de tênis com a esposa, e depois num grupo de homens na sua igreja. Em um ano, Marco tinha conseguido incluir dimensionalidade em sua vida, com conexões autênticas que passaram a ser fontes profundas de propósito e significado para ele. E o sentimento de propósito, por sua vez, lhe permitiu superar muitos dos microestresses do seu dia a dia: pequenas coisas que antes pareciam muito importantes simplesmente já não tinham o mesmo impacto. "Pode parecer algo muito pequeno, mas acho que isso me deixou bem mais feliz no trabalho, porque eu agora tenho algum equilíbrio e um sentimento de propósito fora do ambiente profissional e das minhas responsabilidades familiares essenciais", disse ele.

Construir propósito em sua vida não precisa vir de um mergulho profundo na sua alma no qual você identifique o motivo de estar aqui nesta terra. Mas exige, sim, um esforço intencional. Como muitos de nossos entrevistados descobriram, a vida cotidiana pode carregar você em correntes invisíveis, te puxando na direção de expectativas socialmente definidas em vez dos lugares onde você encontra seus valores. Atravessar o corredor polonês de microestresses que drenam sua capacidade, diminuem suas reservas emocionais e desafiam sua identidade torna ainda mais difícil encontrar o caminho de volta. No entanto, se você esperar o momento perfeito em sua vida para se dar ao luxo de encontrar propósito — quem sabe quando tiver conquistado a segurança financeira total, ou quando as crianças estiverem crescidas —, talvez descubra ter jogado fora anos de oportunidades para construir as relações que estão no cerne de um sentimento de propósito.

É mais fácil se deixar levar pelos microestresses do dia sem ver oportunidade alguma para criar ou seguir um propósito em sua vida. Os "10%" têm um jeito diferente de ver a questão. Eles não criam propósito isoladamente: as relações com os outros têm um papel central. Propósito não é só aquilo que fazemos, mas também como fazemos *com os outros*. Nossas relações acrescentam dimensionalidade e perspectiva à nossa vida, ajudando-nos a ver o mundo de modo mais amplo e a cristalizar o que de fato importa para nós. Na verdade, muitos de nós constatamos que as relações são aquilo que mais importa. Coisas que valem a pena ser feitas se tornam mais repletas de propósito quando são executadas em colaboração com outros que compartilham valores comuns. Eles nos lembram quem somos — ou podemos ser — quando assumimos a nossa melhor versão.

MOMENTO COACHING

Como descobrir fontes de propósito ocultas

Use o exercício descrito neste momento coaching para identificar seus geradores de propósito que já existem, revelar brechas e encontrar maneiras de estender seu sentimento de propósito por meio das suas relações com os outros. O objetivo não é criar um plano de vida inteiramente novo, mas sim reconhecer onde você encontra propósito agora, aprender a usar essas fontes de modo mais consciente e identificar quais atividades com pouco propósito você poderia ajustar ou eliminar.

Conduziremos você por esse exercício usando as análises que fizemos com Meredith, uma executiva de mídia de alto nível. A tabela 8.1 mostra a grade usada por Meredith. No início, ela nos disse que seu principal propósito na vida vinha de suas funções no trabalho (como gerente) e na família (como mãe, esposa e filha). Cada uma dessas funções vinha carregada de microestresses de todas as categorias. No entanto, quando lhe pedimos para percorrer a grade e identificar suas fontes de propósito ou atividades que drenavam seu propósito, ela teve novas sacadas.

Passo 1: Estenda atividades existentes para fontes adicionais de propósito. Busque maneiras de acrescentar uma nova noção de propósito em algo que já estiver fazendo. Pode ser algo simples, como reconhecer o valor do que já está oferecendo aos outros por meio de uma atividade e ser um pouco mais proposital em relação ao que faz. Embora tivesse clareza em relação à sua função formal no trabalho, Meredith não tinha pensado tanto assim nas funções informais, como ser mentora para integrantes do seu time, por exemplo. Ela começou a prestar mais atenção naquele papel de mentora, fazendo um esforço mais deliberado para entender as necessidades e aspirações dos integrantes do seu time e mudar o próprio ponto de vista em relação a coisas que considerasse desgastantes, como as avaliações de desempenho.

Passo 2: Amplie seus pontos de contato relacionais. Encontre maneiras de se conectar com mais pessoas e com pessoas diferentes por meio das atividades que já está fazendo. Meredith sentia uma grande satisfação com o trabalho voluntário que fazia ensinando design gráfico. No entanto, muitas vezes sentia que o tempo gasto com aquilo cobrava um preço de suas amizades. A grade mostra claramente um grande espaço em branco na coluna "Amigos". Meredith decidiu ver se conseguia fazer alguns amigos se interessarem por aquilo que já estava fazendo, e recrutou um deles para trabalhar ao seu lado num projeto voluntário de design. As conversas sobre design acabaram transbordando para debates autênticos sobre criação de filhos e a vida em geral.

Passo 3: Altere uma atividade de baixo propósito. Pode ser que você não consiga eliminar todas as atividades de baixo propósito da sua vida, mas pode alterá-las de pequenas maneiras que talvez façam uma grande diferença. A única parte de que Meredith não gostava no seu trabalho eram as relações com os clientes. Ela adorava o aspecto criativo do trabalho e adorava ver como as ideias davam frutos, mas o processo de vender e negociar com clientes não a deixava empolgada. Quanto mais ela subia na empresa, porém, mais as relações com os clientes se tornavam cruciais para o seu emprego. Após conversar sobre o assunto com os colegas, Meredith decidiu alterar ligeiramente sua cartela de clientes de modo a poder lidar com mais ONGs e outras organizações cujo trabalho estivesse alinhado com seus valores. Aqueles clientes representavam apenas uma pequena porcentagem do seu trabalho total e geravam uma margem de vendas menor, mas ela sentia mais identificação com eles. O que antes parecia ser uma operação de venda pura e simples tornou-se um processo de usar seus talentos criativos para ajudar os outros.

Passo 4: Acrescente uma atividade com propósito. Faça escolhas deliberadas para acrescentar uma ou duas atividades nas quais você saiba que irá encontrar propósito. Elas não precisam representar compromissos de tempo imensos, mas precisam ter um significado para você e te conectar aos outros. O mais notável no caso de Meredith foi que ela nos disse nunca ter entendido realmente o quanto gostava de cocriar. De posse dessa compreensão, ela passou a dar prioridade a encontrar oportunidades adequadas de colaborar com colegas. Mas a alegria da cocriação se estendia também a familiares e amigos. O simples fato de ter um projeto no qual trabalhar junto criava um vínculo. Ela decidiu fazer uma complexa árvore genealógica com sua família estendida, com parentes diversos tomando as rédeas em diferentes momentos. Ao usar o trabalho uns dos outros para avançar, eles acabaram compilando uma história detalhada que finalmente encontrou respostas definitivas para determinadas tradições familiares.

Meredith fez questão de se demorar entrevistando formalmente seu pai e sua mãe sobre as respectivas infâncias, gravando o processo. Outro parente transformou as entrevistas em documentários ao estilo Ken Burns para o grupo todo. Além disso, Meredith compartilhou pastas do Google Drive com a família, garantindo que todos estivessem atualizados em relação à árvore. "Foi energizante reconhecer o bem que podia fazer me dedicar a algumas dessas outras atividades com pessoas importantes para mim", contou-nos ela. "Eu não estava simplesmente me afastando por um tempo das minhas funções principais; estava estendendo-as para torná-las mais inclusivas e me ajudarem a ver propósito em outras áreas também."

Depois de usar a grade da tabela 8.1 para se autoanalisar, Meredith passou a conseguir ver suas atividades colaborativas não só como coisas boas de se ter, mas como coisas necessárias, já que eram tão importantes para criar e concretizar seu sentimento de propósito.

TABELA 8.1

Meus geradores de propósito existentes

Para avaliar se você pode ter oportunidades de acrescentar propósito em sua vida cotidiana, comece por reconhecer aquilo que já está fazendo. Em seguida, veja se pode alterar isso ou incorporar outras pessoas de maneiras que ajudem você a construir propósito por meio dessas atividades e conexões. Quando Meredith preencheu esta tabela, ela viu fontes de propósito que não tinha parado para reconhecer, como servir de mentora para seu time e ensinar design gráfico. Refletindo mais um pouco, porém, conseguiu ver também como poderia pegar essas mesmas atividades e ampliar sua noção de propósito por meio delas.

RELAÇÕES

GERADORES DE PROPÓSITO	No trabalho					Fora do trabalho			
	Supervisor direto	Outros líderes	Pares	Times subordinados	Compradores, clientes, usuários	Cônjuge	Família	Amigos	Grupos de interesse
Cumprir funções de vida e prioridades *Cumprir um conjunto de funções e prioridades pessoais que você considera importantes para uma vida bem vivida*				***Mentora do time***	***Relações com clientes***			Recrutar um amigo	
Doar aos outros *Usar seu tempo e seus talentos para ajudar os outros*				Estender sentimento de propósito	Estender sentimento de propósito (sem visar lucro)				***Ensinar design gráfico***
Ver propósito na vida cotidiana *Abrir o foco pra ver possibilidades melhores ou mais propósito naquilo que fazemos*				Estender sentimento de propósito	Estender sentimento de propósito (sem visar lucro)	Alterar uma atividade com baixo propósito			
Cocriar *Trabalhar junto com sincronia (profundo sentimento de confiança, comprometimento e harmonia) e construção gradual (construir com as ideias uns dos outros)*							Acrescentar atividade com propósito: árvore genealógica		
Vivenciar valores compartilhados *Pôr em prática valores em comum com amigos, familiares ou colegas de trabalho*									

Conclusão
Pense pequeno

"A gente toca um mix de coisas, desde rock clássico até alguns dos gêneros musicais novos que meus parceiros de banda curtem", contou nosso entrevistado Peter, orgulhoso. "Eu pude inclusive fazer um ou dois solos de guitarra matadores."

Talvez ninguém na nossa pesquisa tenha ficado mais surpreso com o efeito de pequenas mudanças em sua vida do que Peter, um neurocirurgião de grande sucesso que se pegou tocando guitarra aos quarenta e poucos anos com um bando de garotos de vinte. Peter não planejou entrar para uma banda na sua cidade, mas foi isso que acabou acontecendo depois de ele dar uma série de pequenos passos para tentar retomar uma atividade que adorava antes de ser consumido pela carreira. Ao frequentar uma loja de música local para afinar sua velha guitarra e comprar alguns discos novos, ele reparou num cartaz com um anúncio procurando pessoas que quisessem tocar numa banda amadora. "O que nos falta em talento a gente compensa no volume!", dizia o anúncio. Em um impulso, ele decidiu entrar em contato. "É totalmente diferente de uma cirurgia, quando preciso entrar na minha mente e manter foco total", explicou ele. "Quando estou tocando com os caras, eu não estou nem dentro da minha própria mente. Simplesmente me solto. É tão divertido."

Já fazia muitos anos que Peter não se considerava um músico. Quando o entrevistamos, porém, ele estava transbordando animação. Perguntamos a ele o que o tinha feito responder àquele anúncio. "Eu simplesmente me lembrei do quanto amava estar numa banda", disse. "Só queria me sentir assim outra vez."

Muitos de nós têm lembranças vibrantes da época em que nos sentíamos no nosso auge, talvez durante a faculdade ou nos anos iniciais de nossa carreira. Como Peter, porém, constatamos que os microestresses de nossa vida cotidiana acabaram nos tirando esse tipo de alegria. E nós simplesmente aceitamos essa sina, preparando-nos para dar conta do ataque cada vez maior dos microestresses. Ou então nos voltamos para conselhos convencionais sobre como melhorar nosso bem-estar, conselhos que tendem a focar naquilo que podemos fazer para nos dessensibilizar em relação ao estresse (seja ele macro ou micro), como a meditação ou a gratidão. Essas abordagens têm por foco ajudar você a criar um ponto de vista melhor de modo a conseguir tolerar cada vez mais microestresses na vida.

Não seria melhor se, em vez disso, você conseguisse remover alguns dos microestresses, em vez de aumentar sua tolerância a eles? Como mencionamos antes, décadas de pesquisas em ciências sociais sugerem que uma interação negativa tem até cinco vezes mais impacto do que uma positiva. Somos todos inundados diariamente com microestresses que sequer reconhecemos. Pense no impacto que você pode ter se identificar e corrigir nem que seja apenas um ou dois microestresses na sua vida cotidiana. Melhor ainda: pense no efeito de criar algumas interações novas e positivas com pessoas que irão acrescentar propósito e crescimento à sua vida.

Neste livro, nós lhe demos as ferramentas para identificar as maneiras invisíveis por meio das quais o microestresse está invadindo sua vida e a linguagem para articular o que está sentindo. Você não tem como solucionar um problema que não sabe que existe; não tem como tentar melhorar algo que não consegue nomear. Nós lhe oferecemos ferramentas e momentos de coaching para ajudar a diagnosticar de onde está vindo seu microestresse e sugestões de como enfrentá-lo. Mas também lhe pedimos para fazer uma pausa e refletir sobre como está também, sem querer, perpetuando o ciclo de microestresse.

Compartilhamos com você aquilo que as pessoas mais felizes que participaram da nossa pesquisa fazem de diferente. Elas não só são excelentes em desviar e eliminar os microestresses de sua vida sem sacrificar seu desempenho no trabalho, como também construíram e cultivaram deliberadamente uma vida rica e multidimensional. Passamos a admirar profundamente os "10%" que, como Peter, encontraram formas de estruturar sua vida para impulsioná-la pelas interações com os outros. Ao longo da nossa pesquisa, nós dois começamos a adotar algumas das práticas positivas que vimos, tanto no que diz respeito a reconhecer e resistir aos microestresses de nossa própria vida quanto a encontrar micromomentos de conexão autêntica com os outros. Um de nós (Rob) recuperou algumas atividades do seu passado, entre elas o tênis e o ciclismo, de modo a estabelecer um novo conjunto de conexões que se tornaram fonte de conselhos, pontos de vista novos, alegria e amizade às quais recorre diariamente. E a outra (Karen) se deu conta de ter se afastado de algumas de suas amigas mais próximas da faculdade, muito embora todas morassem a menos de uma hora de carro uma da outra. Mesmo durante os dias mais difíceis da pandemia, elas fizeram questão de se encontrar em trilhas da região, percorrendo quilômetros lado a lado enquanto se permitiam (ao menos por um tempo) esquecer os microestresses que as aguardavam em casa. Com o passar dos meses (e anos) da pandemia, as trilhas se transformaram numa conexão ainda mais profunda à medida que Karen e as amigas se apoiavam durante desafios de mudanças, cuidados com pais idosos, problemas de saúde e ninhos vazios. Suas caminhadas se transformaram em trocas de mensagens frequentes, encontros nas respectivas casas, férias especiais só para mulheres e incontáveis horas de risadas. Nós dois nos lembramos do poder de ter conexões autênticas com pessoas de quem gostamos para ajudar a afastar nossos próprios microestresses.

Em décadas de pesquisas, trabalhando de perto com algumas das organizações mais respeitadas do mundo e com centenas de profissionais de alto desempenho, nunca fomos tão impactados quanto pelas lições aprendidas com as pessoas que entrevistamos para este livro. Hoje em dia, com certeza existe uma crise de bem-estar palpável. Mas existe também uma poderosa solução. Elimine alguns microestresses da sua vida e busque micromomentos de conexão autêntica com os outros que acrescentem novas dimensões à sua vida. A realidade é que nós nunca fomos mais capazes de moldar aquilo que fazemos e com quem o fazemos. Comece pensando pequeno.

Agradecimentos

Estou profundamente em dívida com todas as pessoas e organizações ligadas ao Connected Commons, consórcio que ajudei a fundar como forma de ajudar a promover as aplicações práticas da pesquisa sobre redes no mundo hiperconectado de hoje em dia.

A ideia deste livro surgiu de um trabalho que estávamos fazendo no Connected Commons, estudando as redes de contatos de profissionais de alto desempenho em centenas de empresas. Tive a sorte de alguns membros patrocinadores terem me incentivado a pensar no sucesso individual não só em termos de alto desempenho, mas também de bem-estar ao longo da carreira da pessoa. Esses visionários estavam pensando em bem-estar muito antes de o tema entrar em voga durante a pandemia de covid-19. Sou extremamente grato pela visão deles e pelo acesso que me proporcionaram às suas empresas, o que nos permitiu conduzir análises de rede quantitativas em larga escala e entrevistar mais de trezentos executivos. Sou igualmente grato a todos esses entrevistados por terem compartilhado comigo as dores e alegrias das relações pessoais e profissionais que constituíam seus mundos.

Embora eu tenha pessoas demais para mencionar nominalmente (por favor, me desculpem!), eu gostaria de agradecer a algumas que tiveram um impacto significativo neste trabalho. Em primeiro lugar, Jean Singer foi uma colaboradora e coautora incrível em determinados aspectos desta pesquisa. Sua influência pode ser vista na sensibilidade e na profundidade de nossos achados; obrigado,

Jean, por ter contribuído com este trabalho com seu tempo, intelecto e bom-humor! Da mesma forma, Greg Pryor foi uma fonte constante de contribuição intelectual e aplicação pragmática das ideias deste livro. O trabalho se tornou, em muitos níveis, mais criativo e mais prático graças às contribuições de Greg.

Peter Amidon, Michael Arena, Mike Benson, Inga Carboni, Vinnie DiSalvo, Chris Ernst, Rebecca Garau, Peter Gray, Karen Kocher, Andrew Parker e Deb Zehner foram igualmente importantes para a evolução deste trabalho por meio de muitas interações. Quero deixar meu agradecimento também a Danna Greenberg, minha colega no Babson, que foi nossa parceira em relação aos aspectos desta pesquisa ligados à resiliência e me incentivou desde o início a levá-la adiante.

Em um nível institucional, estou em dívida com o Babson College e muitos colegas de academia que enxergam o valor de uma pesquisa rigorosamente aplicada, e que abriram espaço para este trabalho e o apoiaram. Sou também profundamente grato pela parceria com o Institute for Corporate Productivity (I4CP) e a toda a equipe de lá. Embora seja muita gente para citar, gostaria de agradecer especificamente a Carrie Bevis, Madeline Borkin, Kevin Martin, Kevin Oakes, Kevin Osborne, Erik Samdahl e Mark Walker pelo apoio a esta obra. Agradeço também ao Innovation Resource Center for Human Resources (IRC4HR), em especial a Jodi Starkman e Hal Burlingame, por terem acreditado nos estágios iniciais deste trabalho.

Muito obrigado também ao time editorial da Harvard Business Review Press. Em especial, este trabalho se beneficiou de modo significativo de ter dois editores incríveis — Scott Berinato e Susan Francis — se dedicando incansavelmente ao longo do processo de escrita. Ambos tiveram um impacto crucial no trabalho em todos os níveis; obrigado aos dois por terem investido tempo e intelecto para fazer deste livro um sucesso.

Por fim, agradeço a meus filhos incríveis, Connor e Rachel. Muito do que aprendi nesta pesquisa posso ver refletido em sua vida conforme vocês buscam viver de acordo com aquilo que acreditam de modos que me deixam imensamente orgulhoso e feliz por vocês diariamente. Vocês são minha inspiração e a luz que me guia nesta minha busca para ter uma vida repleta de intenção e de propósito. Obrigado!

Rob Cross

Na primeira vez em que Rob me procurou para sugerir uma colaboração com ele neste livro, meus dias já estavam tão ocupados que a ideia foi quase inimaginável. Como eu poderia arrumar tempo para trabalhar num livro novo? Na verdade, eu estava tão ocupada que disse que só poderia encontrá-lo se ele fosse a um café que era perto o suficiente da minha casa para eu conseguir ir a pé. Um encontro lá me pouparia um bom tempo jogado fora no trânsito. Por sorte, Rob não se importou em ceder o tempo que eu estava lhe pedindo para gastar para chegar até lá. Quando ele compartilhou comigo aspectos da sua pesquisa, suas observações bateram fundo em mim. Reconheci que minha própria vida estava pulsando de tanto microestresse. E eu quase deixara aquilo me impedir de explorar o que acabou se revelando uma oportunidade maravilhosa de cocriar algo significativo com ele. Rob, sou muito grata por você ter se deslocado até Brookline naquele dia! Trabalhar neste livro durante a pandemia me fez lembrar da importância de nos forçar a construir e cultivar vidas multidimensionais.

Ao longo deste projeto, comecei conscientemente a adotar algumas das práticas que assinalamos no livro, especialmente reservar mais tempo para as amizades que eu sem querer deixara de priorizar. Não vou permitir que isso aconteça outra vez. Meus amigos se tornaram um antídoto de importância extraordinária para os microestresses da pandemia. E por isso quero destacar alguns deles aqui.

A Laurie Flowers e Laura O'Keefe, obrigada pelas horas de caminhadas e conversas durante toda a pandemia. Nem as temperaturas abaixo de zero nem as máscaras que escondiam nossos sorrisos conseguiram diminuir a alegria de estar com vocês. Kelly Ten Hagen e Lorrie Cummings, a amizade de vocês tem sido uma fonte de apoio e de felicidade há décadas. Obrigada por nunca terem deixado o assunto morrer. À minha irmã de alma Evelyn Roth: você me ajudou a suportar os microestresses cotidianos por muitos anos, e eu não poderia ser mais grata pela profunda amizade que construímos, mesmo morando a oceanos de distância uma da outra. Donna Bowie, obrigada por sempre ter considerado nossa amizade da vida inteira uma prioridade. Aos meus colegas da Banyan, considero-me realmente sortuda por trabalhar lado a lado com um grupo tão especial de pessoas, em especial Meredith Nealon, com quem saboreio a sorte de cocriar algo significativo diariamente. Obrigada por ter me ajudado a amar mais ainda meu "emprego diurno". A meus amigos e colegas do Healthcare Leadership Institute, em especial Ilaria Cominotti, Travis Hansen, Julie Frahm, Angela Egner, Bruce Jensen e Charles Sorenson, sou grata por terem me permitido explorar e desenvolver essas ideias com vocês em tempo real. É uma honra fazer parte do corpo docente, e mais ainda ser amiga de vocês.

Aos nossos editores na Harvard Business Review, Susan Francis e Scott Berinato, não sou capaz de agradecer o suficiente não só por terem acreditado neste projeto, mas também por terem dado o melhor de si em tudo. Vocês foram uma equipe de edição dos sonhos, e minha gratidão não poderia ser maior. Jean Singer e Peter Gray, obrigada por terem sido colaboradores tão generosos nesta jornada. Victoria Desmond e Patricia Boyd, obrigada por terem tornado este livro ainda melhor com seus olhares meticulosos. A nosso agente, Jim Levine, obrigada por ter visto com entusiasmo o potencial desta ideia desde cedo.

Por fim, à minha família: Richard, Rebecca e Emma. Obrigada por serem fonte de tanta alegria em minha vida e, ao mesmo tempo, apoiarem meu desejo de continuar crescendo de maneiras novas. Rebecca e Emma, ao ver vocês começarem as próprias jornadas para encontrar seus lugares neste mundo, eu não poderia sentir um orgulho maior da vida rica e multidimensional que vocês estão construindo. Obrigada por, nesse processo, tornarem a minha muito mais rica também.

Karen Dillon

Notas

INTRODUÇÃO: INVISÍVEL E INCESSANTE [pp. 9-14]

1. Gallup, *State of the Global Workplace: 2022 Report*. Washington: Gallup, 2022.

1. UMA CRISE DE BEM-ESTAR [pp. 15-25]

1. Os detalhes que pudessem identificar as pessoas mencionadas neste livro foram disfarçados.

2. Lisa Feldman Barrett, *7½ Lessons about the Brain*. Boston: Mariner, 2020.

3. Janice K. Kiecolt-Glaser et al., "Daily Stressors, Past Depression, and Metabolic Responses to High-Fat Meals: A Novel Path to Obesity". *Biological Psychiatry*, v. 77, n. 7, pp. 653-60, 2015. Janice K. Kiecolt-Glaser et al., "Depression, Daily Stressors and Inflammatory Responses to High-Fat Meals: When Stress Overrides Healthier Food Choices". *Molecular Psychiatry*, v. 22, n. 3, pp. 476-82, 2017.

3. POR QUE OS OUTROS DRENAM SUA ENERGIA [pp. 57-86]

1. Universidade de Nottingham, "Yawning: Why Is It So Contagious and Why Should It Matter?". *ScienceDaily*, 31 ago. 2017. Disponível em: ‹https://www.sciencedaily.com/releases/2017/08/170831123031.htm›.

2. Howard S. Friedman e Ronald E. Riggio, "Effect of Individual Differences in Nonverbal Expressiveness on Transmission of Emotion". *Journal of Nonverbal Behavior*, v. 6, pp. 96-104, 1981. Disponível em: ‹https://link.springer.com/article/10.1007/BF00987285?LI=true›.

3. Veronika Engert et al., "Cortisol Increase in Empathic Stress Is Modulated by Emotional Closeness and Observation Modality". *Psychoneuroendocrinology*, v. 45, pp. 192-201, 2014. Disponível em: ‹https://www.sciencedirect.com/science/article/abs/pii/S0306453014001243›.

5. AQUILO QUE OS "10%" ENTENDERAM TÃO BEM [pp. 118-41]

1. Harvard Study of Adult Development. Disponível em: <https://www.adultdevelopmentstudy.org/>.

2. Liz Mineo, "Good genes are nice, but joy is better". *Harvard Gazette*, 11 abr. 2017. Disponível em: <https://news.harvard.edu/gazette/story/2017/04/over-nearly-80-years-harvard-study-has-been-showing-how-to-live-a-healthy-and-happy-life/>.

3. Daniel A. Cox, "The State of American Friendship: Change, Challenges, and Loss". Survey Center on American Life, 8 jun. de 2021. Disponível em: <https://www.americansurveycenter.org/research/the-state-of-american-friendship-change-challenges-and-loss>.

4. Joel Salinas et al., "Association of Social Support with Brain Volume and Cognition". *JAMA Network Open*, v. 4, n. 11, 2 ago. 2021. Disponível em: <https://pubmed.ncbi.nlm.nih.gov/34398201/>.

6. ONDE ENCONTRAR RESILIÊNCIA [pp. 142-64]

1. Ludmila Kašpárková et al., "Why Resilient Workers Perform Better: The Roles of Job Satisfaction and Work Engagement". *Journal of Workplace Behavioral Health*, v. 33, n. 1, pp. 43-62, 2018. DOI: 10.1080/15555240.2018.1441719; Al Siebert, *The Resiliency Advantage: Master Change, Thrive under Pressure, and Bounce Back from Setbacks*. São Francisco: Berrett-Koehler, 2005.

2. Sobre empregos exigentes, ver: Barbara L. Fredrickson, "The Role of Positive Emotions in Positive Psychology: The Broaden-and-Build Theory of Positive Emotions". *American Psychologist*, v. 56, n. 3, pp. 218-26, 2001. DOI: 10.1037//0003-066x.56.3.218. Sobre dificuldades financeiras, ver: Robert Brooks e Sam Goldstein, *The Power of Resilience: Achieving Balance, Confidence, and Personal Strength in Your Life*. Nova York: McGraw-Hill Education, 2004.

3. Deniz D. Polat e Murat İskender, "Exploring Teachers' Resilience in Relation to Job Satisfaction, Burnout, Organizational Commitment and Perception of Organizational Climate". *International Journal of Psychology and Education Studies*, v. 5, n. 3, pp. 1-13, 2018. DOI: 10.17220/ijpes.2018.03.001. Andrew Shatté et al., "The Positive Effect of Resilience on Stress and Business Outcomes in Difficult Work Environments". *Journal of Occupational and Environmental Medicine*, v. 59, n. 2, pp. 135-40, 2017. DOI: 10.1097/JOM.0000000000000914.

4. Sobre doenças físicas ou mentais em períodos desafiadores, ver: Al Siebert, *A vantagem da resiliência*. São Paulo: Universidade Quantum, 2018. Deniz D. Polat e Murat İskender, op. cit. Sobre satisfação com o trabalho, ver: Robin Brown, Howard Wey e Kay Foland, "The Relationship among Change Fatigue, Resilience, and Job Satisfaction of Hospital Staff Nurses". *Journal of Nursing Scholarship*, v. 50, n. 3, pp. 306-13, 2018. Disponível em: <doi.org/10.1111/jnu.12373>; e Zhimin Zheng et al., "Job Satisfaction and Resilience in Psychiatric Nurses: A Study at the Institute of Mental Health, Singapore". *International Journal of Mental Health Nursing*, v. 26, n. 6, pp. 612-9, 2017. Disponível em: <doi:https://doi.org/10.1111/inm.12286>.

5. Carol Gorelick, Kurt April e Nick Milton, *Performance through Learning: Knowledge Management in Practice*. Boston: Elsevier Butterworth-Heinemann, 2004.

6. Janet M. Gibson, "Laughing Is Good for Your Mind and Your Body: Here's What the Research Shows". *Conversation*, 23 nov. 2020. Disponível em: <https://theconversation.com/laughing-is-good-for-your-mind-and-your-body-heres-what-the-research-shows-145984>.

7. Don L. F. Nilsen e Alleen P. Nilsen, *The Language of Humor: An Introduction*. Nova York: Cambridge University, 2018.

8. Jan Packer, "Taking a Break: Exploring the Restorative Benefits of Short Breaks and Vacations". *Annals of Tourism Research Empirical Insights*, v. 2, n. 1, 2021. DOI: <10.1016/j.annale.2020.100006>.

7. COMO SE MANTER SAUDÁVEL [pp. 165-89]

1. Shatté et al., op. cit. Polat e İskender, op. cit.

2. Janet M. Torpy, Cassio Lynm e Richard M. Glass, "Chronic Stress and the Heart". *JAMA*, v. 298, n. 14, 2007. DOI: 10.1001/jama.298.14.1722; H. M. van Praag, "Can Stress Cause Depression?". *Progress in Neuro-Psychopharmacology and Biological Psychiatry*, v. 28, n. 5, pp. 891-907, 2004. DOI: <10.1016/j.pnpbp.2004.05.031>.

3. George A. Bonanno et al., "Resilience to Loss and Chronic Grief: A Prospective Study from Preloss to 18-Months Post-loss". *Journal of Personality and Social Psychology*, v. 83, n. 5, pp. 1150-64, 2002. DOI: <10.1037/0022-3514.83.5.1150>.

4. Nicholas A. Christakis e James H. Fowler, "The Spread of Obesity in a Large Social Network over 32 Years". *New England Journal of Medicine*, v. 357, n. 4, pp. 370-9, 2007. DOI: 10.1056/NEJMsa066082.

5. Sheldon Cohen et al., "Social Ties and Susceptibility to the Common Cold", *JAMA*, v. 277, n. 2, 1997.

6. Teresa E. Seeman et al., "Social Relationships, Gender, and Allostatic Load across Two Age Cohorts", *Psychosomatic Medicine*, v. 64, n. 3, pp. 395-406, 2002. Bert N. Uchino, *Social Support and Physical Health: Understanding the Health Consequences of Relationships*. New Haven: Yale University, 2004.

8. COMO ENCONTRAR SEU PROPÓSITO [pp. 190-218]

1. Andrew Steptoe e Daisy Fancourt, "Leading a Meaningful Life at Older Ages and Its Relationship with Social Engagement, Prosperity, Health, Biology, and Time Use". *Proceedings of the National Academy of Sciences*, v. 116, n. 4, pp. 1207-12, 2019. Disponível em: <https://www.pnas.org/doi/abs/10.1073/pnas.1814723116>.

2. Fei Li et al., "The Role of Stress Management in the Relationship between Purpose in Life and Self-Rated Health in Teachers: A Mediation Analysis". *International Journal of Environmental Research and Public Health*, v. 13, n. 7, 2016. DOI: 10.3390/ijerph13070719; Stacey M. Schaefer et al., "Purpose in Life Predicts Better Emotional Recovery from Negative Stimuli", *PLOS ONE*, v. 8, n. 11, 2013. DOI: <10.1371/journal.pone.0080329>.

3. Stuart Taylor, "Building Your Resilience and Understanding Your Purpose". *SmartCompany*, 9 out. 2017. Disponível em: <https://www.smartcompany.com.au/people-human-resources/wellbeing/building-resilience-understanding-purpose>.

4. Eric S. Kim et al., "Purpose in Life and Reduced Incidence of Stroke in Older Adults: 'The Health and Retirement Study'". *Journal of Psychosomatic Research*, v. 74, n. 5, pp. 427-32, 2013.

DOI: <10.1016/j.jpsychores.2013.01.013>; Randy Cohen, Chirag Bavishi e Alan Rozanski, "Purpose in Life and Its Relationship to All-Cause Mortality and Cardiovascular Events: A Meta-Analysis". *Psychosomatic Medicine*, v. 78, n. 2, pp. 122-33, 2016. DOI: <10.1097/PSY.0000000000000274>.

5. Sobre sono melhor, ver: Eric S. Kim, Shelley D. Hershner e Victor J. Strecher, "Purpose in Life and Incidence of Sleep Disturbances". *Journal of Behavioral Medicine*, v. 38, n. 3, pp. 590-7, 2015. DOI: <10.1007/s10865-015-9635-4>; Arlener D. Turner, Christine E. Smith e Jason C. Ong, "Is Purpose in Life Associated with Less Sleep Disturbance in Older Adults?". *Sleep Science Practice*, v. 1, n. 1, 2017. DOI: 10.1186/s41606-017-0015-6. Sobre mais resiliência, ver: Fei Li et al., op. cit.; e Kayla Isaacs et al., "Psychological Resilience in U.S. Military Veterans: A 2-Year, Nationally Representative Prospective Cohort Study". *Journal of Psychiatric Research*, v. 84, pp. 301-9, 2017. DOI: <10.1016/j.jpsychires.2016.10.017>.

6. Patrick L. Hill e Nicholas A. Turiano, "Purpose in Life as a Predictor of Mortality across Adulthood". *Psychological Science*, v. 25, n. 7, pp. 1482-6, 2014. DOI: <10.1177/0956797614531799>.

7. Carien M. van Reekum et al., "Individual Differences in Amygdala and Ventromedial Prefrontal Cortex Activity Are Associated with Evaluation Speed and Psychological Well-Being". *Journal of Cognitive Neuroscience*, v. 19, n. 2, pp. 237-48, 2007. DOI: <10.1162/jocn.2007.19.2.237>.

8. Nathan A. Lewis et al., "Purpose in Life and Cognitive Functioning in Adulthood". *Aging, Neuropsychology, and Cognition*, v. 24, n. 6, pp. 662-71, 2017. DOI: <10.1080/13825585.2016.1 251549>.

9. Van Reekum et al., op. cit.

10. Veronica Huta e Alan S. Waterman, "Eudaimonia and Its Distinction from Hedonia: Developing a Classification and Terminology for Understanding Conceptual and Operational Definitions". *Journal of Happiness Studies*, v. 15, pp. 1425-56, 2014. DOI: <10.1007/s10902-013-9485-0>.

11. Ibid.

12. Eva H. Telzer et al., "Neural Sensitivity to Eudaimonic and Hedonic Rewards Differentially Predict Adolescent Depressive Symptoms over Time". *Proceedings of the National Academy of Sciences*, v. 111, n. 18, pp. 6600-5, 2014. DOI: <10.1073/pnas.1323014111>.

13. Eva H. Telzer et al., op. cit.

14. Campbell Brickman, "Hedonic Relativism and Planning the Good Society". *Adaptation Level Theory: A Symposium*, org. M. H. Apley, pp. 287-302. Nova York: Academic, 1971.

15. Tony Schwartz, "New Research: How Employee Engagement Hits the Bottom Line". hbr. org, 8 nov. 2012. Disponível em: <https://hbr.org/2012/11/creating-sustainable-employee>.

16. Rob Cross, Amy Edmondson e Wendy Murphy, "A Noble Purpose Alone Won't Transform Your Company". MITSloan, 10 dez. 2019. Disponível em: <https://sloanreview.mit.edu/article/a-noble-purpose-alone-wont-transform-your-company>.

Índice remissivo

10%, os, 9-11, 13, 118-41; ajudar os outros e, 196, 198-9; apoio empático, 147-8; controle do estresse e, 121-31; definição de, 118; dimensionalidade e, 133-6; diversidade de conexões, 121; momentos de conexão e, 131-3; multidimensionalidade de, 136-41; pontos-chave sobre, 118-9; priorização da saúde por, 169, 173-4; resiliência e, 144-5; sobre aderência, 180-1; sobre administração de aumentos repentinos de responsabilidades, 155; sobre cocriação, 210; sobre compreensão de pessoas ou fatores políticos, 159-60; sobre compromissos de longo prazo, 185-6; sobre conexão por meio de valores compartilhados, 212-4; sobre encontrar o caminho a seguir, 152; sobre fazer pausas do microestresse, 161; sobre humor, 156-7; sobre modelos de comportamento, 203; sobre pontos de vistas diferentes, 153-4; sobre propósito em pequenos momentos, 205-6

aderência, 178-83, 188
agilidade, 145
ajudar os outros, 195-9
alegria, 219-21
alinhamento: nas famílias, 105; funções/prioridades desalinhados e, 29-36

alívios ao microestresse, 128-9
alostase, 22-3
ansiedade: ao administrar e defender os outros, 60-4; contágio da, 59, 78; estresse indireto e, 78-9; estresses indiretos e, 77-80; função cerebral e, 193; microestresse de comunicação e, 46-7; propósito e, 193
apoio empático, 146-8
aprimoramento pessoal, 161
ataques de pânico, 16-7
atenção: priorização da saúde e, 171; propósito e, 193
atividades comunitárias, 213-4
aumentos repentinos: de responsabilidades, 20, 154; nas redes e como administrar, 155; resiliência e, 163
autenticidade, 77, 130-3, 201
autoconfiança prejudicada, 98-102
avaliações de desempenho, 60

bagagem emocional, 18
Barrett, Lisa Feldman, 24
bem-estar, 132; ajudar os outros e, 195; alheio, preocupação com, 76-7; crise de, 15-25; interesse dos outros por, 199; propósito e, 192-3

benevolente, confiança, 76-7

burnout, 83, 139, 142, 145

capacidade, microestresses que drenam a, 13, 20-1, 26-56; aumento repentino de responsabilidades, 50-6; efeitos em cascata dos, 29; falhas de desempenho, 36-41; figuras de autoridade imprevisíveis, 42-9; funções e prioridades desalinhados, 29-36; pequenas falhas de desempenho, 36-41; práticas de comunicação ineficientes, 46-56; tipos de, 27-44

capital político, 61-2

catastrofismo, 153-4

cérebro: ajudar os outros e, 195; contágio emocional e, 59-60; prioridades de saúde e, 171; processamento da informação no, 22-3; propósito e, 193; reações ao microestresse, 22-4

Christensen, Clayton, 11

clareza: de limites, 75-6; de recursos necessários, 45; em relação à responsabilização, 39; em relação a seus valores, 96-8

coaching: em relação a fontes ocultas de propósito, 215-8; em relação à multidimensionalidade da vida, 140-1; em relação à resiliência por meio das relações, 162-3; medo de ficar aquém no, 61; para conter o contágio do estresse indireto, 80-1; para independência, 63-4

coaching, momentos: para abordar pequenas falhas de desempenho, 40-1; para avaliação da rede de resiliência, 150-1; para comportamentos de saúde negativos, 180-2; para conexões ricas em propósito, 209-10; para conversas antagônicas, 70-2; para destruidores de propósito, 200-1; para entender aquilo que você valoriza, 115-6; para evitar gatilhos, 65-7; para mapear os aumentos repentinos de responsabilidades em sua vida, 54-5; para times desalinhados, 33-4

cocriação, 206-10

colaboração: cocriação e, 206-10; comunicação ineficiente na, 48-50; desalinhamento e, 34-5

colocar-se em último lugar, 62

Como avaliar sua vida? (Dillon e Christensen), 11

comparação social, 91, 172, 194-5

competência, confiança baseada em, 75-6

competitividade, 81-2;

complexidade relacional, 34-5

comportamentos protetores, 63-7

comprometimento exagerado, 11

compromissos: cocriação e, 206-10; compartilhados, visíveis, 174-8; de integrantes da equipe, 34; novos, como esclarecer, 35; pessoais, sacrifício de, 21; pessoas pouco dignas de confiança e, 36-8; saúde e, 183-9

comunicação: antagônica, 68-72; com foco no futuro, 105-7; criação de prestação de contas compartilhada por meio da, 63; de acompanhamento, alinhamento e, 36; despersonalização da, 39; ineficiente, correção da, 49-56; melhora da, 126; práticas ineficientes de, 46-56; sobre minar a autoconfiança, 101-2; sobre pequenas falhas de desempenho, 39-41

conectividade, 11

conectores, 159

conexões com os outros, 9-11; aderência a objetivos para, 178-81; apoio com empatia e, 146-8; combate do microestresse por meio das, 131-3; como fatores de alívio para o microestresse, 128-9; construção e fortalecimento das, 11; criação de espaço para, 186; de longo prazo, 183-9; dimensionalidade das, 133-9; fazer pausas e, 160-1; hábitos para manter as, 135-6; importância das, 164; interações negativas nas, 102-8; manobras políticas e, 83-4; melhores práticas para, 136-9; os "10%" e, 131-3; pequenos momentos de, 131-3; perda das, 139; propósito e, 195-201, 209-10, 215-7; reconstruir relações e, 130; resiliência e, 13, 143-4; saúde e, 167-70, 174-8; vantagens das, 138-9; *ver também* redes e networking

confiabilidade: confiança baseada em, 76; microestresses que drenam capacidade relacionados à, 36-8 confiança, 72-7; cocriação e, 206-10; com base em competências, 75-6; estratégias para construir, 74-7; propósito e, 201; vantagens da, 72

conflito, escalação do, 104

confrontos, 68-72; *ver também* comunicação

construção gradual, 208

contágio do estresse indireto, 77-81, 127

contribuições, reconhecimento das, 33-4

controle, admissão dos limites do, 108

conversas antagônicas, 68-72; *ver também* comunicação

cortisol, 78

covid-19, pandemia de: estresse indireto na, 79; hiperconectividade e, 46; resiliência e, 143-4

crescimento, oportunidades de, 210

criatividade: cocriação com colegas e, 206-10; estresse indireto e, 78

decisões, tomada de: compreensão do pensamento por trás da, 45; imprevisíveis, 42, 44-5; objetivos de saúde e, 178

defender os outros, 60-4

defensividade, 81; autoconfiança prejudicada e, 99

delegação, 73-4

demandas: imprevisíveis, 42-9; não razoáveis, resistência às, 53; renegociação das, 53, 56; ter de prestar contas pelas, 53

desalinhamento: efeitos em cascata do, 31-2; em funções e prioridades, 29-36; estratégias para evitar o, 33-6; manter-se vigilante em relação ao, 36; solução do, 32-7; verificação do, 31

descatastrofização, 153

desconexão, 122, 130-1; dos próprios valores, 91, 93, 95, 98; perda de propósito e, 200

desconforto, 94

desempenho: combater pequenas falhas no, 38-41; microestresses que drenam capacidade relacionados ao, 36-41

desenvolvimento profissional, 61; autossabotagem do, 74; propósito e, 212-3

desligar-se, 160-1

dever de casa parental, 51

dimensionalidade, 133-9, 210

dissonância cognitiva, 93

doar, 197-8

duvidar, 66

e-mail *ver* comunicação

emoções: administração das próprias, 45-6; apoio empático, 146-8; contágio das, 59-60; sentimentos de mágoa, exacerbação dos, 67

empatia, 67, 80-1; resiliência e, 146-8

enfrentamento, 122; das interações que drenam capacidade, 26; de demandas não razoáveis, 53; de figuras de autoridade imprevisíveis, 44-9; desconexão vs., 130; do contágio do estresse, 80-1; dos desafios à identidade, 115; identidade e, 184; identificação de oportunidades para, 129

engajamento, 199

equilíbrio entre trabalho e vida pessoal, 134, 138

escalação (bola de neve), 104

esperança, 145

espiritualidade, 213-4

estar presente, 205-6

esteira hedonista, 196

estresse: microestresse vs., 18-20; reconhecimento do, 10-1

estrutura: excessiva, 205; para interações, 136-7

eudemônicas, atividades, 195

evolução, verificação para evitar pequenas falhas de desempenho, 39

exacerbação dos microestresses, 123-4

exaustão emocional, 69

expectativas: demonstração de confiabilidade e, 76; esclarecimento das, 35; irrealistas, 103; não razoáveis, resistência às, 53; sociais, 196

experiências dois em um, 198-9

família: alinhamento na, 105; arrastada para dentro do seu estresse, 22; aumento repentino de responsabilidades e, 51-2; como fonte de microestresse, 18; interações negativas com, 102-8; microestresses que drenam capacidade e, 27; objetivos de saúde e, 177-9; perturbações de rede e, 109; propósito e, 213-4; sentimentos de fracasso na, 104-5

Fancourt, Daisy, 192

feedback: ao administrar e defender os outros, 60-1; na esteira hedonista, 195-6; nas reuniões, tempo para, 63; oportuno, como pedir, 55

felicidade, 132

figuras de autoridade imprevisíveis, 42-9, 126

fluxo, seguir o, 137

foco: conversas antagônicas e, 71; desalinhamento e, 33; durante transições, 113; exaustão emocional e, 69; para consertar pequenas falhas, 40; reconstruir conexões e, 128-9

fontes de microestresse, 10-1, 13, 18

força de vontade, 14

Friedman, Howard, 60

funções: que drenam capacidade, 29-36; significativas, 201-3

Gallo, Amy, 71

Gallup, 10

ganhos mútuos, 75

gatilhos, não causar, 63-7

gerenciamento de projetos, 31

gerentes e gerência, microestresses que esgotam as emoções advindos de, 60-7

Grant, Estudo, 132

hábitos para sustentar relações, 135

harmonia, 206-10

hedonistas, atividades, 195-6

hiperconectividade, 11, 17-8; com amigos, 67; microestresses que drenam capacidade e, 27-8; pausas na, 160-1; práticas ineficientes de comunicação e, 44-6; revisão dos métodos de colaboração e, 47-9

humor autodepreciativo, 157

humor, 156-7

identidade, saúde e, 173, 183-9

independência, coaching para a, 63-4

influenciadores: conversas antagônicas com, 70-2; manobras políticas e, 85

informações, processamento de, 22-4

interações negativas, impacto das, 121

interdependências, 34

intuição, 36

Isaac Health, 23

líderes e liderança: compreensão do pensamento dos, 45, 100-1; conversas antagônicas com, 70; imprevisíveis, 42-9; manobras políticas entre, 81-4

limites, 46, 76, 112, 201; transparência em relação a, 64

luta ou fuga, sistema de, 23

manobras políticas, 81-6, 125-8, 158-60

medo, 193-4

memória, 193-4

mentoria, 196-8

metabolismo, 24

microestresses, 14; causar para os outros, 67, 123; comuns, 122, 125; comuns, catorze, 20; criar para si, 126-7; definição de, 10, 13, 15; eliminação vs. tolerância, 220; estresse vs., 18-20; exame e categorização dos, 124-9; fontes de ver fontes de microestresse; identificação dos, 13; indiretos ver microestresses indiretos; pequenas mudanças para aliviar os, 121-3, 219-21; pontos-chave sobre, 15-6; prevalência dos, 10-1, 24-5; problemas causados pelos, 20-2; relevar os, 121-6

microestresses indiretos, 19-20; por administrar e defender os outros, 60-3; por aumentos repentinos de responsabilidades, 51-2; por conversas antagônicas, 69; por falta de confiança, 73-4; por manobras políticas, 83-4; por perturbações de rede, 108-10

microestresses que desafiam a identidade, 13, 20, 87-117; autoconfiança prejudicada, 98-102; compreensão daquilo que você valoriza e, 115-6; conflitos de valores pessoais, 92-8; dimensionalidade e, 139; identificação dos,

90-2; interações negativas com familiares/ amigos, 102-8; lembrar a si sobre identidade passada e, 203-4; perturbações de rede, 108-17; pontos-chave sobre, 87-8; sentir-se encurralado, 93-6; tomar consciência dos, 90-2

microestresses que esgotam as emoções, 20-1, 57-86; advindos de administrar e defender os outros, 60-7; conversas antagônicas, 68-72; estresse indireto, contágio do, 77-81, 127; falta de confiança, 72-7; fontes dos, 60; manobras políticas, 81-6; pontos-chave sobre, 57-8

micromomentos, 137

missão pessoal, declaração de, 135

modelos de comportamento, 173, 178-9, 203

momento, aproveitar o, 137

motivação, 149; manutenção da saúde e, 14; propósito e, 198-201

mudanças: de interações com microestresses, 129-30; pequenas, 121-3, 219-21; pequenas, impacto das, 47-9; perturbações de rede e, 110-1

neurônios-espelho, 59

Nilsen, Don, 156

objetivos desalinhados, 30

objetivos, 21; compartilhados, 174-8; compartilhados, como identificar pessoas com, 155; criar aderência em relação aos, 178-83; desalinhamento dos, 35; pequenos, administráveis, 122-3; relacionados à família, 105; relacionados à saúde, 174-8; significativos, 201-4

obsessão, 123-4

otimismo, 145

passado, reconectar-se ao seu, 113-4, 140

passando adiante, 148

pausas, fazer, 160-1

pensamento negativo, 171-2

perseverança, danos à, 16-7

perturbações, 108-17

pessoas negativas, 107

pontos de contato relacionais, 215-6

pontos de vista diferentes, 137-8, 153, 180-1

pontos-chave: sobre microestresses e bem-estar, 15-6; sobre microestresses que desafiam a identidade, 87-8; sobre microestresses que drenam capacidade, 26; sobre microestresses que esgotam as emoções, 57-8; sobre os "10%", 118-9; sobre propósito, 190-1; sobre resiliência, 142-3; sobre saúde física, 165-6

presença, 205-6

pressão arterial, 23

prioridades: colocar-se em último lugar e, 62; conversas antagônicas e, 70-1; esclarecimento das próprias, 96-7; falta de confiança e, 74; familiares, 105; microestresses que drenam capacidade e, 29-36; propósito e, 212; saúde e, 171-4, 187-8

propósito, 14, 190-214; afastamento do, 191-3; ajudar os outros e, 195-9; cocriação e, 206-10; conexões e, 136-7, 209-10; em pequenos momentos, 198-9, 204-6; envelhecimento e, 192-3; experiência do microestresse e, 193; fontes ocultas de, 215-8; funções/objetivos significativos e, 201-4; geradores de, 194; intenção e, 214; multiplicadores de, 198-9; na resistência ao microestresse e, 132; pontos-chave sobre, 190-1; restabelecimento do, em equipes, 33; valores compartilhados e, 210-8

racionalidade, 193

recentramento, 80, 127

reciprocidade, 135

recreativas, atividades, 160-1, 184-5

recursos, esclarecimento em relação a, 45

redes e networking, 22; adaptar-se a transições nas, 112; administração de aumentos repentinos de responsabilidades e, 154-5; autoconfiança prejudicada e, 102; colegas a quem recorrer nas, 160; estendidos, 161; multidimensionalidade das, 133-41; para resiliência, 145-6, 150-1, 162; perturbações em, 108-17; reconexão com seu passado e, 113-4; reconstrução das, custo das, 109-10; saúde e, 169-70, 180-1 reflexão: sobre a exacerbação desnecessária dos microestresses, 123-4; sobre aumentos repentinos da demanda, 54

relações *ver* conexões com os outros

relevar, 122-8

reservas emocionais, 13

resiliência, 13-4, 132, 142-3; administração de aumentos repentinos de responsabilidades e, 154-5; apoio empático e, 146-8; cognitiva, 139; compreensão de pessoas ou fatores políticos e, 158-60; encontrar o caminho a seguir e, 148-52; fazer pausas e, 160-1; fortalecimento por meio das relações, 162-3; identificação das principais fontes de, 162; importância da, 144-5; pontos de vista novos e, 153; pontos-chave sobre, 142-3; preparação e, 164; propósito e, 193; redes para, 146; riso e, 156-7

resolução de problemas, 67, 138

responsabilidades: compartilhada, criação de, 63; criar clareza com relação à, 39; esclarecimento da, 35; saúde e, 174-6, 178-9; ter pessoas para garantir a sua, 56

responsabilidades, aumentos repentinos de, 50-3

ressentimento, 37-8

reuniões: comunicação ineficiente e, 49; criatividade e, 212; desalinhamento nas, 31; estruturação das, 102; exploratórias para determinar as necessidades dos outros, 75; pausas em, 127; sobre pequenas falhas, 39-40; tempo para feedback nas, 63; uso da pressão social nas, 40

Riggio, Ronald, 60

riso, 156-7

rituais, 97, 136

rotinas, 136

Salinas, Joel, 23, 138-9

sapo na água fervente, história do, 25

saúde física, 14, 132, 165-89; aderência a objetivos para, 178-83; administração de comportamentos negativos e, 182-3; compromisso de longo prazo com, 183-9; efeitos do microestresse na, 23; estresse e, 16-7; objetivos compartilhados e, 174-8; papel dos outros no apoio à, 167-8; para combater o microestresse, 169-70; priorização da, 171-4, 187-8; propósito e, 192-3; resiliência e, 144-5

sentimentos presos, 93-6

Seven and a Half Lessons About the Brain [Sete lições e meia sobre o cérebro] (Barrett), 24

significado: funções, objetivos e, 201-4; prioridades e, 173-4

sincronia, 206-10

sinergia, 134

sono, 17, 193

stakeholders, desalinhamento com, 35

Steptoe, Andrew, 192

sucesso, definição do, 134-5

tabela de microestresses pessoais, 55

tempo, 20-1; esclarecimento do, autoridades imprevisíveis e, 45; para a saúde, 172-3, 180; para o propósito, 193-4; prioridades familiares no, 105; sobrecargas na demanda de, 54

tensão, por tempo indeterminado, 69

times/equipes: conversas antagônicas e, 70; funções desalinhadas e prioridades em, 29-36; superproteção dos, 63-7

tradições, construção de, 148

transições, adaptação às, 112-3

transparência: em relação aos próprios limites, 64; objetivos de saúde e, 176-7

trocas passivo-agressivas, 103

urgência, sentimento de, 11-2; avaliação da verdadeira importância e, 43-4; comunicação eletrônica e, 46-7

valores: clareza em relação aos próprios, 96-7; compartilhados, conexão por meio de, 210-8; compreensão dos próprios, 115-6; da empresa vs. pessoais, 199; desalinhados, 30; em transformação, identidade e, 91; inegociáveis, identificação dos, 115-6; inegociáveis, reforço dos, 154; pessoais, conflitos com, 92-8; propósito e, 199; sentir-se encurralado e, 93-6

vida: planos de revitalização da, 95-6; satisfação na, 93-6; transições de, 50

vida pessoal, 18; arrastar os outros para o seu estresse e, 22; aumentos repentinos de responsabilidade na, 51-2; levar ao trabalho, 104; provocar microestresses nos outros na, 67; rupturas em/de conversas antagônicas, 69; sacrificar compromissos na, 21

vitimização, 99

voluntariado, 66

vozes da verdade, 152

vulnerabilidade, 186, 204

ESTA OBRA FOI COMPOSTA PELA ABREU'S SYSTEM EM INES LIGHT
E IMPRESSA EM OFSETE PELA GRÁFICA SANTA MARTA SOBRE PAPEL PÓLEN NATURAL
DA SUZANO S.A. PARA A EDITORA SCHWARCZ EM SETEMBRO DE 2024

A marca FSC® é a garantia de que a madeira utilizada na fabricação do papel deste livro provém de florestas que foram gerenciadas de maneira ambientalmente correta, socialmente justa e economicamente viável, além de outras fontes de origem controlada.